ATLANTIS

Theodor Dombrowski

Die Kraft der Wünsche

Wie Ideen, Vorstellungen und Gedanken Wirklichkeit werden

BASTEI LÜBBE

BASTEI LÜBBE TASCHENBUCH
Band 70156

1. Auflage: November 1997
2. Auflage: Juni 2000

Vollständige Taschenbuchausgabe
des unter der Nr. 70114 erschienenen Titels

Bastei Lübbe Taschenbücher ist ein Imprint
der Verlagsgruppe Lübbe

Originalausgabe

Einbandgestaltung: Wustmann & Ziegenfeuter,
Dortmund
Titelfoto: Leonid Pozdev
Fotos im Bildteil: Gala Naumova und Leonid Pozdev
Satz: Textverarbeitung Garbe, Köln
Druck und Verarbeitung: Ebner Ulm
Printed in Germany
ISBN 3-404-70156-9

Welches spirituelle oder materielle Geschenk auch immer zu euch kommen mag – glaubt nicht, daß ihr mehr Glück habt als andere. Versteht statt dessen einfach, daß ihr die göttlichen Prinzipien in eurem physischen Körper wirken lassen könnt und anderen zeigen könnt, wie es geht. Ihr könnt sagen: Schau, es funktioniert. Ich kann es, ihr könnt es auch.[1]

Barbara Marciniak

»Wir sind, was wir denken«, sagte Buddha. »Alles, was wir sind, entsteht aus unseren Gedanken. Mit unseren Gedanken erschaffen wir die Welt.« … »Wenn ihr Glauben habt … wird euch nichts unmöglich sein«, sagt die Bibel.[2]

zit. nach Michael Talbot

Inhaltsverzeichnis

Es ist die wissenschaftliche Dokumentation einer ganz außergewöhnlichen Tatsache, daß jenseits der unseren fünf Sinnen zugänglichen, meß-, wäg- und analysierbaren grobmateriellen Welt, daß hinter deren Horizont sozusagen ein »Kosmos« ganz anderer, uns noch völlig unbegreiflicher, ja unvorstellbarer Art existiert. Zu den ungeheuren Kräften und vielgestaltigen Möglichkeiten, die dort schlummern, hat der Mensch Zugang! Er hat ihn nicht über die Ratio, sein grübelndes, denkendes, ordnendes, taghelles Bewußtsein. Wohl aber über die Tiefen seiner Psyche, über seinen Geist. In jenem anderen, immateriellen Universum, in dem die Para-Phänomene sich abzuspielen scheinen, haben die in unserem mit den Sinnen nur grob begreifbaren Seinsbereich herrschenden Gesetze keinerlei Gültigkeit, sind Raum, Zeit und Kausalität nicht existent.[3]

Werner Keller

Vorwort

Das Losungswort ist uns verloren gegangen, das ist die Bilanz unseres Zeitalters; wir haben die wahre Macht durch Kunstkniffe ersetzt und die wahre Weisheit durch Dogmen … »Das Unsterbliche in sterblichen Geschöpfen … ist ein Gott, im Inneren als Kraft gestaltet, die unsere göttlichen Fähigkeiten herausarbeitet.«[4]

Rig-Veda IV. 2.1

Ohne die Erkenntnisse des Tiefenpsychologen C. G. Jung und der Physiker F. David Peat und Wolfgang Pauli bezüglich der Synchronizität hätte dieses Buch nicht geschrieben werden können. Die Werke von Sri Aurobindo, Ken Wilber und die Upanischaden bilden dabei den philosophischen Hintergrund.

Es soll aufgezeigt werden, daß die Psyche über Kräfte verfügt, die über die Erkenntnisse der modernen Naturwissenschaften weit hinausgehen. Denn wenn die Seele auch *nur* ein Feuerfunken aus der Riesensonne Gottes ist, dann ist dieser Funken trotz seiner atomaren Winzigkeit zugleich auch ein Fünklein von Gottes Macht. Es ein wenig anzufachen, vielleicht sogar zu einem Flämmchen werden zu lassen, ist Aufgabe dieses Buches.

Der durch seine Forschungen auf dem Gebiet der Grenzwissenschaften berühmt gewordene amerikanische Professor Joseph Banks Rhine äußerte sich einmal treffend zur

Ignoranz der Naturwissenschaftler: »Der alte Glaube, nichts könne uns bewußt werden, das nicht die Pforten der bekannten Sinnesorgane passiert, muß den gleichen Weg gehen wie die Newtonsche Mechanik angesichts der Relativitätstheorie.«[5]

Immerhin, zwar leise und noch sehr zaghaft, aber mit jedem Schritt sicherer werdend, betritt ein neues Denken die *hehre* Bühne wissenschaftlicher Erkenntnissuche! Es hat sich die Aufgabe gestellt, »die seriösen Forschungen auf dem Gebiet der ›Außenseiterwissenschaften‹ ... zu intensivieren bzw. den bereits existierenden Untersuchungen immer durchschlagendere Evidenzkraft zu ermöglichen.«[6]

In wachsender Anzahl beginnen selbst bedeutende Naturwissenschaftler sich zu fragen, ob Naturgesetze lediglich »Naturgewohnheiten« sind, unterworfen dem Voranschreiten der Evolution. Denn wenn man von der These ausgeht, daß die Evolution dem gesamten Kosmos ihren prägenden Stempel aufdrückt, dann können auch die sogenannten Naturgesetze nicht davon ausgenommen sein. Es ist also die Frage erlaubt, ob die uns als so sicher erscheinenden Regelmäßigkeiten in der Natur nur Gewohnheiten sind, die sich im evolvierenden Universum je nach dem Entwicklungsstand herausgebildet haben – tiefeingegrabene Fahrrinnen, die beim Erreichen eines bestimmtem Evolutionsgrades verlassen werden können. Im Hinblick auf das Thema *dieses* Buches heißt das: Befinden wir uns auch hier immer noch in einer »Fahrrinne«, die wir überschreiten müssen, um endlich zur Wahrheit vorzustoßen und um zu erkennen, daß Gedanken (und Wünsche sind schließlich Produkte von Gedanken) Kräfte in sich bergen, die derart steigerungsfähig sind, daß sie neue Realitätsfelder erzeugen können. Geschieht dies mit Hilfe von Energien, deren Quelle sich *nicht* in unserem vierdimensionalen Raum-Zeit-Kontinuum befindet, sondern die im ANDERSWO ihr Zuhause hat? Gibt es eine Möglichkeit, diese »Quelle« zu erreichen? Aber – und das ist für uns die entscheidende Frage – stellt sich im *ANDERSWO* die Kausalität vielleicht als eine ganz andere, viel umfassendere Größe dar als die in unserer gewohnten Realitätsebene? Und wenn das stimmen sollte, gibt es auch »Fahrrinnen«, die mit den Werkzeugen des Verstandes allein nicht erkannt und deshalb nicht vermessen, nicht trassiert und nicht befahrbar gemacht werden können? Gibt es tatsächlich, wie von C. G. Jung[7] angenommen, *akausale Verknüpfungen ... Ereignisse, die sich zu sinnvollen Mustern bündeln,* ohne *sich der üblichen Schub- und Zugkräfte der Kausalität zu bedienen*? Müssen wir deshalb bei unserer Suche nach der »Quelle« die gewohnte und von der Naturwissenschaft für heilig gehaltene Fahrrinne *Alles Geschehen unterliegt der Kausalität* verlassen und nach einer *neuen* Fahrrinne Ausschau halten? Zum Beispiel nach einer, in der sich jene Kräfte tummeln, die dimensionsübergreifend agieren können, weil sie an keine Dimensionen gebunden sind? Kräfte, »die offensichtlich weit jenseits der Ordnungen von Denken und Materie angesiedelt sind.«[8] Wie wir später noch sehen werden, kommt in diesem Zusammenhang dem Phänomen der Synchronizität eine ganz besondere Bedeutung zu. In ihr erblickte C. G. Jung das Wirken einer den menschlichen Sinnen verborgenen, im gesamten Universum sich immer wieder manifestierenden Ordnung. Sie sei Ursprung und zugleich »Spielfeld« jener Kräfte, die der an die Welt unserer Dimensionen gebundene menschliche Verstand nicht einzuordnen vermag. Ja, die Frage drängt sich immer stürmischer in den Vordergrund unseres Denkens: Wie können wir diese wundersame Quelle erreichen, unseren Durst mit ihren frischen Wassern löschen, die Kraft unserer Wünsche durch sie vervielfachen?

Närrisches Zeug, giften unsere verstandesbewußten grauen Zellen bei derart ketzerischen Überlegungen empört und schelten uns einen dummen Narren. Aber lassen wir uns von dieser »Stimme« nicht beirren. Stellen wir uns einfach vor, daß es außer unserer gewohnten Realitätsebene noch andere Ebenen gibt, die die unsere so weit überragen, daß wir sie mit unseren beschränkten Sinnen nicht wahrnehmen und mit unserer bescheidenen Verstandeslogik nicht in ein »passendes« Korsett zwingen können. Versuchen wir es: Nehmen wir einfach an, es gäbe diese höheren Ebenen oder höheren Frequenzbereiche, in denen es als ganz selbstverständlich gilt, Wünsche als steigerungsfähige Kräfte zu definieren, tatsächlich. Hier setzt dieses Buch an. Es will sich aber beileibe nicht darauf beschränken, den vielen Büchern, die sich mit der Entwicklung des positiven Denkens befassen, ein weiteres hinzuzufügen. Gewiß, es will auch das, aber es will noch weit mehr. Es will, gestützt auf dokumentierte und von Wissenschaftlern überwachte Begebenheiten darlegen, daß es diese *höheren Ebenen* wirklich gibt, ja, sogar geben muß, denn nur ihr Vorhandensein ist imstande, bestimmte Phänomene, darunter auch solche paranormaler Art, zu erklären. Damit ist die Basis für dieses Buch gegeben. Auf ihr aufbauend will es zeigen, auf welche Weise die Energien dieser *Ebenen* für eine Steigerung der Wunschkraft mit allen sich daraus ergebenden und auf den ersten Blick kaum faßlichen Konsequenzen genützt werden können.

Und das soll nur mit den im fünften Kapitel dargebotenen wenigen Übungen möglich sein? höre ich manchen ungläubig fragen. Meine Antwort darauf ist klar und eindeutig: Nein, damit allein ist das nicht zu schaffen. Wie an anderer Stelle noch erklärt werden wird, muß zuerst ein Einstimmungsprozeß stattfinden. Denn ohne ihn kann man die zum Teil uralten, mit psychischer Kraft geladenen spirituellen Strömungen, die von den Übungen ausgehen, nicht aufnehmen und verarbeiten. Warum das so ist? Weil ihre Wirksamkeit nach hochgradiger Empfänglichkeit, einem weit überdurchschnittlichen Resonanzvermögen und nicht zuletzt nach einem unerschütterlichen Glauben verlangt. Das heißt aber: Ohne vorhergehende, sorgfältige Einstimmung geht hier nichts, denn die Seele muß mitschwingen können wie der in subtiler Feinarbeit gefertigte Resonanzboden einer Meistergeige.

Um den Einstimmungsprozeß möglichst effizient zu gestalten, mußte ein weiter Bogen geschlagen werden. Dieser umschließt nicht nur Fragen nach der Wunschkraft und ihrer Beziehung zur Realität, sondern auch die nach Freude, Glück und Harmonie. Ohne Erwähnung und Verarbeitung auch dieser »Elemente« wäre der Einstimmungsprozeß zum Scheitern verurteilt. Denn nur mit ihnen zusammen kann der stets skeptischen und nur allzuoft verneinenden und Unglauben erzeugenden Stimme des »logisch« denkenden Verstandes Paroli geboten und das Fünkchen der eigenen psychischen Kraft zur hellen Flamme angefacht werden.

Das Miteinander von Einstimmung und den im fünften Kapitel aufgeführten Übungen soll das alles tatsächlich bewirken können? Nun, vor dem Lesen des ersten Kapitels mag die Skepsis verständlich erscheinen, aber nach dem letzten ganz gewiß nicht mehr. Der vorgeschlagene *Weg* aber erfordert Willenskraft, Ausdauer und – Hingabe!

Für wen dieses Buch gedacht ist? Für alle diejenigen, die eine Verstärkung ihrer psychischen »Gravitation« anstreben, um mit dieser gewonnenen Kraft Wünsche realisieren und Menschen für sich gewinnen zu können. Und das bedeutet zwangsläufig: Der »Weg« soll Erfolg bringen! Den Erfolg auf der Reise nach innen und damit auch den Erfolg für das Leben in der Außenwelt!

Diejenigen, die den Weg bis zum Ende gehen wollen, werden spätestens nach dem letzten Kapitel wissen, »daß in uns ein dynamisch-psychischer Brennpunkt existiert, von dem Manifestationen von einer Kraft ausgehen, deren Grenzen wir nicht definieren können. In der Tiefe des menschlichen Wesens ruhen en miniature jene Attribute, in denen Philosophen das Gott-Konzept, die schöpferische Kraft und das Wissen jenseits von Raum und Zeit verehrt haben.«[9]

Einführung

Ich werde zu dem, was ich in mir selber sehe. Alles, was das Denken mir andeutet, kann ich tun. Alles, was das Denken mir offenbart, kann ich werden. Das sollte der unerschütterliche Glaube des Menschen an sich selber sein, denn Gott wohnt in ihm.[10]

Sri Aurobindo

Der Mensch hat die polaren Qualitäten der Hingabe, des Dienens und des Teilhabens an einem größeren Ganzen vernachlässigt. Um mit Hegel zu sprechen: »Das Unglück des Bewußtseins besteht immer darin, daß es sein einzelnes Tun nicht zugleich für das Tun Gottes hält.« Die verlorengegangene Fähigkeit des modernen Menschen, seine Bipolarität, seinen »doppelten Ursprung« zu wahren und damit als homo religiosus sich an göttliche, an die heilmachenden Kräfte des Ursprungs anzuschließen, mag mit ein Grund sein für die Aufgeblähtheit seines inflationistischen Ego-Bewußtseins, sich nicht als die »ständige Personifikation des Selbst« zu erleben.[11]

Rüdiger Müller

Als Vorbemerkung soll zunächst auf das Thema *Wunschdenken* eingegangen werden.

Es gibt nur wenige Gedanken, die sich *nicht* mit irgendwelchen Wünschen beschäftigen. Einige wünschen sich zum Beispiel schönes Wetter, ein erfolgreiches Verkaufsgespräch oder eine baldige Beförderung. Andere wünschen sich in ihren Träumen vielleicht einen schicken Sportwagen, eine elegante Wohnung oder einen Millionengewinn im Lotto. Eine wahre Unzahl von Wünschen begleiten den Menschen von der Wiege bis zur Bahre. Was wäre der Mensch auch ohne sie? Er will, daß seine Wünsche in Erfüllung gehen. Dieses Streben treibt ihn vorwärts, nimmt Einfluß auf seine psychische Kraft. Wünsche sind die Würze des Lebens, sind der Motor zur Erzeugung der Lebensenergie. Wir jagen ihnen ständig nach. Ohne sie gäbe es keine Entwicklung. Wer sich nichts wünscht, der bekommt auch nichts!

Sicher kann sich mancher hier noch an bestimmte Augenblicke seiner Kindheit erinnern. Vielleicht an spiegelblanke Ladenscheiben, an denen er sich in der Vorweihnachtszeit vor lauter sehnsuchtsvollem Wunschdenken die Nase plattdrückte, denn hinter dem Glas verbargen sich für hoffnungsvolle Kinderherzen alle Herrlichkeiten dieser Welt. Vielleicht hat er sich damals gewünscht, ein mächtiger Zauberer zu sein, um alles, was sein Herz begehrte, von einem Augenblick zum anderen herbeizaubern zu können.

Nun, dieses Buch kann keine Anleitungen zum Zaubern geben, aber was es vermag, wenn der Entschluß gefaßt wird, dem vorgeschlagenen Weg zu folgen, das grenzt schon an Zauberei. Es richtet sich an jene Menschen, die nicht davor zurückschrecken, die flachen Gewässer ihrer bisherigen Lebensweise zu verlassen, weil sie ihrer Sehnsucht folgen wollen, neue, spirituelle Kontinente zu entdecken. Und es will beileibe keine unerfüllbare Utopien in die Welt setzen, sondern ganz real aufzeigen, wie die jedem Menschen innewohnende Wunschkraft aus eigenem Bemühen und mit Hilfe uralter Yogapraktiken gesteigert werden kann. Denn Wünsche entspringen Gedanken. Und Gedanken bergen

Kräfte in sich! Diese zu steigern soll unser Bestreben sein! So paradox es sich auch anhören mag und sosehr es dem sogenannten Realitätsdenken zu widersprechen scheint: Die gedankliche Stärke hat über Erfüllung oder Nichterfüllung eines Wunsches ein gewichtiges Wörtchen mitzureden. Denn die Wunschkraft läßt sich mit der Anziehungskraft eines Magneten vergleichen. Es gibt starke und schwache Magnete. Letztere sind nur in der Lage, winzige Eisenspänchen an sich zu ziehen. Erstere hingegen platzen schier vor Kraft und haben selbst mit tonnenschweren Eisenblöcken keine Schwierigkeiten. Mit der Wunschkraft verhält es sich ähnlich. Es gibt Menschen, die können anpacken, was sie wollen, fast alles gelingt ihnen. Auf eine schier rätselhafte Art und Weise sind sie im Besitz einer mächtigen psychischen Gravitation, die das Gewünschte mit verblüffend anmutender Leichtigkeit an sich zieht. Eine Aura der Kraft scheint sie zu umhüllen. Es sind Menschen, denen man unwillkürlich nachblickt, wenn sie einem begegnen. Man ist auf eine Art von ihnen beeindruckt, die man sich nicht erklären kann. Die öffentliche Meinung spricht von diesen Menschen bewundernd als Erfolgsmenschen. Die anderen, es sind leider die weitaus meisten, müssen sich lediglich mit den Brosamen dieser geheimnisvollen Kraft begnügen. *Woran liegt das nur?* hört man letztere dann oft bekümmert fragen. Die resignierte Antwort darauf lautet häufig: *Es gibt eben neben Kindern des Glücks auch Kinder des Pechs.* Und weiter: *Das Leben ist sehr ungerecht, denn ersteren rennt der Erfolg buchstäblich nach wie ein gehorsamer Hund seinem Herrn. Wir Armen aber können tun, was wir wollen, das Pech klebt uns buchstäblich an den Füßen und begleitet uns getreulich auf allen unseren Wegen.*

Damit stellt sich die entscheidende Frage: Ist es möglich, hier durch eigenes Bemühen Abhilfe zu schaffen, dem *Pech* durch besondere Anstrengungen Paroli zu bieten? Oder ist allein schon diese Frage purer Humbug? Nein,es gibt tatsächlich einen Weg! Er ist zwar an manchen Stellen ziemlich steinig, hin und wieder türmen sich sogar steile Felswände vor dem entschlossenen Wanderer auf, doch je weiter er mutig auf ihm voranschreitet, desto mehr wächst tief in seinem Inneren die Gewißheit, daß diese »Hindernisse« – wir kom men später noch auf die feindlichen Kräfte in unserem Inneren zu sprechen – nur Täuschungen sind, dazu bestimmt, seine Glaubensstärke zu prüfen, denn der Glaube an die eigene Kraft ist ein überaus wertvoller, unverzichtbarer Bundesgenosse. Ohne ihn geht gar nichts.

Doch der Verstand wird erbitterten Widerstand leisten und dabei dem Glauben sehr stark zusetzen, denn er ist der geborene Besserwisser, läßt nichts gelten, was seine *grauen Zellen* nicht fassen können. Und weil das so ist, sperrt der eifersüchtige Tor alle aus seiner Sphäre zur Seele führenden Türen konsequent zu. Trotzdem: Wer den Weg bis zum Ende gehen will, der darf in seinem Bemühen nicht nachlassen, muß unentwegt nach den *richtigen* Wegmarken Ausschau halten, darf nicht jenen *falschen* folgen, die in der Vergangenheit immer wieder von Rationalisten oder Positivisten (oder welch andere ergötzlichen Namen sich diese so überaus verstandesbewußte Art der menschlichen Gattung auch immer geben will), angepriesen wurden und stets in die Irre geführt hatten, sondern den *neuen* Markierungen. Der Glaube allein tut es natürlich hier nicht. Hinzutreten muß das durch fortwährende Übung gewonnene Vermögen, die Wunschkraft steigern zu können und damit ihre »Gravitation« zu erhöhen. Denn je stärker diese wird, desto leichter wird es ihrem »Magnetismus« fallen, Wünsche an sich zu ziehen, sie zu realisieren. So unglaublich es auch klingen mag: Man hat dann den Zugang zu Energiefeldern höherdimensionaler Art gefunden. Die Wunschkraft schöpft nicht mehr aus der gewohnten Realitätsebene, sondern aus einer übergeordneten. Die zur Realität hinstrebende Wunschkraft bezieht ihre Energie jetzt aus den Bereichen einer weitaus höheren Frequenzebene. Denn nur im Raum der *psychischen* Kräfte kann die Energie zur Aufladung der Gedankenkraft gewonnen werden, aus einer Sphäre kommend, die bloßem Verstandeswissen immer versperrt bleiben wird. Wissenschaftler wie Darwin, Freud oder Monod »waren ohne Zweifel im Besitz von erstaunlichen Gehirnen. Mit ihnen waren sie in der Lage, bis zur allerletzten Grenze ihres nur vom Verstand abhängigen Erkenntnisvermögens vorzustoßen. Aber als sie dort anlangten, war für sie das Ende erreicht, denn hinter dieser Grenze liegt das von ihnen heftig bekämpfte Reich der Transzendenz. Um darin eingelassen zu werden, muß man über den Verstand hinausdenken können. Dazu ist aber selbst der glänzendste Verstand nicht fähig. Andere, wie zum Beispiel *Albert Einstein, Sri Aurobindo* oder *Pierre Teilhard de Chardin,* konnten auf zwei Ebenen denken und dieses Denken miteinander verbinden«[12]. Ein Denken also nicht nur auf der Ebene des Verstandes, sondern auch auf der der Transzendenz. Allein dieser Fähigkeit hatten sie es zu verdanken, daß sich in ihnen das höhere Licht der Wahrheit und der Weisheit entzünden konnte.

Die Schere zwischen letzterem, aus der Intuition geborenem Wissen und dem Verstandeswissen besteht leider immer noch, aber sie beginnt sich, wenn auch nur ganz allmählich, zu schließen. Eine begrüßenswerte Entwicklung, denn »der mit den Mitteln der rationalen Logik arbeitende Verstand verhält sich zu den Blitzen der Intuition wie ein auf dem Erdboden krabbelnder, (fluguntüchtiger) Käfer, der den über ihn kreisenden, beutegierigen Raben zwar sieht, aber dessen Existenz wegen der von ihm angenommenen

Unmöglichkeit des Fliegens kategorisch verneint und deshalb zur ›Strafe‹ aufgefressen wird.«[13] Unser Verstand spielt die Rolle des Käfers. Wer an die Wunschkraft glaubt und zu diesem Glauben steht, wird von ihm bestenfalls für kindisch, wenn nicht gar für einen Narren gehalten. Schließlich – nur der Verstand kann doch die Welt regieren. Nur er allein darf maßgebend sein. Kräfte aus der Psyche? Wunschkräfte? Dummes Zeug! Wer daran glaubt, der glaubt auch an den berühmten Geist in der Flasche.

Mit unseren positiven und negativen Gedanken sind *wir* die Erschaffer unseres Glücks wie auch unseres Unglücks. Mit ihnen rufen wir aus übergeordneten Bereichen Kräfte herbei, die es nach der Art unserer Wünsche gut oder auch weniger gut mit uns meinen. Eine anmaßende Behauptung, entsprungen menschlicher Hybris und bar jeder Vernunft? Nun, vorschnelle Urteile sind leicht gefällt. Doch ist es nicht aufschlußreich, daß schon uralte östliche Weisheitslehren menschlicher Gedankenkraft, ist diese nur stark und konzentriert genug, zutrauten, *gewünschte* Realitätsfelder zu erzeugen? So finden sich in der Chandogya-Upanischade die bedeutungsvollen Sätze: … »Wer wirklich Großes erreichen will auf Erden, erlangt es durch Sammlung aller seiner Gedanken auf einen Punkt. Die Kleinlichen und Beschränkten schwätzen nur und streiten und schmähen sich gegenseitig, während die Überlegenen, welche die Macht der Konzentration besitzen, das Ziel ihrer Wünsche erreichen.«[14] Und in der Brihadaranyaka-Upanischade heißt es: »Wie des Menschen Wünsche sind, so gestaltet sich sein Schicksal.«[15]

Es mutet fast an wie ein Wunder – in unserer, dem Götzen Ratio oftmals sklavisch huldigenden Gelehrtenwelt findet allmählich ein Umdenken statt. Die Anzahl jener Wissenschaftler, die imstande sind, über den eitlen, sich immer wieder selbstüberschätzenden Verstand hinauszudenken, wächst jedenfalls, wenn auch noch sehr langsam. Trotz gehässiger und zum Teil sogar bösartiger Angriffe seitens sogenannter »Kollegen« nähern sie sich einer Auffassung, die besagt: »Je tiefer und je emotionaler besetzt unsere Überzeugungen sind, desto größer sind die Veränderungen, die wir sowohl in unserem Körper als auch in der äußeren Wirklichkeit bewirken können.«[16] Der berühmte indische Yogi Paramahansa Yogananda (1893-1952) behauptete sogar: »Die richtige Visualisation durch Konzentrations- und Willenskraftübungen befähigt uns, die Gedanken zu materialisieren, nicht nur als Träume oder Visionen auf dem geistigen Gebiet, sondern auch als Erfahrungen im materiellen Bereich.«[17] Und der namhafte amerikanische Publizist Michael Talbot meint unter Verwendung des Begriffs *Synchronizität* dazu: »… in einem holographischen Universum – einem Universum, in dem der Geist an der Wirklichkeit *partizipiert* und in dem das Innerste unserer Psyche sich in Form von Synchronizitäten in die objektive Welt einschalten kann – ist die Vorstellung, daß wir auch die Gestalter des eigenen Schicksals sind, nicht so weit hergeholt. Die Wahrscheinlichkeit spricht sogar dafür.«[18] Und der prominente Schriftsteller und Biologe Lyall Watson sagt: »Ich habe keinen Zweifel, daß die Wirklichkeit zum großen Teil eine Hervorbringung der Imagination ist. … ich glaube, daß wir befähigt sind, die Welt um uns her auf ganz fundamentale Weise zu verändern.«[19]

Allein die konzentrierte Kraft der Gedanken soll zu Realitätsveränderungen fähig sein – bloße Gedanken die Baumeister unseres Schicksals? Der nur für unser vierdimensionales Raum-Zeit-Kontinuum zuständige und wie ein Karrengaul an ihm festgezurrte menschliche Verstand krümmt sich unter dieser Vorstellung, schreit empört auf und erklärt die Anhänger eines solchen Denkens höhnisch zu realitätsfremden Träumern oder, noch schlimmer, zu einfältigen Märchengläubigen.

Keine Frage, die meisten verstandesbewußten Menschen würden sich nach einer solchen Behauptung bezeichnend gegen die Stirn tippen und vielleicht entgegnen: »So ein Unsinn! Wie oft haben wir uns mit sehnsüchtigen Gedanken dieses oder jenes brennend gewünscht, aber immer wieder vergebens. Die vielen erlebten Enttäuschungen gehören bis zum heutigen Tag buchstäblich zu unserem täglichen Brot. Nein, das Glück läßt sich nicht zwingen. Es spielt Blindekuh, kann durch nichts beeinflußt werden. Wen es trifft, den trifft es eben, basta!«

Die Kapitel in diesem Buch haben sich die Aufgabe gestellt, eine andere Ansicht zu lehren. Sie können, Mitarbeit vorausgesetzt, dazu verhelfen, Gedanken größere Kraft als bisher zu verleihen. Denn körperliche Übungen gleich welcher Art allein genügen nicht, die Kraft der Gedanken und damit die Kraft der Wünsche zu konzentrieren. Ausschlaggebend ist vielmehr die psychische Konditionierung. Diese ist mit den Anstrengungen eines Bogenschützen zu vergleichen, der noch ein Anfänger ist. Immer wieder verzeichnet er Fehlschüsse. Er übt und übt, macht winzige Fortschritte, trifft dann hin und wieder die Scheibe und, nach vielen weiteren Bemühungen, endlich auch deren Zentrum, eine Entwicklung, die selbstverständlich nicht von heute auf morgen abgeschlossen werden kann – Korn reift schließlich auch nicht über Nacht.

Aber wann ist sie denn abgeschlossen? Ein Vergleich wird das Gesagte veranschaulichen: Eine Rakete, die einen Satelliten in die Umlaufbahn der Erde bringen soll, muß über eine genau bemessene Triebwerkskraft verfügen. Ist sie zu schwach, dann kann sie diese Bahn nicht erreichen und stürzt vorher wieder auf die Erde zurück, ist sie dagegen zu stark, dann könnte sie sogar unser Sonnensystem verlassen und würde von der Unendlichkeit des Weltalls auf ewig verschluckt werden. Die Triebwerkskraft entscheidet also darüber, ob die Rakete ihr Ziel – die Umlaufbahn – erreicht, darin verbleibt oder ob sie darüber hinausschießt. Was aber für die Rakete gilt, das besitzt analog auch Geltung hinsichtlich der Erfüllung oder Nichterfüllung der Wünsche! Je mehr es gelingt, die Kraft der *Triebwerke* durch fortgesetzte Bemühungen zu steigern, desto sicherer wird endlich der Augenblick kommen, ab dem die *Pfeile* der *Wünsche* erfolgreicher als bisher in Richtung der *Glückssonne* abgeschossen werden können, um sie zu deren Satelliten zu machen.

Haben sich die Füße erst einmal auf den *Weg* gemacht, dann beginnt ein Prozeß, der sich über zwei völlig unterschiedliche Streckenabschnitte hinzieht. Um bei dem Beispiel mit dem Bogenschützen zu bleiben: Der erste Abschnitt endet mit der Könnerschaft eines Leistungssportlers. Doch es gibt, eine besondere geistige Haltung vorausgesetzt, noch einen zweiten, höheren. Dieser gehört jenen Kräften, die im ANDERSWO ihr Zuhause haben. *Sie* sind es, die aktiviert werden müssen, denn nur mit ihrer Hilfe sind wir in der Lage, die gewonnene Technik zu überschreiten. Dann wird eine Könnerschaft erreicht, deren Treffsicherheit die Möglichkeiten der rein technischen Beherrschung weit übertrifft. Und es ist genau diese »besondere geistige Haltung«, die dieses Buch aufzeigen und vermitteln will.

Denn was beim Bogenschützen die Technik ist, das sind hier die *bisherigen*, allein vom Verstand diktierten *Gewohnheiten,* mit denen in der Vergangenheit die Wünsche realisiert werden sollten. Das Überschreiten dieser *Gewohnheiten* ist deshalb auch ein Überschreiten des Verstandes, so etwas wie ein *Quantensprung* auf eine höhere Frequenzebene. Zu bewirken ist dieser *Sprung* aber nur, wenn der Sucher die Fähigkeit erworben hat, die Kraft seiner Wünsche wie das Licht der Sonne in einem Brennglas zu sammeln und dabei alle störenden Gedanken auszuschalten, denn letztere sind wie Wolken, die sich vor die Sonne schieben und ihr Licht schwächen. Erst wenn er das vermag, ist er imstande, den Kontakt mit den Kräften der übergeordneten Realitäts- bzw. Frequenzebene herzustellen. Mit einfacheren Worten: Der denkende, hochmütig rechnende Verstand bleibt während der Bewältigung des zweiten »Streckenabschnitts« ausgesperrt, überläßt das Anvisieren des Ziels der Intuition, während die Schubkraft der durch die späteren Übungen gestärkten Psyche den Wunschpfeil mitten ins Ziel fliegen läßt. Der in diesem Buch aufgezeigte Weg wird zeigen, daß die wunderbarsten Manifestationen eigentlich die einfachsten, ja sogar die selbstverständlichsten sind.

Zur Präzisierung noch folgende Definition: Mit dem ANDERSWO ist jener dimensionslose Urgrund gemeint, der *alle* Dimensionen, niedere wie auch höhere, als seine »Glieder« in sich einschließt. In ihm ist alles enthalten, die ganze Schöpfung mit ihrem gesamten psychischen Potential sowie alle Gedanken, die jemals gedacht wurden und noch gedacht werden. Denn:

Er ist unvergänglich!
Er ist die wandellose Wirklichkeit!
Er ist die Quelle alles Lebens![20]

Er ist überall, er ist im Mikrokosmos wie auch im Makrokosmos, es gibt nichts, in dem er nicht ist, denn er umfaßt alles, was es gibt! Wo sonst soll denn zum Beispiel die Quelle für paranormale Vorgänge zu finden sein als in ihm? Etwa in unserem Raum-Zeit-Kontinuum, obwohl sich nach wissenschaftlicher Prüfung – der Empfänger der auf psychopathischer Ebene zu empfangenden Botschaft saß in einem Faraday-Käfig und der Empfang klappte trotzdem – unwiderlegbar gezeigt hat, daß paranormale Manifestationen *nicht* mit elektromagnetischen Prozessen und deshalb auch *nicht* mit vom Gehirn ausgehenden »Radiowellen« zu erklären sind? Trotzdem – um irgendeine Art von »Wellen« muß es sich doch bei ihnen handeln. Etwa solche, die im Gegensatz zu elektromagnetischen Wellen *nicht* in unserer Raum-Zeit-Welt beheimatet sind?

Wenn unsere Naturwissenschaft auf diese Fragen keine schlüssige Antwort finden kann, dann ist nur die Intuition dazu in der Lage. Allein sie vermag es, den Verstand zu überschreiten. Es zeigt sich deutlich, daß selbst ein höchst entwickelter Verstand hier nicht weiterkommt. Wie soll er das auch können bei seiner Anbindung an die herrschenden Bedingungen in unserer Raum-Zeit-Welt, ist er doch selbst ein Stück von ihr. Und weil er »nur« das ist, kann er auch nicht darüber hinausdenken.

Doch nun zur Vorgehensweise: Der Sucher muß sich zuerst in die dargebotene Ideenwelt einlesen. Die vier folgenden Kapitel wollen deshalb die in der Einführung angesprochenen Themen gründlich vertiefen und dabei näher auf den einzuschlagenden *Weg* eingehen. Die im fünften Kapitel vorgeschlagenen Übungen sind ohne diese Grundlegung nicht mehr als Muster ohne Wert.

Hier ist zum besseren Verständnis der Vergleich mit elektrischem Strom angebracht,der durch eine mit Eisenkern versehene Magnetspule fließt. Was passiert? Die Molekularmagnete des Eisenkerns erfahren durch den fließenden Strom eine Gleichrichtung! Was ist die Folge? Der Eisenkern wird magnetisch, kann erst in diesem Zustand die von ihm geforderte Arbeit leisten. Was für die Erzielung des Elektromagnetismus gilt, das gilt auf höherer Ebene auch für den Menschen! Auch er muß »magnetisiert« werden, muß eine geistige Gleichrichtung erfahren. Ohne sie wären die Übungen zur Wirkungslosigkeit verurteilt. Warum? Weil erst nach dem Lesen und Durcharbeiten der angesprochenen Kapitel jener notwendige »Magnetismus« erzeugt sein wird, mit dem die uralten geistigen Strömungen, die von dem Übungsteil ausgehen, erfaßt werden. Anders ausgedrückt: Ohne diesen *Magnetismus* wäre der Sucher mit einem Blinden zu vergleichen, dem sein weißes Orientierungsstöckchen abhanden gekommen ist und der sich trotzdem zurechtfinden will. Was dem Blinden sein weißes Stöckchen, das ist dem Sucher die vorherige *Grundlegung*, gepaart mit einer positiven *Einstimmung*. Ein weiteres Beispiel wird das näher erläutern. Nehmen wir ein Klavier. Es hat den Herstellungsprozeß soeben beendet. Bevor es die Versandabteilung in Empfang nimmt, wird es mit akribischer Genauigkeit gestimmt und anschließend mit großer Sorgfalt verpackt. Doch was macht der Kunde, nachdem ihm das gute Stück zugestellt wurde? Er läßt es von einen Fachmann noch einmal stimmen oder macht es selbst. Unnötige Arbeit? Nein, sie ist sogar dringend notwendig, denn der Käufer will kein Risiko eingehen. Hier ein kleiner Ruck, dort ein kaum merkbarer Stoß können schon genügen, um den Wohlklang des teuren Instruments empfindlich zu stören. Auch die Wetterverhältnisse spielen eine unangenehme Rolle. Die gestern noch herrschende Trockenheit kann über Nacht einer jähen Zunahme der Luftfeuchtigkeit weichen. Trotz aller Verpackungskünste kann dies den Klang des Klaviers wesentlich beeinträchtigen, ihm sogar Mißtöne entlocken.

Genauso verhält es sich mit dem geistigen Streben. Ohne die erforderliche Einstimmung wird der richtige »Ton« nicht getroffen werden können. Skepsis und Zweifel werden bleiben und es schließlich zu verhindern wissen, daß man den vorgeschlagenen Weg bis zum Ende geht.

Zusammengefaßt heißt das für unser Thema: Die den Übungen vorgeschalteten Kapitel müssen so beschaffen sein, daß der Sucher ihren Inhalt nicht nur versteht, sondern sich mit dem dargebotenen *Material* zu identifizieren vermag, und daß in ihm jene Resonanz erzeugt wird, die seine Empfänglichkeit für die späteren Übungen noch zu steigern imstande ist. In dem Sucher muß also eine geistige Umstrukturierung stattfinden, damit in verdunkelte Bewußtseinsregionen wieder das Licht einziehen kann. Um dies zu erreichen, *muß* selbstverständlich auch der Glaube an das Gelingen gestärkt werden. Im weiteren Verlauf werden dokumentierte Fälle zeigen, welche unglaubliche Wirkungen ein starker Glaube zu erzielen vermag.

Es mag paradox klingen – was an manchen Stellen vielleicht als ein vernachlässigbarer Umweg erscheint, das ist in Wirklichkeit die kürzeste Verbindung zwischen zwei Punkten. Wiederholungen sind nicht als »Füllsel« gedacht, sondern sollen da, wo es angebracht ist, als Vertiefung dienen.

Die ersten vier Kapitel legen also das Fundament, die Schlüssel mit ihren Übungen bauen darauf das Haus! Jeder Übungsteil ist auch mit einem Elektromotor zu vergleichen, der noch darauf warten muß, endlich an das Stromnetz angeschlossen zu werden. Denn erst *nach* dem Anschluß kann der Strom fließen und der Motor seine Arbeit leisten. So verhält es sich auch mit diesem Buch! Das Bestreben des Suchers muß es sein, *beide* Teile – die ersten vier Kapitel *zusammen* mit dem Übungsteil – als ein unteilbares Ganzes zu betrachten, denn erst dann können sie aufgrund erfolgreicher psychischer Einstimmung ihre größte Wirksamkeit entfalten.

Natürlich, mit schönen Worten gegebene Ratschläge und Erklärungen *ohne* Hintergrundinformationen und handfeste Unterweisungen hat es auf diesem Gebiet schon genug gegeben. Aber sie allein haben es noch nie vermocht, den Sucher ans Ziel zu bringen, ihm während seines Weges das tröstliche Gefühl zu vermitteln, nicht allein zu sein, begleitet zu werden. Dokumentierte Tatsachen und Aussagen müssen her, die, wenn schon nicht für einbahnstraßenähnliche Gelehrtengehirne, so doch für den mit Unrecht so oft geschmähten »gesunden Menschenverstand« Beweischarakter besitzen. Begreiflicherweise ist auch der Rahmen – mit ihm sind u. a. die herrschenden gesellschaftlichen Verhältnisse gemeint – von Bedeutung, gehen von ihnen doch leider viel zu oft negativ einwirkende Einflüsse aus. Auch zu ihnen wird daher einiges zu sagen sein.

Das fünfte Kapitel *Sieben Schlüssel öffnen das Tor* ist den verschiedensten Übungen gewidmet. Diese entstammen Yoga-Praktiken, die schon zu einer Zeit angewendet wurden, als in unseren Breiten das Licht der Weisheit noch auf Sparflamme brannte. Es sind Übungen, die ohne größere Anstrengungen durchzuführen sind. Die Schwierigkeit ihrer Anwendung liegt einfach darin, daß sie nach einem festen Glauben an das Gelingen, nach Stetigkeit, Ausdauer und ernster Hingabe verlangen. Erfordernisse, die ohne eine gehörige Portion Willenskraft nicht zu erfüllen sind. Ich muß es betonen: Ohne sie gleicht der Sucher einem Menschen, der allen Ernstes daran glaubt, ohne Füße laufen zu können. Gewiß, ein starker Glaube vermag viel, aber *ohne* Füße laufen …? Es bringt so gut wie keinen Nutzen, die Übungen nur hin und wieder zu machen und letzten Endes die Zeiträume dazwischen immer größer werden zu lassen. Nur die Kontinuität bringt den ersehnten Erfolg.

Wem aber dieses, im Verhältnis zu dem späteren Nutzen geringe Zeitopfer zu groß erscheint, der soll mit dem Weiterlesen in diesem Buch am besten aufhören und so weiterleben wie bisher.

I

Wunschkraft und Realität

Was will das Wort *Realität* aussagen und welche Bedeutung hat es für unser Thema? Warum sind Gedanken Kräfte und warum kommt dem inneren Schweigen eine so überragende Bedeutung zu? Warum ist für unser Anliegen das Erreichen einer bestimmten Konzentrationstiefe, verbunden mit einer tiefgehenden, bildhaften Imagination, erforderlich? Warum ist der felsenfeste Glaube an das Gelingen, in unserem Fall an das endliche Erreichen des Weg-Endes, für den Erfolg unserer Bemühungen unverzichtbar, und warum ist der Teil, der sich mit der Existenz höherer Realitätsebenen befaßt, so dringend notwendig für das Verständnis der Wunschkraft und deren Quelle?

Was ist Realität?

Es muß etwa Neues kommen. Ich glaube, ich weiß, was kommt. Ich weiß es genau. Aber ich sage es niemandem. Die könnten meinen, daß ich verrückt bin. Also beschäftige ich mich lieber mit einer fünfdimensionalen Relativitätstheorie, obwohl ich nicht ernsthaft daran glaube. Aber ich weiß, was kommt. Vielleicht erzähle ich es dir ein andermal.[21]

Wolfgang Pauli
(Der Physiker in einem Gespräch mit seinem
Assistenten H. B. G. Casimir.)

... Die Kausalität in der Physik ist somit eine Idealisierung – eine Realität, die nur in der Welt der Gleichungen und Computersimulationen existiert. Diese Realität darf niemals mit den vielfältigen, komplexen und subtilen Ereignissen des wirklichen Lebens verwechselt werden.[22]

F. David Peat

Es ist kaum zu glauben, und trotzdem verhält es sich so: Viele Naturwissenschaftler sind noch dem Denken des neunzehnten Jahrhunderts verhaftet. »... Sie glauben, daß die komplizierteren Gebiete von Chemie und Biologie im Prinzip auf die Gesetze der Physik reduziert werden können, und sie sehen Bewußtsein als Begleiterscheinung des physischen Gehirns an. Es ist paradox: Aber die Wissenschaftler halten mit den tieferen Implikationen ihres eigenen Gebietes noch nicht Schritt.«[23]

»Was einem Beobachter als die der Kausalität gehorchende Realität erscheint, ist hinsichtlich des Wahrheitsgehalts gekettet an die Welt *unserer* Dimensionen«, erklärte mir einmal ein junger Physiklehrer. Und weiter: »Dem Astrophysiker Sir James Jeans haben wir dazu ein sehr beeindruckendes Gleichnis zu verdanken.«[24] Mein Bekannter hatte ironisch lächelnd hinzugefügt: »Nicht wenige Naturwissenschaftler haben sich damals über dessen Veröffentlichung schwer geärgert.«

»Geärgert? Warum?« hatte ich ihn erstaunt gefragt.

»Haha, weil Jeans sie darin mit einem Geschlecht zweidimensionaler, blinder Würmer verglichen hat.«

Nun verstand ich gar nichts mehr. »Wieso das? Was ist das für ein Gleichnis?«

»So warten Sie doch ab. Die Wahrnehmungen dieser Würmer seien lediglich auf die ebenfalls zweidimensionale Oberfläche der Erde beschränkt. Plötzlich würde es regnen.« Der junge Mann hatte mich dann schalkhaft lächelnd gefragt: »Können Sie sich vorstellen, welche Meinung die nur in zwei Dimensionen denkenden Wurmphysiker zu diesem Ereignis hatten?«

Er hatte meine Antwort nicht abgewartet, statt dessen Jeans zitiert:

»... wenn die Würmer, die sich nicht einmal der Existenz der dritten Raumdimension bewußt sind, versuchten, die ganze Natur in ihren zweidimensionalen Rahmen zu pressen, würden sie nicht imstande sein, in der Verteilung feuchter und trockener Stellen irgendeinen Determinismus zu entdecken; die Wurmphysiker würden über die Feuchtigkeit und Trockenheit in Wahrscheinlichkeitsausdrücken sprechen können und würden versucht sein, diese als letzte Wahrheit zu behandeln ...«

»Ein phantastischer Vergleich«, entfuhr es mir bewundernd. »Man könnte daraus folgern, wir seien Gefangene unserer Sinne, nicht wahr? Sie zeigten uns eine Realität, die in Wirklichkeit nur eine unter vielen ist. Kann man das so sehen?« Ich schwieg, sah ihn erwartungsvoll an.

Er nickte nur. Bevor er den Rest des Gleichnisses zitierte, sagte er: »Die folgende Passage widmet sich den Dimensionen *unserer* Welt. Hier sind *wir* die ›blinden Würmer‹.« Dann fuhr er fort: »Wie die Schatten an einer Mauer die Projektion einer dreidimensionalen Wirklichkeit in zwei Dimensionen bilden, so sind die Phänomene des Raum-Zeit-Kontinuums vierdimensionale Projektionen von Wirklichkeiten, die mehr als vier Dimensionen einnehmen, so daß *Vorgänge in Zeit und Raum*

> nichts anderes als ein flücht'ges Bild
> gespensterhaften Schattenzuges werden.«

Der junge Physiklehrer hatte danach das Gleichnis aus seiner Phantasie noch ein wenig erweitert: »Vielleicht gäbe es unter den Wurmphysikern ein Genie wie Albert Einstein. Vielleicht würde dieses Genie auf die Idee kommen, daß sein zweidimensionales Universum nur jene Realität zeigt, zeigen kann, die seinen zwei Dimensionen angemessen ist. Der Neuropsychologe Karl Pribram vertritt übrigens hinsichtlich der uns umgebenden Realität interessanterweise die Ansicht, daß ›... die gesamte Realität im Grunde ein Frequenzbereich und unser Gehirn eine Art Linse ist, die diese Frequenzen in die Erfahrungswelt der Erscheinungen umwandelt.‹«[25]

In der Philosophie wird Realität als das vom Subjekt unabhängige Ansichsein verstanden. Auf den ersten Blick ist diese Formulierung durchaus einleuchtend, denn meine Augen zeigen es mir doch sehr deutlich, daß das Gras der Wiese, die ich vor mir sehe, grün ist. Und meine Augen täuschen mich ganz bestimmt nicht, denn jeder andere Beobachter wird mir diese Feststellung bestätigen. Hier von »objektiver« Realität zu sprechen ist zugegebenermaßen sehr einfach. Kehren wir zu dem Beispiel mit den blinden Würmern zurück. Alle Wurmphysiker erblicken die wie aus dem Nichts kommende Nässe – und halten sie für ein Wunder, müssen sie dafür halten, denn ihr Verstand ist nicht in der Lage, sich in die ihnen fremde dritte Dimension hineinzudenken. Schließlich – sehen nicht alle diese für sie unbegreifliche »Realität«? Und wenn alle die gleiche Feststellung treffen ... ? Man kann auch sagen: Sie sind die Gefangenen der bei ihnen herrschenden *Sicht* der Dinge. Diese Sicht stülpt sich als geistiger Überbau über ihre Gehirne und läßt sie alle durch die *gleiche* Brille sehen. Der Physiker F. David Peat[26] erwähnt dazu eine treffende Passage aus dem Buch *Der Zauberer von Oz* des Schriftstellers Frank L. Baum. Darin »sahen die Bewohner von ›Smaragdstadt‹, das alles um sie herum grün war, die Häuser, die Kleidung und die anderen Menschen. Der Grund für diese Einförmigkeit der Farbe entsprang nicht der Realität der Stadt selbst, sondern lag darin, daß jeder Bürger eine grüngetönte Brille trug. Da jeder seine Stadt durch ein Glas mit derselben Farbe sah, hatten sie eine allen gemeinsame Auffassung über die Farbe der Dinge. Grüne Brillen waren das Paradigma, durch das die

Bürger von ›Smaragdstadt‹ ihre Welt betrachteten. Die Wissenschaft ist das Paradigma, durch das wir unsere Welt betrachten.«

Welche Folgerungen sind daraus zu ziehen? Nun, vielleicht leben auch *wir* in einer Welt *blinder Würmer.* Vielleicht sind wir, aus welchen Gründen auch immer, noch nicht soweit, dies zu erkennen, weil wir ebenfalls von einem wissenschaftlichen Paradigma durchdrungen sind, das uns zwingt, die Welt auf eine ganz bestimmte Art zu sehen. Auf eine, die uns »inzwischen vollkommen natürlich vorkommt. Tatsächlich ist es überhaupt nicht mehr möglich, diese Weltanschauung oder dieses Paradigma selbst zu sehen, sondern unsere Wissenschaftler sehen *durch* dieses Paradigma«[27] wie die Einwohner von Smaragdstadt, die durch eine grüngefärbte Brille blickten – und verteidigen die auf diese Weise *geschaute* Realität mit Zähnen und Klauen als einzig wahr und *objektiv.* Das Ansichsein der Dinge? In Wirklichkeit ist diese Aussage lediglich eine Hilfskonstruktion unseres beschränkten Verstandesdenkens. Der Naturwissenschaftler Erwin Chargaff, einer der führenden Biochemiker unserer Zeit, hat sich zur Weltsicht unserer Naturwissenschaftler sehr bitter, aber, wie ich meine, sehr zutreffend geäußert.[28] Sein radikaler Zweifel an dem herrschenden Wissenschaftsparadigma gipfelt in folgenden Worten: »Unsere Art von Wissenschaft hat sich in eine Krankheit des westlichen Geistes verwandelt. Man hat uns gelehrt, daß wir durch immer tieferes Graben den Mittelpunkt unserer Welt erreichen würden. Aber wir fanden nichts als Fels und Feuer. So nehmen wir den Stein als unser Herz und die Flamme als unsere Hoffnung.«

Michael Talbot berichtet in seinem Buch »Das holographische Universum« über ein aufsehenerregendes Experiment, das von Charles Tart, Psychologieprofessor an der

University of California, durchgeführt wurde.[29] Das Ergebnis ist vorzüglich dazu geeignet, die Frage *Was ist Realität?* in einem völlig neuen Licht erscheinen zu lassen. Tart wählte als Probanden zwei Studenten namens Anne und Bill aus. Er hielt es für vorteilhaft, daß sich beide auf dem Gebiet der Hypnose auskannten und genau wußten, wie sie vorzugehen hatten. Die beiden hypnotisierten sich gegenseitig nach einem vorher genau abgesprochenen Plan. Das Ergebnis kann sensationell genannt werden.

Beide Probanden fühlten sich »... an einen Strand von überirdischer Schönheit versetzt. Der Sand glitzerte wie Diamanten, das Meer war von großen Schaumblasen bedeckt und funkelte wie Champagner, und die Küste säumten durchscheinende kristalline Felsbrocken, in denen ein inneres Licht pulsierte. Tart konnte zwar nicht sehen, was Anne und Bill erblickten, aber ihren Worten war zu entnehmen, daß sie die gleiche halluzinierte Realität erlebten ...« Es besteht kein Zweifel daran, daß Anne und Bill in ihrem somnambulen Zustand die neuentdeckte Welt für die Wirklichkeit hielten, genau wie auch wir unsere Wirklichkeit als die allein existierende ansehen. Schließlich, wir leben doch in ihr, unsere Sinne zeigen sie uns jeden Tag. Wir sehen sie, wir können sie fühlen, riechen, schmecken, und wir können sie anfassen.

Keine Frage, wohl die meisten Naturwissenschaftler würden der Ansicht sein, daß eine »Realität«, wie die von Anne und Bill, in Wirklichkeit nichts anderes sein kann als ein durch Hypnose bewirkter Traum hoher Plastizität. Schließlich wären die Körper an dieser sogenannten Realität nicht beteiligt gewesen, wären in der *wahren* Realität, also in der *unseren*, verblieben. Also nur ein Traum, nichts weiter.

Hier stellt sich fast zwangsläufig die Frage nach dem *Leben.* Was ist es? Ist es in Wirklichkeit ebenfalls nur ein Traum

»hoher Plastizität«? Dann würden Anne und Bill den Traum eines Traums geträumt haben. Es kann nicht geleugnet werden: An dieser Stelle befinden wir uns ebenfalls in der Rolle blinder Würmer. Denn auch hier zeigt es sich: Unser gewohntes Denken reicht nicht über die Beschränkungen unseres vierdimensionalen Raum-Zeit-Kontinuums hinaus. Wäre es nicht lächerlich, aus diesen Beschränkungen – so wie die Wurmphysiker – auf ein Nichtvorhandensein höherer Dimensionen zu bestehen? Ich will vorgreifen: Vielleicht sind die so oft geschmähten paranormalen Vorgänge in Wirklichkeit nichts anderes als dimensionsverbindende Brücken. Wir sollten den Mut haben, diese »Brücken« zu betreten und ihre »Statik« im Hinblick auf ihre »Belastbarkeit« zu überprüfen.

Mit dieser Feststellung glaubte ich den Abschnitt abgeschlossen zu haben. Doch dann, buchstäblich von einer Sekunde zur anderen, überfiel mich die folgende Frage wie ein Sturzbach. Hatte mich der Abschnitt ein Stück vorangebracht? Irgendwie war ich mit den darin gemachten Aussagen noch nicht zufrieden. Es schien mir etwas zu fehlen, aber was? Gut, ich hatte mich zwar mit der Frage nach der »objektiven« Realität befaßt, aber dieses Befassen kam mir auf einmal merkwürdig leer und allein im Raum stehend vor, denn wo war der nähere Bezug zum Hauptthema, zur *Kraft der Wünsche?* Ich überlegte und überlegte, suchte nach einem erlösenden Gedanken, fand ihn aber nicht. Mein Gehirn benahm sich dabei wie ein störrischer Ziegenbock, wollte mir nicht den kleinsten Einfall schenken.

Einen Tag später, ich hatte den »Bezug« immer noch nicht gefunden, kam es zu einer unerwarteten Begegnung mit einem alten Freund. Zu diesem Zeitpunkt konnte ich noch nicht ahnen, daß sich dieses Zusammentreffen in der Folgezeit als überaus wertvoll für mich erweisen sollte.

Es war an die dreißig Jahre her, daß Satya Narasaya und ich uns gesehen hatten. Der aus Bangalore in Indien stammende Diplom-Ingenieur hatte damals mehrere Jahre in Süddeutschland bei einer bekannten Werkzeugsondermaschinenfabrik gearbeitet und war dann in die USA ausgewandert. Der Abschied damals war sehr bewegend gewesen.

Und jetzt das unverhoffte Wiedersehen! Es fand auf der Straße statt. Wir gingen aneinander vorbei – und blieben wie auf Kommando stehen, drehten uns um und blickten uns fragend an. Dann hatten wir uns erkannt, zwar merklich älter geworden, aber diese Tatsache hatte das Erkennen nicht verhindern können. Ich erfuhr von ihm, daß er im Auftrag seiner amerikanischen Firma ungefähr ein halbes Jahr geschäftlich in Deutschland bleiben müsse.

Schon am nächsten Tag besuchte er mich. Wir plauderten mit leuchtenden Augen über vergangene, alte Zeiten, konnten nicht genug davon bekommen. Doch dann kam wie ein jäh erhellender Blitz in dunkler Nacht der Augenblick, als er mir von seinem Ashram berichtete, über die spirituelle Gemeinschaft, die er seit nunmehr zwanzig Jahren leitete.

Seine dunklen Augen strahlten, als er mir sagte: »Ich habe ihn damals gegründet. Wir widmen uns der Meditation, der Konzentration, der Imagination und den verschiedensten Yoga-Übungen.

Ich starrte ihn wortlos an, konnte nicht fassen, was ich eben von ihm gehört hatte. Plötzlich spürte ich die Gewißheit in mir hochsteigen, in Satya einen Helfer von großem Gewicht gefunden zu haben.

»Und wer ist euer Guru?« fragte ich ihn mit belegter Stimme. Ich beugte mich vor, fragte: »Bist du es etwa selber?«

Er lächelte. »Nein, dieser hohe Rang gebührt mir nicht. Unser Guru, besser gesagt unser geistiger Guru, ist Sri Aurobindo.«

»Aber Aurobindo ist doch schon viele Jahre tot«, wandte ich verwundert ein.

Satya nickte ernst. Und dann sagte er mit einer Bestimmtheit, die jeden Zweifel ausschloß: »Das ist richtig, er hat schon 1950 seinen Körper verlassen, aber sein Geist weilt unter uns.«

Ich habe etwas gegen Behauptungen dieser Art. Sie kommen mir sektiererisch vor, denn der, der sie mit flammenden Worten verkündet, ist fast immer davon überzeugt, nur er *allein* sei in der Lage, die passenden Rezepte für das Seelenheil auszustellen. Doch hier hatte ich dieses skeptische Gefühl nicht. Ganz im Gegenteil, Satyas weitere Ausführungen über das Werden und die Ziele des Ashram nahmen mich mehr und mehr gefangen.

Als ich ihm später von meiner Arbeit erzählte, war sein Erstaunen groß. Aber auch seine Freude darüber, mit einem Gleichgesinnten sprechen zu können. »Denn wo kann man das schon in unserer materialistischen Welt«, sagte er traurig. »Man läuft doch dabei Gefahr, daß sich kübelweise Spott und Hohn über einen ergießen.«

Endlich kam auch die Gelegenheit, an dem ich ihm meine Schwierigkeiten mit dem Abschnitt *Was ist Realität?* schildern konnte. Ich gab mir damit große Mühe. Zum Schluß sagte ich: »Sicher wirst du mich verstehen. Ich komme mir vor wie jemand, der damit beschäftigt ist, ein Mosaikbild zusammenzusetzen. Dieser Jemand glaubt sich schon am Ende seiner Arbeit, doch dann entdeckt er, daß ihm wichtige Steinchen für das Antlitz des Bildes fehlen. Ohne sie läßt sich aber dessen Ausdruck nicht darstellen. Und was ist ein Bildnis schon ohne Ausdruck?« Ich hielt kurz inne, fügte dann hinzu: »Genauso verhält es sich bei mir. Mir fehlen für einen Abschnitt meines Buches wichtige Mosaiksteinchen. Ohne sie stellt dieser aber nur eine Aufzählung verschiedener

Realitätsinterpretationen dar, und das ist mir zu wenig.« Ich schwieg, fügte dann mit einem schiefen Lächeln hinzu: »Vielleicht kannst du mir die fehlenden Steinchen beschaffen.«

»Über das Wesen der Realität haben wir uns im Ashram erst im vergangenen Monat ausführlich unterhalten«, entgegnete Satya freundlich. »Wir lieben Gespräche dieser Art, denn sie dienen der Erweiterung des Bewußtseins.«

»Und – und was war die Quintessenz eurer Diskussion?« fragte ich gespannt. Der liebe Gott schien mir meinen alten Freund geschickt zu haben.

Satya nickte. »Alle deine geschilderten Realitätsinterpretationen haben doch zumindest eines gemeinsam: sie zeigen den Beobachtern durchweg Realitäten.« Ich wollte eine Bemerkung machen, aber er wehrte ab. »Wenn auch nur Teilrealitäten. So beobachteten die Wurmphysiker die von ihnen angenommene Realität aus ihrer nur zweidimensionalen Sicht, denn ihre Erkenntnisfähigkeit reichte nicht darüber hinaus, die Bürger von Smaragdstadt dagegen wußten nicht, daß sie *alle* eine grüne Brille trugen und hielten das sich ihnen zeigende Grün ebenfalls für die objektive Wirklichkeit, Anne und Bill hingegen waren in ihrem hypnotisierten Zustand fest davon überzeugt, während ihres traumhaftschönen Stranderlebnisses in der wahren Realität zu weilen.«

Satya sah mich eindringlich an. »Sicher kannst du dir jetzt vorstellen, was es mit diesen Teilrealitäten in Wahrheit auf sich hat?« Er machte eine kurze Pause. Als er weitersprach, änderte sich die Tonlage seiner Stimme. Seltsam, ein Ausdruck lag plötzlich darin, der mich an feierliches Glokkengeläute denken ließ.

»Stellen wir uns doch einmal vor, daß die uns bekannten Dimensionen nur wenige unter vielen sind. Was hätte das für die ›Bewohner‹ höherer Dimensionen zu bedeuten? Ich meine, welche Auswirkungen hätte das für ihre Erkenntnisfähigkeit?« Er wartete nicht auf eine Antwort, sondern gab sie selber:

»Diese würde von Dimension zu Dimension zunehmen. Und je höher diese ›Bewohner‹ angesiedelt wären, desto mehr würden sie das Wissen haben, in eine Schöpfung eingebettet zu sein, in der sich die an die Dimensionen geketteten Teilrealitäten wie die Blütenblättchen einer gigantischen kosmischen Rose am Ende zu einer Suprarealität entfalten. Und es ist diese Suprarealität, die das gesamte Sein darstellt. Sie umfaßt ALLE Dimensionen, denn in ihr ruht ALLES, was es gibt!«

Kaum hatte er geendet, als eine neue Frage in mir hochstieg.

»Aber was hat das für die Gedankenkraft, insbesondere für die Wunschkraft, zu bedeuten?«

»Die Antwort ist nicht schwer. Meiner Meinung nach ergibt sie sich zwingend aus dem eben Gesagten. Mit dem dürftigen Verstand kommt man auf Grund seiner an die Welt unserer Dimensionen gebundenen Beschränktheit nicht weiter. Aber es gibt mächtige Helfer. Zu ihnen zählen Glaube, Intuition und der unbedingte Wille zur Tat! Zusammen mit ihnen kannst du die Beschränktheit der Sinne überwinden und die Wahrheit schauen, wenn auch nur einen Abglanz davon. Und was ich eben von dem Entfalten der Teilrealitäten sagte, das gilt analog auch für das Entfalten der Wünsche. Zum jetzigen Zeitpunkt können die den Wünschen innewohnenen Kräfte in ihrer Mehrzahl noch nicht einmal in unserem vierdimensionalen Raum-Zeit-Kontinuum wirksam werden. Den Urgrund zu erreichen, um dort den Kontakt herzustellen, dazu sind sie viel zu schwach. Die Wunschkraft steigern zu können, ist, richtig betrachtet, zu vergleichen mit dem gelungenen Sprung auf eine höhere

Realitätsebene.« Er nickte mir zu. »Du bist mit deinem Tun auf dem besten Weg.« In seinen Augen blitzte es auf. »Es wird dich interessieren, was Aurobindo dazu gesagt hat. Er sieht den Entwicklungsstand der heutigen Menschheit nur als einen Entwurf dessen an, wozu diese in Wirklichkeit bestimmt ist. ›Ein Weg ist zu eröffnen, der noch blockiert ist!‹, sagte er einmal.« Satya schwieg und sah mich gedankenvoll an, fügte dann leise hinzu: »Für mich gibt es keinen Zweifel, unsere Wünsche erschaffen die Welt auf eine Weise, die sich unser Verstand nicht vorstellen kann.«

Bevor mich Satya verließ, vereinbarten wir eine weitere Zusammenkunft. »Ich freue mich schon jetzt darauf«, sagte er herzlich und drückte mir kräftig die Hand.

Als ich wieder allein war, erfaßte mich ein Hochgefühl ohnegleichen. Mit Satyas Hilfe hatte ich die fehlenden Mosaiksteinchen für einen bedeutenden Abschnitt gefunden. Ich ahnte, daß ich mit seiner Unterstützung noch weitere finden würde.

Synchronizität als Äußerung psychischer Kraft

Denkt daran, daß eure Wirklichkeit das Ergebnis eurer Gedanken ist … Denkt daran, wenn ihr die Spielregeln lernt – ihr seid ein Ergebnis des Denkens, und in eurem Universum ist das ein Gesetz –, dann braucht ihr nur zu denken, wie ihr sein wollt, und ihr werdet so sein.[30]

Barbara Marciniak

Ich versicherte es schon: Wunschgedanken bergen Kräfte in sich. Unsere Forderung lautet: Diese sollen uns nicht nur im Wolkenkuckucksheim unserer Phantasie zum Erfolg führen, sondern auch in unserer täglichen Realität. Mit anderen Worten: Wir müssen unsere Wunschkraft derart stärken, ihre Antriebskraft so erhöhen, daß gewünschte Realitäten sich zu *wirklichen* entfalten können. Wie schon in der Einführung erwähnt, sagte der Yogi Paramahansa Yogananda zu dieser Forderung: »Die richtige Visualisation durch Konzentrations- und Willenskraftübungen befähigt uns, die Gedanken zu materialisieren, nicht nur als Träume oder Visionen auf dem geistigen Gebiet, sondern auch als Erfahrungen im materiellen Bereich.« Aber gibt es nicht auch Beispiele für das Eingreifen psychischer Kräfte, *ohne* daß ein Wunschgedanke sich *vorher* hat bilden können? So wie ein Blitzstrahl aus dem oft zitierten »heiteren Himmel« kommend? Dieser Frage muß sich eine zweite anschließen: Wenn Wunschgedanken ein solches plötzliches Eingreifen nicht bewirken, welcher »Mechanismus« ist dann dafür verantwortlich? Vielleicht die Intuition als Kraft des übergeordneten, weil über den Dimensionen stehenden seelischen »Verstandes«? Das wäre gewissermaßen eine Art Vorstufe. Sie würde dem Verstand signalisieren: *Laß mich nur machen und stemme dich nicht gegen mich, sondern sei mein Bundesgenosse, denn vereint kann uns so leicht nichts widerstehen.*

Ich werde nach der Schilderung eines persönlichen Erlebnisses noch von einem Phänomen berichten, das den Psychologen C. G. Jung und den Physiker Wolfgang Pauli zu gemeinsamer Forschung auf dem noch unbekannten, faszinierenden Gebiet der Synchronizität anregte. Sie waren davon überzeugt, in ihr eine »Brücke« zwischen der Akausalität und der Kausalität gefunden zu haben. Unser Anliegen läßt sich weiß Gott nicht mit einem kausalen Ablauf irgendwelcher Prozesse erklären, daher wäre eine solche »Brücke« für uns besonders wichtig. Keine Angst, die sich anschließenden und aus tatsächlichen Erlebnissen resultierende Beispiele sind derart, daß sie leicht verstanden werden können. Im späteren Abschnitt ›Harmonie und Synchronizität‹ wird eine – notwendige – Vertiefung erfolgen müssen. Aber auch sie wird dem Verständnis keine Schwierigkeiten bereiten.

Völlig unmotiviert huscht gelegentlich ein Gedanke durch das Gehirn, und man denkt an eine bestimmte Melodie, an einen schon längst verklungenen Schlager oder aber an einen alten Freund, dem man schon seit Jahren nicht mehr begegnet ist. Wehmütige Erinnerungen überfallen einen. Noch einmal diesen alten Schlager hören, noch einmal mit dem alten Freund über längst vergangene Zeiten reden. Etwas muß hier festgehalten werden: Die Erinnerungen an den Schlager oder den Freund überfielen einen *nicht* aufgrund einer vom Verstand diktierten Überlegung. Sie waren da – ganz plötzlich, hatten den Charakter leuchtender, das Dunkel der Vergangenheit aufhellender Blitze.

Doch schon Minuten später hatte einen der Alltag wieder. Neue Gedanken vertrieben energisch die Wehmut und ließen einen wieder an die Realität denken. Die Melodie, der alte Freund waren, kaum gedacht, auch schon wieder vergessen.

Und dann passierte es! Wenige Stunden danach, man hatte gerade das Radio oder den Fernseher eingeschaltet, – was dringt da plötzlich an die Ohren – jene Melodie! Oder aber man macht eine dringende Besorgung und wer begegnet einem – der nach langen Auslandsjahren erst kürzlich wieder in die Heimat zurückgekehrte Freund. Kühl überlegende und sorgfältig abwägende Verstandesmenschen würden hier achselzuckend von puren Zufällen reden und nichts Sonderbares an diesen Geschehnissen finden. Schließlich, Zufälle dieser Art gibt es doch wie Sand am Meer. Eine Ansicht, die nicht zu widerlegen ist. Doch eine solche, allein den *Gott* des Zufalls anbetende Erklärung kann unmöglich befriedigen.

Vor einigen Jahren hatte ich ein Erlebnis, über das ich in der Folgezeit immer wieder nachgedacht habe.

Ein guter Bekannter hatte mich zu einem Besuch der Spielbank im Kurhaus Baden-Baden überredet. »Herrlicher Barock!« hatte er mir vorgeschwärmt. »Die schönste Spielbank der Welt! Du mußt sie dir unbedingt ansehen. Ich fahre über das Wochenende hin. Komm doch mit.«

Kurz und gut, ich ließ mich überreden. Und das nicht ungern, denn wo kann man besser das Auf und Ab in den Gemütszuständen der Menschen beobachten als in einer Spielbank? Wo spiegelt sich die Gier und die Angst, wo die Hilflosigkeit angesichts des Ausgeliefertseins an eine dem *Zufall* gehorchende Apparatur in den Gesichtern mehr wider als an einem solchen Ort? Angenehme Bilder? Ganz sicher nicht.

Als wir dort waren, mußte ich meinem Freund recht geben. Das Innere der Spielbank glich in seinem prachtvollen Barock dem Inneren einer »Kathedrale«. Es fragt sich nur – wessen Kathedrale? Das Spielen überließ ich Rolf. Ich selber fand das Beobachten viel reizvoller.

Mein Freund war nicht das, was man unter einem vom Spielteufel besessenen Menschen versteht, aber hin und wieder liebte er das Risiko, und dann wurde es zum Kummer seiner Frau gefährlich für ihn. Und das besonders, wenn er gewann. Der ganze Mensch wirkte dann plötzlich wie verwandelt. Rolf schien in diesen Minuten aus allen Poren zu sprühen. Seine Augen blitzten in einem sieghaften Licht und sein Körper machte den Eindruck einer gespannten Feder. Er glaubte dann fest an eine Glückssträhne, die ihn jetzt endlich für alle seine früheren Verluste reichlich entschädigen wollte, und spielte voller Leidenschaft weiter. Aber diese

Rechnung war ihm bisher noch nie aufgegangen. Im Gegenteil, er büßte dann nicht nur den Gewinn ein, sondern verlor dazu noch hoch. Wenn ihm dagegen gleich zu Anfang die Glücksgöttin mehrmals hintereinander die kalte Schulter zeigte, dann verließ ihn im Gegensatz zu echten Spielern rasch die Lust am Weiterspielen und es zog ihn reuig nach Hause.

Irgendwie kam es dann zu dem rätselhaften Erlebnis. Sekunden bevor der Croupier, ein neues Spiel eröffnend, die kleine Elfenbeinkugel in den Kessel warf, sagte ich hastig, einer jähen, unerklärlichen Eingebung folgend, zu meinem Freund: »Setze auf die Nummer 36. Ich habe das Gefühl, daß sie kommt.«

Rolf entgegnete mitleidig lächelnd: »Tut mir leid, auf Gefühle gebe ich nichts. Setze du doch auf die 36. Aber du willst ja nicht spielen.«

Die Zahl 36 kam! Mein Freund schüttelte nur den Kopf, gab aber keinen Kommentar. Ich ärgerte mich ein wenig, daß er meinem Rat nicht gefolgt war und dadurch einen ordentlichen Gewinn verpaßt hatte. Irgendeiner geistigen Regung folgend ging ich die wenigen Schritte zum Nachbartisch – und traute meinen Augen nicht. Auch hier war die 36 gekommen! Diese Zahl hatte sich anscheinend dazu entschlossen, Rolf und mich zu ärgern. Aber das war noch nicht alles! Sie kam tatsächlich noch in derselben Minute an zwei weiteren Tischen dahinter. Und damit war es immer noch nicht genug. Es war kaum zu glauben – am Tisch meines Freundes fiel diese Nummer während der nächsten fünf Spiele noch weitere dreimal.

»Ich hätte heute ein Vermögen gewinnen können, wenn ich nur mehr Zutrauen gehabt hätte«, sagte mein Freund trübselig, als wir Stunden später ziemlich schweigsam wieder nach Hause fuhren.

Ereignisse dieser Art würde C. G. Jung als typische Synchronizitäten bezeichnen. Er verstand darunter »akausale, durch einen gemeinsamen Sinn verbundene gleichzeitige Vorgänge in Natur und Psyche.«[31] Oder, anders ausgedrückt: Synchronizitäten sind »... ein Zusammenfallen von Ereignissen, das so ungewöhnlich und bedeutungsvoll ist, daß man es schwerlich allein dem Zufall zuschreiben kann.«[32]

Das berühmteste Beispiel der Synchronizität ist Jungs Skarabäuserlebnis. Diese Geschichte ist von einer derartigen Unwahrscheinlichkeit, daß ein Hineinspielen des Zufalls ausgeschlossen erscheint. Jung behandelte eine Patientin. Die Frau erzählte »Jung von einem Traum, in dem ein Mistkäfer vorgekommen war. Jung wußte, daß ein Mistkäfer, der Skarabäus, in der ägyptischen Mythologie ein Sinnbild der Wiedergeburt war, und fragte sich, ob das Unterbewußtsein der Frau symbolisch andeuten wollte, daß sie eine Art psychische Wiedergeburt durchmache. Er wollte ihr das gerade sagen, als etwas ans Fenster klopfte. Er blickte hoch und sah einen goldgrünen Mistkäfer hinter der Glasscheibe (das war das einzige Mal, daß ein solcher Käfer vor Jungs Fenster auftauchte).«[33]

Jung hat sich zeit seines Lebens geweigert, »die Modetorheit zu begehen, alles, was ich nicht erklären kann, für Schwindel anzusehen.«[34] Das galt insbesondere für das weite Feld der Parapsychologie. Für ihn war es hinsichtlich der Synchronizität klar, daß die auf diesem Gebiet herrschende Akausalität von psychischen Einflüssen verursacht wird. Die anscheinende Akausalität sei in Wirklichkeit – wie bei den Wurmphysikern – nur der Schleier unseres Nichtwissens, der sich über eine höherdimensionale Kausalität gelegt hat und diese darunter verbirgt. Im Hinblick auf die Intoleranz der allein dem Objektivitätspostulat huldigenden Naturwissenschaftler kann man von einer neuen Inquisition sprechen. Ihren »vernichtenden Attacken ist seit Jahrzehnten die Parapsychologie ausgesetzt, deren im rein materialistisch-positivistischen Denken verhaftete Kritiker keine Gelegenheit auslassen, die Forscher und die Ergebnisse ihrer Arbeit zu diffamieren.«[35]

Das Phänomen der Synchronizität scheint es uns beweisen zu wollen, daß Gedanken tatsächlich auch Kräfte sind! Kräfte aber auch, die in *unseren* Dimensionen *nicht* ihr Zuhause haben können. Gewiß, sie wirken in sie hinein, aber sie sind nicht materieller, sondern psychischer Natur, Kräfte der Seele.Und weil das so ist, und wir nicht imstande sind, diese Kräfte in ein logisches Korsett zu zwängen, müssen wir uns damit abfinden, daß hier die vielgepriesene Logik unseres Verstandes versagt, versagen muß, eben weil der Verstand an die Bedingungen der Welt, in der wir leben, festgezurrt ist. Es geht nichts daran vorbei – *diese* Logik gerät dann zur Unlogik, wenn sie Geschehnisse beurteilen will, die außerhalb ihrer Erkenntnisfähigkeit liegen. Mit anderen Worten: Unser Verstand sitzt hinter den Gefängnisgittern vertrauter Dimensionen. Aber meistens will er das nicht wahrhaben, brüstet sich arrogant mit seinem nur in der Einbildung vorhandenen Wissen. Noch schlimmer: Er ist tatsächlich der Überzeugung, sein Erkenntnisvermögen könne das gesamte Walten im Kosmos beurteilen und in die Zwangsjacke seiner beschränkten Logik pressen.

Blicken wir noch einmal auf das rätselhafte Geschehen im Spielcasino zurück, auf die Zahl 36, die an mehreren Tischen und jeder Wahrscheinlichkeit spottend wiederholt gleichzeitig kam. Und das ausgerechnet *nach* einer mir geschehenen, gedanklichen Eingebung dieser Zahl – als ob jäh geheimnisvolles Leben in ihr erwacht sei, sie uns ärgern wollte. Sie hatte auch reichlich davon Gebrauch gemacht, meinem Freund und mir die Zunge herauszustrecken und uns auf gedanklichem Wege ihr höhnisches »Ätsch!« zuzurufen.

Versuchen wir eine Erklärung. Das wiederholte Kommen der Zahl 36 an mehreren Tischen, wohlgemerkt, *nachdem* ich meinem Freund das Besetzen genau dieser Zahl angeraten hatte, war sicher eine Synchronizität im Sinne von C. G. Jung. Ebenso kann kein Zweifel daran bestehen, daß, wiederum nach Jung, diesem Geschehen ein *gemeinsamer* Sinn innegewohnt haben muß. Aber was konnte das für einer sein? Wurde dieser etwa aus der *Weigerung* meines Freundes geboren, die Zahl 36 zu besetzen, dadurch die Hilfe meiner Eingebung schnöde ignorierend? Und weiter: So phantastisch sich auch die folgende Vermutung anhören mag – mobilisierte dieses Ignorieren zur »Bestrafung« nicht unterstützende, sondern abwehrende Kräfte aus dem ANDERSWO? Handelte es sich hier um das Wirksamwerden von Wunschkräften im negativen Sinn?

»Irrwitziger geht's nicht mehr«, höre ich es fassungslos rufen. Und: »Dieser Verrückte glaubt anscheinend an dämonische Wesenheiten. Er ist nicht ernstzunehmen.«

Nein, mit diesen »Wesenheiten« habe ich nicht das Geringste im Sinn. Ich suche nur nach dem Auslöser dieser Manifestation. Denn wenn es diesen nicht gäbe, dann würde sich das Gebiet der Synchronizität selbst ad absurdum führen. Aber es gibt zuviel Beweise für ihre Existenz. Zum besseren Verständnis wiederhole ich es: Nach Jung sind Synchronizitäten »akausale, durch einen gemeinsamen Sinn verbundene gleichzeitige Vorgänge in Natur und Psyche«. Hier kommt es also auf den *gemeinsamen Sinn* an. In dem geschilderten Mistkäferbeispiel war die Psyche der Patientin von einer kaum zu überbietenden Rationalität überlagert, von der Art, die ihrem Verstand herrisch gebot, alles, was dieser nicht einordnen konnte, vehement abzulehnen. Doch das geheimnisvolle Erscheinen des Skarabäus sowie die Deutung dieser Manifestation durch Jung warfen ihre ganze bisherige Lebenseinstellung über den Haufen. Man kann es so sehen: Die *Natur* – repräsentiert durch den Skarabäus – wehrte sich mit Erfolg gegen die überbordende Rationalität der Patientin, baute sie durch das Erscheinen des Skarabäus ab.

Wie schon erwähnt – das gleichzeitige Fallen der kleinen Elfenbeinkugel in das Fach 36 an mehreren Tischen stellt ebenfalls eine Synchronizität dar. Ist es nicht vorstellbar, daß meine und meines Freundes Psyche hier auf rätselvolle Weise zusammenspielend und unbemerkt von unserem Verstand auf das Geschehen eingewirkt haben? Und kann man hier etwa *nicht* von einem gemeinsamen Sinn sprechen, der den miteinander verbundenen, gleichzeitigen Vorgängen in Natur und Psyche zugrunde lag? Die Elfenbeinkugel war als »Natur« eine Backe der Zange, unsere Psyche dagegen die andere Backe. In ihrem Zusammenspiel bewirkten sie eine auf die Kugel einwirkende, akausale Kraftentfaltung. Eine Version, die von den meisten Gelehrtengehirnen nicht nur wegen ihrer »Unwissenschaftlichkeit«, sondern auch wegen ihrer mitleidig belächelten »Märchengläubigkeit« abgelehnt wird. Zur »Erklärung« dient auch hier der bequeme, alles beweisende Ersatzgott Zufall. Ja, der Zufall ist ein sehr dankbarer Geselle, denn er schenkt der Wissenschaft immer wieder zum Dank das »helle« Licht der Erkenntnis. Trotzdem – ich bleibe dabei: Die Materie der Elfenbeinkugel gehorchte hinsichtlich des aller Wahrscheinlichkeit spottenden mehrfachen Eintreffens der Zahl 36 an mehreren Spieltischen dem Einsatz psychischer Kraft. Einer Kraft, die vom Wirken des Verstandes unabhängig ist, sich nicht von ihm dirigieren läßt.

Der Physiker F. David Peat schreibt dazu in seinem Buch *Synchronizität:*

»Synchronizitäten erlauben uns, hinter unsere gewohnten Vorstellungen von Zeit und Kausalität zu schauen, geben uns den Blick frei auf die unermeßlichen Muster der Natur, auf den Tanz, der ihr zugrunde liegt und der alle Dinge miteinander verbindet, auf den Spiegel, der zwischen den inneren und äußeren Universen hängt. Mit der Synchronizität als unserem Ausgangspunkt kann mit dem Bau einer Brücke begonnen werden, die die Welten des Geistes und die der Materie, des Körpers und der Seele verbindet.«[36]

Ebenso treffend ist das, was der Professor der Physik, Sir Oliver Lodge, über »Leben und Geist« geschrieben hat:

Sie »verfügen, wie man herausgefunden hat, über Kräfte ungeahnter und noch unerforschter Art. Sie gehen weit über die gewöhnlichen und wohlbekannten Prozesse hinaus, die man bisher in den verschiedenen Zweigen der Biologie und Psychologie studiert hat. Es gibt gewisse Tatsachen, die erweisen, daß die Tätigkeit des Geistes nicht beschränkt ist auf die Funktion und Mitarbeit der Organe des Körpers, sondern daß er unabhängig davon operieren kann.«[37]

Und J. B. Rhine meint dazu:

»Der alte Glaube, nichts könne uns bewußt werden, das nicht die Pforten der bekannten Sinnesorgane passiert, muß den gleichen Weg gehen wie die Newtonsche Mechanik angesichts der Relativitätstheorie.«[38]

Mit anderen Worten: Eine neue *Fahrrinne* muß endlich betreten werden!

Kehren wir noch einmal zu den Manifestationen der Synchronizität zurück, denn noch etwas war mir nach längerem Nachdenken klar geworden: *Hier* hatte sich die Unabhängigkeit des Wirksamwerdens dieser Kraft vom Verstand gezeigt, denn meine grauen Zellen waren sicherlich nicht in der Lage gewesen, eine wie auch immer geartete Kraft auszusenden, die den Lauf der Kugel auch nur um einen Millimeter hätte beeinflussen können. Aber es war nicht zu bestreiten – eine »Kraft« *hatte* eingegriffen und die Kugel entsprechend dirigiert. Eine Kraft, die allem Anschein nach aus psychischen Bereichen wirkte. Der menschliche Verstand kann das nicht verstehen und verharrt deshalb dickköpfig in seiner Hybris, gönnt diesem Bereich nicht den ihm gebührenden Platz, behandelt ihn wie einen Bettler, dem man ab und zu gnädig eine kleine Münze vor die Füße wirft. Aber mehr darf nicht sein, man will schließlich nicht Gefahr laufen, sich die vor Sauberkeit blitzenden Scheiben der eigenen »kristallklaren« Denkungsweise durch einen näheren Kontakt mit dieser ominösen »Figur« zu verunreinigen. Ich kann es nicht oft genug betonen: Unsere grauen Zellen sind Bestandteile der Körperwelt und deshalb dimensionsgebunden. Die von den Dimensionen gesetzten Schranken können sie nicht überwinden. Ich erinnere an das Beispiel mit den Wurmphysikern und deren »Sicht der Dinge«. Schön und gut, könnte mir jetzt eine spöttische Stimme entgegenhalten, und was ist mit der Intuition? Werden ihre »Einflüsterungen« denn etwa *nicht* durch irgendwelche körperliche Vorgänge verursacht?

Wer an dieser Stelle eine solche Frage stellt, der hat noch nicht begriffen, worum es geht. Wenn das Gehäuse des Körpers von etwas bewohnt wird, das wir Seele nennen, und es gibt keine Veranlassung, daran zu zweifeln, dann *muß* es neben dem Verstand des Körpers auch den »Verstand« der Seele geben. Ersterer teilt sich mit durch seine dimensionsgebundene Logik, letzterer mittels seiner immer schärfere Konturen gewinnenden Intuitionen. Und es wird einmal der Zeitpunkt kommen, an dem der Verstand dies begriffen haben wird und bereitwillig einer Rollenverteilung zustimmt, in welcher der Verstand nur in der Körperwelt zu agieren hat, während die Intuition als »Verstand« der Seele nicht nur die psychische Welt beherrschen wird, sondern im Verein mit dem Verstand auch auf die materielle Welt lenkend und gestaltend Einfluß nimmt.

Sofort schiebt sich jetzt eine zweite Frage in den Vordergrund. Sie ist von primärer Bedeutung und lautet: *Wem* gehorchen denn diese geheimnisvollen Kräfte? Schließlich muß es doch eine Instanz geben, die sie herbeiruft, die sie lenkt. Eine Instanz auch, die eine Brücke schlagen kann. Auch eine, die es fertigbringt, den Verstand in den Dienst der Psyche zu stellen, gewissermaßen deren Erfüllungsgehilfe zu sein.

Ich bin fest überzeugt davon – wer dieses Geheimnis lösen kann, wer diese »Instanz« ausfindig macht und mit ihr zu arbeiten versteht, der hat wahrlich den »Stein der Weisen« gefunden.

Schön und gut, was aber können *wir* tun, um *unserem* Ziel, der Stärkung und Beeinflussung der Wunschkraft, ein wenig näher zu kommen?

Nun, wir besitzen keinen Zauberstab und müssen mit dem vorliebnehmen, was wir haben, bzw. was wir uns aneignen können: den unerschütterlichen Glauben an den endlichen Erfolg verbunden mit den Kräften der Konzentration und der Imagination! Werkzeuge, ohne die wir das Haus nicht bauen könnten.

Der folgende Abschnitt wird sich mit der Gedankenflut befassen, die ständig auf uns einstürmt. Er wird uns auch mittels der späteren Übungen das Rüstzeug an die Hand geben, unnütze, uns schädigende Gedanken auszusortieren, hinauszuwerfen und mehr und mehr Herr im Haus unserer Gedanken zu werden. Der lärmende Spuk hat dort nichts zu suchen. *Stille im Geist* heißt die Forderung. Denn nur die Stille ermöglicht es uns, den Weg nach innen zu gehen, die notwendige Konzentrationstiefe zu erreichen und die Imaginationskraft zu stärken. Nur auf diese Weise ist es uns möglich das Ende des *Weges* zu erreichen.

Geistige Ruhe

Alle geistig entwickelten Menschen aber, die über den Durchschnitt hinausgelangen, kommen auf die eine oder andere Weise … dazu, eine zweiteilende Trennung im Geist durchzuführen, nämlich den aktiven Teil, der die Fabrik der Gedanken ist, von seinem stillen Teil zu sondern, der der Meister ist, der zugleich ein Zuschauer und ein Wille ist, der die Gedanken beobachtet, beurteilt, verwirft, ausscheidet, annimmt, Verbesserung und Wandel verfügt, der auf diese Weise Herr im Hause ist, der Herrschaft im eigenen Bereich fähig.[39]

Sri Aurobindo

Das Bewußtsein des Yogi ist nicht ein Bewußtsein von Dingen nur, sondern von Kräften, und nicht nur von Kräften, sondern des bewußten Wesens hinter den Kräften. All dessen ist man sich nicht nur in sich, sondern im Universum ebenfalls bewußt.[40]

Sri Aurobindo

Schon zu Beginn seiner Bemühungen stellt sich dem Sucher ein erstes Hindernis in den Weg, das es zu beseitigen gilt – die unaufhörliche Gedankenflut! Es ist vielleicht das am schwersten zu überwindende Hindernis. Denn im Haus des menschlichen Geistes lärmt fortwährend und keine Ruhe gebend die Gedankenproduktion des Ego, sich immerzu im ewigen Einerlei wie ein Protz nach außen projizierend. Hinzu tritt die Diktatur der Triebe. Sie überspült alle anderen Regungen, wird noch verstärkt durch die ungeheure Beinflussungswoge mannigfaltigster Art, die von außen über die Sinne einbricht. Sri Aurobindo sprach in diesem Zusammenhang[41] von der *Unfreiheit des Durchschnittsmenschen* aufgrund seines *subjektiven Verhaftetseins an die Sinne.* Er sei ein *unwissend-unkritisch überwältigtes Objekt.* Der indische Weise erwähnte auch, daß die Fähigkeit des Denkens eine beachtliche Gabe sei, aber die Fähigkeit *nicht* zu denken um des geistigen Schweigens willen noch viel beachtlicher sei.[42]

Wie kann man nur diesem Gefängnis entrinnen? Wo ist der stille Schlupfwinkel, in dem das gräßliche Getöse der Reklametrommeln, der gar zu oft mißtönenden Fanfaren des Zeitgeistes und der Posaunen der Volksverdummung endgültig zum Schweigen verurteilt ist? Wo jene stille Klause, hinter deren Mauern kein Haß mehr existiert, weil dort nur die Liebe zu Hause ist? Wo versteckt sich der schmale, zum Ziel führende Pfad? Es gab ihn doch einmal, erzählen alte Legenden. Wurde er im Verlauf der vergangenen Jahrhunderte – oder sind es schon Jahrtausende? – von den goldglänzenden Palästen einer mehr und mehr nur nach Äußerlichkeiten schielenden Welt und der in immer schnellerem Tempo erfolgenden Vergötzung des eigenen Egos für immer überbaut?

Sucht nicht länger, denn ihr werdet diesen alten Weg nicht mehr finden, sondern schlagt euch einen neuen Pfad durch das noch wirre Dickicht eurer Gedankenkonfusion und baut euch am Ende dieses Weges die stille Klause selbst! Baut sie aus den Granitblöcken eurer immer stärker werdenden Gedankenkraft und dem Mörtel eures beharrlichen Willens! Bewohnt dann das Haus – und seid endlich frei! Frei vom Getöse und frei von anderen störenden Einflüssen.

Denn ab diesem Zeitpunkt seid ihr endlich in der Lage, euren Gedankenpfeilen die bisherige *Stumpfheit* zu nehmen. Jetzt erst, in diesem Stadium, könnt ihr damit anfangen, ihnen die erforderliche *stählerne* Spitze zu geben, damit sie sich fester als früher in das Ziel eingraben können. Die Gefahr, daß es auch Fehlschüsse gibt, ist zu diesem Zeitpunkt zwar nicht auszuschließen, aber sie ist auf jeden Fall geringer geworden.

Zum Ansporn preise ich die Kraft des *schlafenden Meisters* in den Leibern. Mit ihm ist die tief in der Psyche schlummernde Kraft der Selbstheit gemeint. Dieser Meister ist es, der geweckt werden muß, denn nur *er* kann die Fesseln lösen, die einen binden. *Er* allein lehrt – wenn man ihn nur gewähren läßt – inneres Schweigen sowie die von ihm abhängige hohe Schule der Konzentration.

Aber wie kann das geschehen? Körperliche Übungen sind der Physis gewiß förderlich, doch sie allein bringen einen nicht ans Ziel. Noch etwas anderes muß an dieser *Wegstelle* hinzutreten: Ein energisches Disziplinieren und Aufräumen in der nimmermüden Gedankenproduktion, denn in ständiger Begleitung einer immerzu lärmenden *Menge* wird man mit seinen Bemühungen nicht weiterkommen. Es ist nötig, allen störenden Gedankentrubel mittels der Übungen entschlossen hinauszuwerfen, denn nur so wird es gelingen, die erforderliche Konzentrationstiefe zu erreichen, um den Weg nach innen gehen zu können und an seinem Ende die Energien einer höheren Frequenzebene zu nutzen. Deshalb die kategorische Forderung nach mehr Stille im Geist! Die Erzeugung einer vollkommenen inneren Stille gelingt aber nur wenigen. Die das vollbringen, sind geistige Riesen, deren *Gravitation* der Anziehungskraft einer Sonne gleicht. Doch wir gehören nicht zu diesen Riesen, denn wir sind Menschen wie DU und ICH. Und weil das so ist, wollen wir uns gerne mit weniger zufriedengeben, zumal dann, wenn das *wenige* schon genügt, unserer positiven Wunschkraft einen kräftigen Impuls zu schenken, sie dahin zu bringen, daß sie sich uns in Zukunft gefälliger zeigt als bisher. Um es zu präzisieren: Zwingende Voraussetzung für die Einleitung der Konzentrationsphase ist ein gewisses Maß innerer Stille. Denn nur in diesem Zustand kann die zum Kontakt mit dem ANDERSWO notwendige Konzentrationstiefe erreicht werden. Anders ausgedrückt: *Die Stille ist der ruhende, aber sich schon im Zustand der Bereitschaft befindliche Bogen, die Konzentration ist die Bogenspannung, die Sehne ist Aussender der Kraft, der Pfeil hingegen ist das zum Höchstmaß verdichtete Gedankenkonzentrat des Wunsches.*

Dann wächst die innere Freiheit und mit ihr die Unabhängigkeit von äußeren Einflüssen! Allmählich tritt jener Zustand ein, den Sri Aurobindo mit dichterischer Einfühlsamkeit so beschreibt:

»Wenn Gedanken oder Taten sich einstellen, durchqueren ... sie den Geist, wie ein Zug von Vögeln die windstillen Himmelslüfte durchquert. Sie gleiten vorüber, ohne eine Spur zu hinterlassen. Sogar wenn tausend Bilder oder Ereignisse von größter Gewalt darüber hinwegziehen, bleibt diese ruhende Stille, als ob im tiefsten Grund der eigentliche Urstoff des Geistes aus einem ewigen und unzerstörbaren Frieden bestünde. Ein Geist, der diese Ruhe erreicht hat, kann mit Taten beginnen, sogar mit tiefgreifenden und machtvollen Taten, und dennoch seine grundlegende Stille bewahren – er bringt nichts aus sich selbst hervor, sondern empfängt von Oben und verleiht dem Empfangenen eine geistige Form, ohne etwas Geistiges hinzuzufügen, ruhevoll, leidenschaftslos und trotzdem mit der Freude, der Wahrheit und der beglückenden Macht und dem Licht, das sie bringt.«[43]

In den folgenden Kapiteln wird einiges an Kraft und Durchhaltevermögen verlangt werden. Störende Augenblikke des Überdrusses werden sich zunehmend einstellen. Es wird sogar Momente geben, in denen man aufgeben und den *Ratschlägen* des Verstandes folgen möchte.

Noch etwas ist zu bedenken – erfüllte Wünsche, selbst der positiven Art, bringen dem *einen* die große Freude der Erfüllung, dem *anderen* aber, dem Abgewiesenen, leicht großen Kummer. Man denke beispielsweise an Beförderungen oder an das Glück und das Leid in der Liebe. Kann also das Bemühen zur Steigerung persönlicher Wunschkraft mit einer solchen Realität überhaupt leben? Ist sie letzten Endes nicht eine zutiefst egoistische Forderung, weil sie offensichtlich bereit ist, auch das Leid des Mitmenschen in Kauf zu nehmen? Schärfer gefragt: Ist der Weg zur Steigerung der Wunschkraft überhaupt mit dem Gebot der Nächstenliebe zu vereinbaren? Auf alle diese Fragen wird später näher eingegangen werden.

Glaube und Imagination

Der Glaube ist eine Intuition, die nicht nur darauf wartet, von der Erfahrung bestätigt zu werden, sondern zur Erfahrung führt.[44]

Sri Aurobindo

Wenn man andere Erfahrungen machen möchte als bisher und fähig sein will, außergewöhnliche Dinge innerhalb einer vorgegebenen Realität zu tun, muß man sich von seinen Glaubenssätzen (Annahmen, Einstellungen und Erwartungshaltungen) über diese Realität trennen und sie durch andere ersetzen. Das klingt wirklich einfach und ist es in der Tat auch. Die größte Schwierigkeit besteht darin – und für manche Menschen mag dies extrem schwierig sein – zu akzeptieren, daß es tatsächlich so einfach ist, denn es bedeutet, daß man seine Vorstellung davon, wie die Wirklichkeit aussieht, ändern muß.[45]

Serge King

Jeder glaubt an irgend etwas. Einer glaubt an sein Glück, ein anderer an sein Pech. Dieser glaubt an die Auferstehung und das ewige Leben, jener an die selige Ruhe im Nirvana. Allen aber ist mehr oder weniger das Wissen gemeinsam, daß der Glaube so etwas wie eine Stütze darstellt, die im Bedarfsfall Halt schenkt. Nur das? Nein, nicht *nur* das. Der Glaube, ist dieser nur stark genug, kann dem, der ihn besitzt, noch viel mehr schenken – sogar das Leben! Ein Beweis dafür, daß wir über außergewöhnliche Potentiale verfügen. Wer sie abrufen und ihre ruhenden Energien aktivieren kann, der ist sogar in der Lage, tödliche Krankheiten zu überwinden. Noch stärker aber ist die Wirkung, wenn die unterstützende Kraft der Imagination hinzutritt.

Die zwei folgenden Geschehnisse werden dies erhärten. Sie sind für das Thema dieses Buches von großer Bedeutung, denn der feste Glaube an die eigene Kraft, verbunden mit der zur Realisation drängenden Macht der Imagination, ist der Zauberstab auch für die Realisation der Wunschkraft.

Vor Jahren war ich in dieser Hinsicht noch ein großer Skeptiker gewesen. Der Glaube sei geeignet, heilende Energien freizusetzen? Energien aus dem Nichts? Dummes Zeug, dachte ich damals und dünkte mich über die Vertreter einer solchen Denkungsweise grenzenlos erhaben. Doch mein Besuch bei einem befreundeten Arzt sowie spätere Begebenheiten sorgten für eine grundlegende Sinnesänderung.

Wegen seiner Bedeutung gebe ich das folgende Gespräch aus dem Gedächtnis wieder:

Ich besuchte Bernhard gerne. Es hatte sehr lange gedauert, bis sich der Arzt mir öffnete. Über seine Patienten redete er grundsätzlich nicht, aber um so mehr unterhielten wir uns über die herrschende wirtschaftliche Situation und über die *hohe* Politik. Der rustikale und offene Worte liebende Mann ließ an letzterer kein gutes Haar, bezeichnete deren Repräsentanten zornig als einen Haufen gieriger Egomanen, die zuallererst an die Sicherung ihrer Pfründe und die »äußerst notwendige« Erhöhung ihrer Diäten dachten, ehe sie auch nur einen einzigen Gedanken an das Wohlergehen des Volkes verschwendeten. Einmal sagte er aufgebracht zu mir: »Ich weiß, es gibt keine bessere Regierungsform als die der Demokratie. Leider sind die Parlamentarier keine Engel, die die Förderung des Gemeinwohls als ihre vornehmste Aufgabe ansehen. Nein, es sind Menschen mit allen ihren Fehlern und Schwächen. Sie sind dem Habenwollen und dem heimlichen Handaufhalten genauso ergeben wie der berühmte Mann auf der Straße.« Er hatte mit den Schultern gezuckt und resigniert hinzugefügt: »Das alte Sprichwort vom Ochsen, dem man nicht das Maul verbinden soll, wenn er drischt, bewahrheitet sich auch hier. Nur sollte das nicht so offenkundig, nicht in so gieriger, unverschämter Art und Weise geschehen.«

Ganz im Gegensatz zu früheren Begegnungen kam mir Bernhard heute auffällig verändert vor. Der ganze Mensch schien auf magische Art verwandelt zu sein. Der verdrossene Ausdruck in seinem Gesicht, wohl hauptsächlich verursacht durch die ständig heruntergezogenen Mundwinkel, war heute wie weggewischt. Und erst seine dunklen, melancholischen Augen! Von der sonst in ihnen liegenden Resignation war jetzt nichts zu sehen. Sie strahlten, als ob ein

Zauberer soeben hundert Kerzen darin angezündet hätte. Für mich stand es fest – diese positive Veränderung mußte einen sehr erfreulichen Grund haben. Aber welchen? Ich würde es sicher bald von ihm erfahren.

»Nimm Platz!« bat er mich. »Ich werde uns jetzt ein gutes Fläschchen aufmachen. Der heutige Tag hat das verdient.«

Der trockene Weißwein aus einer bevorzugten Lage schmeckte ausgezeichnet. Bernhard trank mir lächelnd zu, übte sich aber noch im Schweigen. Ich blieb gleichfalls still, denn ich wollte ihm nicht mit verfrühten Fragen kommen, sondern ihm den Zeitpunkt der *Aufklärung* überlassen.

Endlich war es soweit. Er beugte sich vor und sagte mit Triumph in der Stimme: »Du wirst staunen über das, was ich dir gleich erzählen werde.« Er machte eine kurze Pause, fuhr dann, langsamer werdend, fort: »Ich habe nie über meine Patienten mit dir gesprochen, doch heute mache ich eine Ausnahme.« Er sah mich fragend an. »Sicher kennst du Erna und Christa Ellert?«

Ich nickte. Wer kannte die beiden Zwillinge nicht? In dem kleinen Städtchen kannte doch einer den anderen. Schon seit Jahren war das schwere Schicksal dieser beiden Frauen in aller Munde. Außerdem wohnten sie nicht weit von mir entfernt. Ich war ihnen schon oft begegnet.

Ich zeigte mich gut orientiert. »Beide hatten Krebs, nicht wahr?«

»Ja. Brustkrebs in der Endphase mit einer Unzahl von Metastasen. Professor Umbreit vom Zentralkrankenhaus gab den beiden Frauen nur noch wenige Wochen.«

»Und jetzt, was ist jetzt?« fragte ich und beugte mich unwillkürlich vor. »Hat sich daran etwas geändert? Sind sie vielleicht schon …« Ich hielt inne. Nein, das konnte nicht sein. Bernhards eigentümliche Verwandlung mußte mit der Krankheit der beiden Frauen zusammenhängen. Alles deutete auf eine positive Wendung hin. Ja, das mußte es sein. Bernhards Gemütszustand ließ jedenfalls darauf schließen. Ich sah ihn prüfend an. Da war doch noch mehr! Für mich stand es fest: Etwas Unvorhergesehenes mußte passiert sein, etwas, das seine Erwartungen weit übertroffen hatte. Ich sollte mich nicht getäuscht haben.

»Sie sind beide gesund, völlig gesund«, sagte Bernhard mit triumphierender Stimme. Er schüttelte den Kopf. »Es kommt mir wie ein Wunder vor, aber es ist Tatsache. Die Nachuntersuchung hat es bewiesen – die beiden Schwestern sind absolut beschwerdefrei. Es ist nicht zu fassen, der Tumor hat sich in Nichts aufgelöst, ebenso die Metastasen. Tatsächlich, wenn ich es nicht besser wüßte, dann müßte ich an ein Wunder glauben.«

Ich sah ihn staunend an. »Du weißt es besser? Wieso? Warst du etwa an diesem, hm, Heilungserfolg beteiligt?«

Statt einer Antwort fragte er mich: »Hast du schon von den uralten indischen Weisheitslehren, von den Veden gehört?«

Selbstverständlich hatte ich das. »Was haben die Veden mit der Heilung der beiden Schwestern zu tun?« fragte ich ihn verwundert.

»Ich werde es dir erklären. Schon vor über tausend Jahren gab es indische Weise, die von der Kraft der Imagination, also der bildhaften Vorstellung, sprachen. Mit ihr sei es möglich, die Gedanken zu materialisieren, nicht nur als Träume oder Visionen auf dem geistigen Gebiet, sondern auch als Erfahrungen im materiellen Bereich. Und genau in dieser Behauptung erkannte ich für Erna und Christa Ellert die Chance einer allerletzten, wenn auch nur hauchdünnen Möglichkeit, beide von ihrem Leiden zu befreien.« Er kratzte sich verlegen am Kopf. »Offen gestanden, selber glaubte ich nicht so recht an einen Erfolg, aber ich wollte nichts unversucht lassen und wählte einen von der Schulmedizin strikt abgelehnten Weg. In ihrem damaligen Zustand waren die beiden Schwestern ohnehin dem baldigen Tod geweiht. Warum also nicht diesen letzten Versuch wagen? Schließlich, verderben konnte ich nichts.«

Ich starrte ihn an, konnte das Gehörte nicht fassen. »Und – und auf welche Weise hast du das getan?« fragte ich ihn konsterniert. Bernhard kam mir in diesem Augenblick fast wie ein Sektenprediger vor. Ich rief mich zur Ordnung. Wie konnte ich nur so etwas denken.

Er durchschaute mich und lächelte großmütig. »Auf welche Weise? Nun, ich brachte eine ganze Nacht damit zu, mir eine geeignete Therapie auszudenken. Danach stellte sich mir die Frage: würde sie helfen? Es war mir klar, ich mußte auf ein Wunder hoffen.«

»Und was für eine Therapie war das?« fragte ich ungeduldig. Wenn er doch nur schneller vorankäme.

Sein Gesicht wurde ernst. »Ich wußte natürlich, daß die beiden Schwestern fromm und sehr gläubig waren. Diese Erkenntnis bestimmte meine Vorgehensweise. Ich mußte ihren Glauben, mit Gottes Hilfe von der Geißel des Krebs befreit zu werden, mit der Kraft der Imagination verbinden, um ihn zur größtmöglichen Kraftentfaltung zu bringen. Ich sagte ihnen deshalb, daß sie ihren Krebs besiegen könnten, aber daß der Herrgott ihnen zuvor eine Aufgabe gestellt hätte, die sie lösen müßten, aber die sie auch lösen könnten.«

Ich durchforschte sein Gesicht, suchte darin nach einem Zeichen beginnender Geistesverwirrung, fand aber keines.

»Und – und was für eine *Aufgabe* war das?«

»Ich machte mir eine Tatsache zunutze, die mir ein wertvoller Helfer sein sollte. Die Zwillinge wohnten in einem alten Haus. Es wurde vor fünf Jahren von einer wahren Kakerlakenarmee heimgesucht. Eine regelrechte Invasion muß das gewesen sein. Bis heute konnte niemand sagen, woher die abscheulichen Biester kamen. Begreiflich, daß die beiden Frauen die ekelhaften Schaben haßten wie die Pest. In ihrem erbitterten Kampf gegen das Ungeziefer waren sie unermüdlich und brachten es tatsächlich fertig, die Viecher mit Stumpf und Stiel auszurotten. Hier setzte ich an, machte mir ihren damaligen Haß zunutze. Ich sagte ihnen, sie sollten sich vorstellen, die Schaben seien zurückgekehrt, um Rache zu nehmen, aber diesmal nicht in ihr Haus, sondern als Krebszellen in ihre Körper. Sie hätten sich dort zu ihrem Verderben eingenistet, aber mit Gottes Hilfe könnten sie hier ebenfalls siegen wie gegen die Kakerlaken vor fünf Jahren. Im Gegensatz zu der damaligen Praxis gelte es aber jetzt, das Ungeziefer nicht mit Fliegenpatschen und chemischen Mitteln, sondern allein mit bildhafter Vorstellung zu bekämpfen. Eine Gedankenarbeit, die einem strengen Exerzitium gleichzusetzen sei. Ihr fester Glaube und ihre unermüdlichen Imaginationsübungen würden dann sicherlich das Notwendige tun!«

Meine Ungeduld nahm noch zu. »Das hört sich ja alles ganz schön an, aber sage mir doch endlich etwas über die Natur dieser Vorstellung. Welcher Art war sie? Ich meine, auf welche Weise sollten sie sich die Vernichtung der Krebszellen vorstellen?«

Bernhard nickte. »Die Antwort darauf bin ich dir noch schuldig. Ich sagte ihnen: Malt euch aus, daß die Krebszellen in Wahrheit Schaben in den Häusern eurer Seelen, also in euren Körpern sind. Bösartiges Ungeziefer, das den unbedingten Willen hat, sich auszubreiten und dabei jeden Winkel eurer Leiber in Beschlag zu nehmen. Sie dürften das nicht zulassen, müßten das Böse hinauswerfen. Ich schärfte es ihnen mit den Worten ein: ›Denkt an euren Kampf vor fünf Jahren! Stellt euch vor, daß ihr denselben Kampf jetzt in euren Körpern durchfechten müßt! Jede Schabe, die ihr damals erlegtet, stellt diesmal eine getötete Krebszelle dar. Erschlagt in eurer Vorstellung eine nach der anderen und seht ihre Anzahl mehr und mehr abnehmen. Stellt euch das bildlich vor! Während jeder Stunde. Denkt nur daran und verbannt jedes andere Denken aus euren Gehirnen‹.« Bernhard schwieg, seine Augen glänzten. Dann sagte er leise: »Und *wie* sie es getan haben! Mit einer Inbrunst ohnegleichen! Es ist nicht zu fassen, es hat gewirkt, tatsächlich gewirkt!« Er sah mich an. »Was sagst du dazu?«

»Viele deiner Standeskollegen hätten schnell eine andere Erklärung parat. Heilung hätte es auch ohne deinen, entschuldige dies harte Wort, *Mumpitz*, gegeben.«

Bernhard lächelte verächtlich. »Angriffe dieser Art können mir meine Freude nicht rauben.«

Eine andere Frage brannte mir noch auf der Seele. »Was hättest du getan, wenn es keine Heilung gegeben hätte? Ich meine: Zu welcher Therapie hättest du dann gegriffen?«

Er winkte ab. »Das war aber nicht der Fall, und deshalb brauchen wir nicht darüber nachzudenken.«

Doch dafür tat ich das um so mehr. War es nicht ungeheuer, was der Glaube und das Imaginationsvermögen der Zwillinge fertiggebracht hatten? Mit ihnen hatten sie, wenn auch unbewußt, ihre eigene Psyche dermaßen stärken können, daß diese zum Kontakt mit dem ANDERSWO fähig gewesen war und sich dessen Kräfte nutzbar machen konnte. Wem das nicht als Beweis dafür genügt, daß Gedanken Kräfte in sich bergen, dem ist nicht mehr zu helfen. Doch eines muß an dieser Stelle noch vermerkt werden: Die Heilung der beiden Schwestern gehört sicherlich zu den großen Ausnahmen. Daraus ableiten zu wollen, diese Methode brächte *immer* Erfolg, wäre sicher falsch. Wer verfügt schon in der heutigen Zeit über ein solch unerschütterliches Gottvertrauen? Und wem ist dazu noch die Gabe der Imagination in so reichem Maße gegeben? Hinzu kommt noch, daß die Zwillinge glücklicherweise einfachen Gemüts waren, ihr Verstand sogar mitzog und sie nicht mit seinem Hohn und Spott behinderte. Denn wenn etwas in der Lage ist, den Glauben zu stören, ihn sogar zum Erlöschen zu bringen, dann ist es der hochgelobte, in seiner Arroganz nicht zu überbietende Verstand. Es gehört der Wille eines Raubtierdompteurs dazu, ihn zu bändigen und in seine Schranken zu weisen.

Es sollte nicht bei diesem *einen* Beweis bleiben. Nur wenige Wochen später fiel mir das Buch von Michael Talbot *Das holographische Universum* in die Hände.[46] In ihm berichtet der Verfasser von einem 61jährigen Mann, den er Frank nannte. Dieser litt an Halskrebs. Seine Überlebenschancen betrugen nach Ansicht seiner Ärzte weniger als fünf Prozent. Er wog nur noch 44 Kilogramm und war sehr schwach. Die Ärzte lehnten eine Strahlentherapie wegen der Hinfälligkeit des Patienten ab. Doch das Schicksal meinte es gut mit Frank. Der Strahlenonkologe O. Carl Simonton, medizinischer Direktor des Cancer Counseling and Research Center in Dallas, nahm sich seiner an und machte ihm einen Vorschlag, der für einen klassischen Mediziner zumindest als sehr ungewöhnlich bezeichnet werden muß. Jedenfalls gewann Simonton das Vertrauen des Patienten, als er ihm versicherte, allein die kombinierte Therapie mittels Bestrahlung *und* gezielten Bildvorstellungstechniken könne unter den obwaltenden Umständen jetzt noch helfen. Danach unterwies er den Patienten in bestimmte Entspannungs- und Bildvorstellungsübungen. Dreimal am Tag mußte sich Frank vorstellen, »daß die Bestrahlung, die er erhielt, aus Millionen von winzigen Energiekügelchen bestünde, die seine Zellen bombardierten. Er stellte sich ferner vor, seine Krebszellen seien schwächer und konfuser als seine gesunden Zellen und folglich außerstande, die Schäden, die sie abbekommen hatten, zu reparieren. Zugleich stellte er sich vor, wie seine weißen Blutkörperchen, die Soldaten des Immunsystems, über die toten und sterbenden Krebszellen herfielen und sie zu seiner Leber und Niere schleppten, damit sie aus dem Körper geschwemmt wurden.«

Der Erfolg dieser Therapie ließ selbst Ärzte an ein Wunder glauben. Schon nach wenigen Wochen hatten sich alle Krebssymptome buchstäblich in Luft aufgelöst. Frank wurde wieder völlig gesund.

Begreiflich, daß ich danach an Bernhard und an die Zwillinge dachte, die er auf ähnliche Weise wie Simonton geheilt hatte. Und die Frage in mir wurde drängender: Auf welche Weise war bei den Geschwistern und bei Frank die Heilung erfolgt? Sicher, ihr starker Glauben und ihr Imaginationsvermögen hatten das vermocht. Aber wie? Die Antwort kam mir wenige Tage später wie ein Blitz:[47] Wenn in allem, was existiert, in der Materie, in den Pflanzen, in den Tieren und in den Menschen, Bewußtsein (wenn auch unterschiedlichster Stufen) enthalten ist, dann muß es als eine Art Mikrobewußtsein auch ein Zellbewußtsein geben. Eines, das nur für das Wohl und Wehe der *eigenen* Zelle zuständig ist, nichts anderes zur Aufgabe hat und sich nicht um den Zustand der anderen, kranken Zellen kümmert, sondern nur stur den eigenen Dienst verrichtet ohne dabei nach links oder rechts zu schauen? Ist es denkbar, daß bei den Zwillingen wie auch bei Frank die Faktoren Glauben und Imagination eine Brücke zum Zellbewußtsein geschlagen hatten, dieses zur *gemeinsamen* Reaktion zwingend? Zu einem Zusammenschluß des Mikrobewußtseins *aller* Zellen, um nunmehr mit der geballten Wucht des Miteinander den Angriff gegen die abtrünnigen Zellen zu eröffnen, sie zu vernichten? Wenn das stimmt, dann kann das Miteinander wahrlich erstaunliche

Dinge fertigbringen. Ein neuer Gedanke kam mir: Wenn wir für »Zelle« das Wort »Mensch« setzen, dann fällt einem eine verblüffende Parallelität auf. So, wie das einzelne Zellbewußtsein nur das eigene Wohl im Auge hat und sich nicht um den Zustand der anderen Zellen kümmert, so verhält sich auch der hochgezüchtete Egoismus vieler Einzelner gegenüber der Allgemeinheit. Wo ist *hier* jene Kraft zu suchen, wo jene »Imagination«, die einzig und allein wahre Solidarität zu schaffen imstande ist?

Ich sprach weiter oben von der »Brücke« zum Zellbewußtsein. Geschlagen von den Faktoren Glauben und Imagination. Auf unsere zwischenmenschlichen Beziehungen übertragen heißt das: Die Brücke ist allein – die Liebe!

Nun noch zu einem anderen, leider tragisch verlaufenen Fall: Im Readers Digest wurde von einem todkranken Patienten berichtet, der nach seiner wie durch ein Wunder erfolgenden Genesung wenig später doch noch sterben mußte. Der ihn behandelnde Arzt gab ihm anfänglich nur noch eine geringe Überlebenschance. Doch er wollte noch ein Letztes versuchen und verordnete ihm ein von der Pharmaindustrie neu entwickeltes Präparat. Die TV-Werbung pries es als ein wahres Wundermittel an. Auch der Arzt glaubte an dessen Wirkung. Doch er wollte noch ein übriges tun, alles daransetzen, den Glauben und die Imaginationskraft seines Patienten zu mobilisieren, denn er gehörte zu jenen wenigen Ärzten, die der festen Überzeugung sind, daß ein starkes, vom Willen gelenktes Vorstellungsvermögen zu erstaunlichen Heilerfolgen führen kann. Im weiteren Verlauf bemühte sich der Arzt zuerst darum, das Vertrauen seines Patienten zu gewinnen und ihm den festen Glauben an die Heilungskraft der »Wundermedizin« zu vermitteln. Er schärfte ihm dazu noch ein, sich den Sieg dieser Medizin über sein Leiden jeden Tag aufs neue gedanklich in bildhafter Weise vorzustellen und damit nicht nachzulassen. Der Erfolg sei ihm dann gewiß. Die lebensbedrohende Krankheit würde der Wucht eines solchen »Angriffs« unmöglich standhalten können und unterliegen. Und tatsächlich, der Patient fühlte nach diesem Gespräch neuen Lebensmut in sich einkehren und glaubte sich bereits gerettet. Voller Begeisterung und nunmehr festem Glauben an den Sieg folgte er den Anweisungen, setzte dazu seine ganze geistige Kraft ein. Und siehe da, das gelang ihm so gut, daß schon binnen weniger Wochen eine völlige Heilung erzielt wurde. Doch schon bald darauf wurde es tragisch. Der nunmehr gesunde Mann las zufällig in einer Zeitung, daß es mit dem »Wundermittel« nicht weit her sei, ihm bestenfalls eine Placebo-Wirkung zukäme. Was war die Folge? Der Mann war nach dem Lesen wie vernichtet. Er hatte die Krankheit also doch noch nicht besiegt. Sicher war seine »Heilung« nur ein Ausruhen der Krankheit gewesen. Bald würde sie ihr häßliches Haupt wieder erheben und erneut zuschlagen. Nein, er war verloren. Ab diesem Augenblick war es vorbei mit seiner Imaginationskraft und vorbei auch mit dem festen Glauben daran, die Krankheit endgültig besiegt zu haben. Schon kurz darauf brach sie, durch das Nachlassen der geistigen Widerstandskraft wie herbeigerufen, erneut aus. Wenig später starb der Mann.

»Der wäre auch gestorben, wenn der Mann die abwertende Pressemeldung nicht gelesen hätte«, höre ich es von bestimmter Seite spöttisch rufen. Und weiter: »Der sogenannte Gesundungseffekt war in Wahrheit nichts anderes als ein Aufbäumen des Körpers vor dem endgültigen Absturz.«

Was soll man nur zu einer solch überheblichen Einstellung sagen? Am besten nichts, denn wem es gefällt, mit einem dicken Brett vorm Schädel herumzulaufen, den sollte man gewähren lassen.

»Ich kann dir nicht widersprechen, wenn du behauptest, der feste Glaube an die eigene Kraft, verbunden mit der zur Realisation drängenden Macht der Imagination, sei der Zauberstab auch für die Realisation der Wunschkraft«, sagte Satya eines Abends zu mir. »In meinem Ashram haben wir dieses Thema ausführlich diskutiert. Wir waren uns alle einig darüber, daß es Energien gibt, die überdimensional wirken. Energien auch, die sich unserem Verstandesdenken entziehen. Die Parapsychologie forscht auf diesem Sektor. Ich darf dabei auf die berühmten Versuche von Professor Rhine hinweisen. Denn die Manifestationen zum Beispiel der Telepathie, der Psychokinese und des Hellsehens lassen sich nicht anders als durch das Einwirken psychischer Energien erklären. Insofern steht der Hypothese nichts entgegen, Gedanken als zielgerichtete Energien zu definieren. Wie stark diese sind, das hängt von ihrer ›Aufladung‹ ab, von jener geistigen Kraft also, die dem ›Pfeil‹ eines Gedankens die notwendige Schnellkraft verleiht, damit er den Kontakt mit dem Urgrund bewerkstelligen und dessen Kräfte mobilisieren kann.« Satya sah mich fragend an. »Habe ich mich richtig ausgedrückt?«

»Ja, das hast du. Aber erkläre mir doch bitte, welche Vorstellungen in deinem Ashram über den Einfluß eines starken Glaubens und eines geschulten Imaginationsvermögens herrschen.«

»Aber gerne. Wir haben wie du den Vergleich mit dem Bogen gewählt, denn dieser eignet sich wie so leicht kein anderer zur Veranschaulichung. Die Spannung des Bogens resultiert aus der Kraft des Schützen, in unserem Fall aus der Kraft des Glaubens. Es ist allein diese Kraft, die dem Gedankenpfeil den Flug ermöglicht. Das Anvisieren des Ziels wird vom Auge – in unserem Fall der Imagination des Schützen – besorgt. Je konturenschärfer die bildhafte Vorstellung, um so höher die Trefferquote.« Satya wiegte seinen Kopf. »Das verlangt natürlich nach dem unbedingten Willen, sich selbst im Verlauf einer harten Zucht in die richtige ›Form‹ zu gießen, denn ohne diesen ›Guß‹ gleichen Glaube und Imagination nutzlosen, stumpfen Waffen.«

»Was verstehst du hier unter ›richtiger Form‹?« fragte ich ihn rasch, ehe er weitersprechen konnte.

Die Antwort kam nicht sofort. Satya suchte wohl nach einem passenden Vergleich. Ich sollte mich nicht getäuscht haben.

»Ich verstehe darunter eine Prozedur, die der Arbeit eines Schmieds gleicht, der mit wuchtigen Schlägen ein Werkstück zurechthämmert.« Er nickte mir zu. »Dieses Zurechthämmern, diese Formgebung, wird durch die ›Tat‹ ernsthafter Übungen besorgt.«

»Dieser Überzeugung bin ich ebenfalls. Dazu gehören aber auch die vorgeschalteten Kapitel der Einstimmung, denn ohne sie ist der Sucher mit einem Menschen zu vergleichen, der mit der altbekannten Stange im Nebel herumfuchtelt und nichts sieht als vielleicht hier und da Schattenbilder.«

Mein Freund schmunzelte. »Wohl Schattenbilder wie die in Platons Höhlengleichnis.« Ein besorgter Blick traf mich. »Hoffentlich bist du dir über die Reaktion deiner Mitmenschen im klaren. Wohl die meisten werden hinter deinem Rücken über dich tuscheln und deine Gedanken zumindest für verquer, wenn nicht sogar für die eines verrückten Phantasten halten. Manche werden dich sogar als Narren bezeichnen.«

Ich winkte ab. »Die Meinung der Masse hat mich noch nie beeindruckt. Richtschnur ist für mich das, was Sri Aurobindo einmal im Hinblick auf sein Werk zu der möglichen Reaktion der Masse gesagt hat: ›Mögen mich alle verhöhnen, wenn sie wollen, oder mag wegen meiner Anmaßung die gesamte Hölle über mich kommen, wenn sie will, ich lasse nicht ab …‹«

Mein Freund nickte energisch seine Zustimmung. Dann nahm er zur Gesundung der beiden Schwestern und der Heilung von Frank Stellung: »Das sind meiner Meinung nach Paradebeispiele für die gelungene Stärkung der Wunschkraft. Der aus dem Selbsterhaltungstrieb geborene, starke Wunsch der von einer grimmigen Krankheit befallenen drei Menschen, wieder gesund zu werden, die Krebskrankheit doch noch zu besiegen, flammte nach den zuversichtlichen Worten der beiden Ärzte mit Hilfe der ›Brennstoffe‹ Glauben und Imagination wie eine Stichflamme hoch und verbrannte in überraschend kurzer Zeit alle entarteten Zellen.« Satya hielt kurz inne, setzte dann hinzu: »Welche Rolle der Glaube im jähen Aufflammen wie auch im Erlöschen spielen kann, macht auch das dritte Beispiel ersichtlich. Als dieser durch die Pressemeldung verloren ging und der Glaube der Verzweiflung Platz machte, brach jeder Widerstand zusammen, und der Tod war die unausweichliche Folge. Die beiden Schwestern und auch dieser Frank hatten das Glück, ohne Störung durch den intellektuellen Besserwisser in ihren grauen Zellen nicht nur glauben zu können, sondern diesen Glauben durch ihr Bemühen sogar immer stärker werden zu lassen. Ich bin überzeugt davon, sie wären mit großer Wahrscheinlichkeit nicht gerettet worden, wenn sie zu den Hochintellektuellen gehört hätten. Denn deren »entwickelter« Verstand hätte die Ratschläge der Ärzte als »dummes Zeug« abqualifiziert. Die Reste ihres eventuell noch vorhandenen Glaubenspotentials und ihres Imaginationsvermögens hätten dann nicht mehr aktiviert werden können. Die Folge: Der Krebs wäre Sieger geblieben!« Einem resignierten Schulterzucken folgten die bezeichnenden Worte: »Der Mensch ist sich selbst sein größter Feind.«

»Einmal wird er das nicht mehr sein«, erwiderte ich zuversichtlich.

»Hoffentlich.«

Höherdimensionale Realitätsfelder?

Während der lebende Organismus ein Kontinuum ist, … müssen die einzelnen Wissenschaften trennen, unterscheiden. … Es gibt demnach eine Stufe, auf der das Lebendige ganz chemisch, eine andere, auf der es ganz physikalisch gesehen wird; die Zytologie und die Genetik, die Immunologie oder die Virologie, die Nervenphysiologie oder die Mikrobiologie: sie treiben alle ihre Gänge, ein jegliches nach seiner Art. Die Interessengemeinschaft, zu der sie sich vereinigt haben, die Molekularbiologie, ist eigentlich nur eine Dachorganisation, deren Mitglieder das gemeinsam haben, daß sie das Leben studieren, indem sie es ignorieren.[48]

Erwin Chargaff

Wir behaupten, daß wir nicht nur durch unser Denken Erfahrungen anziehen, sondern tatsächlich Realitäten schaffen … Indem wir unsere Denkweise ändern, können wir innerhalb unserer physischen Dimension, die wir mit allen anderen Menschen teilen, gewöhnliche und außergewöhnliche Dinge tun.[49]

Serge King

»Es gibt höherdimensionale Realitätsfelder!« ruft ein kleines, unerschrockenes Häuflein aufmüpfiger Wissenschaftler!

»So ein Unsinn! Es gibt sie nicht, schämt euch eurer unwissenschaftlichen Denkungsweise«, protestiert empört eine gewaltige Übermacht, angeführt von zum Teil namhaften Naturwissenschaftlern und Philosophen. »Nein und nochmals nein! Es kann sie nicht geben, denn wir können sie mit unseren Sinnen nicht wahrnehmen und selbst mit den raffiniertesten Experimenten nicht nachweisen. Und was nicht nachzuweisen ist, das kann auch nicht existieren!«

Letztere beten ihr Verstandeswissen an wie einen Gott, lassen außer diesem Wissen keine andere Erkenntnisquelle daneben gelten. Wenn man so will, dann »sind sie zu vergleichen mit Blinden, die die Gegenstände in ihrer Umgebung zwar ertasten, aber ihre Farbigkeit nicht wahrnehmen können, und die deshalb Stein und Bein schwören, es gebe keine Farben.«[50] Die indischen Rishis sprechen von der Armseligkeit der Skeptiker: »In diesen ist kein Wunder, keine Macht« (Rig-Veda VII. 61.5).[51]

An der Diskrepanz zwischen den *nur* Verstandesgläubigen und denjenigen, die dieses Denken überschreiten wollen, scheiden sich die Geister unserer Naturwissenschaftler. Eine Kluft hat sich hier aufgetan, die nach dem gewohnten und altbekannten Motto: *Daß nicht sein kann, was nicht sein darf,* noch lange Zeit braucht, sich endlich zu schließen. Wie mühsam dieser Prozeß ist, das zeigt allein die immer noch vorhandene Weigerung, sogar zweifelsfrei – ich betone *zweifelsfrei* – aufgetretene und dokumentierte paranormale Phänomene als das Hineinspielen von Kräften aus einer anderen Dimension anzuerkennen. Kräften, denen man nachsagt, daß sie nicht nur von besonders begabten Personen herbeigerufen werden können, sondern auch beim Vorliegen anderer Gegebenheiten von unserer Realitätsebene magisch angezogen werden. Über ihr *Herbeirufen* bzw. über ihr *Erschaffen* mittels einer besonderen psychischen Konditionierung und Aktivierung könnten Schamanen unseren Wissenschaftlern sicher eine Menge erzählen. Aber welcher aus dem hehren Club der in den Marmortempeln der Wissenschaft wandelnden Geistesriesen spricht schon mit einem Schamanen und, allein dieser Gedanke ist fast schon ein Sakrileg, läßt sich von einem solch »primitiven« Menschen auch noch belehren? Professor Hans Jürgen Eysenck, Inhaber des Lehrstuhls für Psychologie an der Universität London, machte zu dem Verhalten seiner Kollegen einmal eine Aussage, die in ihrer mit Ironie gewürzten Treffsicherheit den berühmten Nagel auf den Kopf trifft. Die betreffende Passage in seinem Buch lautet:

»Wissenschaftler sind ebenso gewöhnliche, dickköpfige und unvernünftige Wesen wie irgendwer sonst – vor allem, wenn sie das besondere Gebiet, auf das sie sich spezialisiert haben, verlassen –, und ihre außerordentlich hohe Intelligenz macht ihre Vorurteile nur um so gefährlicher.«[52]

Welche Ausmaße eine solch unbelehrbare Starrsinnigkeit annehmen kann, beweist ein Ausspruch des Mathematikers Warren Weaver, immerhin der Begründer der modernen Kommunikationstheorie. Zu den berühmten Kartenexperimenten von Professor J. B. Rhine meinte er: »Ich finde diese Angelegenheit vom Standpunkt des Verstandes so unbehaglich, daß sie schon fast peinlich wird. Und ich möchte … erklären, daß ich die Ergebnisse von Professor Rhine zwar nicht widerlegen kann, daß ich aber auch seine Erklärungen nicht annehmen kann.«[53]

Sieht so etwa die hochgelobte wissenschaftliche Denkungsweise aus? Nur weil es das bisher gewohnte Denkmuster stört, will man die alte *Fahrrinne* nicht verlassen, sondern halsstarrig in ihr weitertrotten?!

Machen wir jetzt einen – notwendigen – Schwenk. Wenden wir uns kurz den Phänomenen aus dem paranormalen

Raum zu. Die in ihm wirkenden Kräfte geben ein ganz besonderes Beispiel dafür ab, wie wenig wir eigentlich wissen. Es ist nicht zu bestreiten, die Wahrheit über sie ist ebenfalls nicht in den Räumen unserer gewohnten Denkungsweise zu finden. Sie kommen wie aus dem Nichts, manifestieren sich, um dann wieder auf geheimnisvolle Art und Weise zu verschwinden. Aber wo haben sie ihr Zuhause? In unserer Realitätsebene sicher nicht, aber von irgendwoher müssen sie doch kommen. Hier eine Antwort zu finden, die selbst einen nach schlüssigen Beweisen fragenden Naturwissenschaftler zufriedenstellt, dürfte kaum gelingen. Warum? Es zeigt sich auch hier: Für die Aufklärung paranormaler Vorgänge gleichen die Methoden der Naturwissenschaft dem Versuch, im Meer mit einem viel zu grobmaschigen Netz auf Fischfang zu gehen und dann, nachdem das Netz trotz vieler Versuche ständig leer bleibt, zu behaupten, hier gebe es keine Fische.

Was heißt das für uns? Genügt uns lediglich der Glauben an das Vorhandensein irgendwelcher Kräfte, um diese für existent zu halten?

Nein, allein der Glaube kann nicht ausreichend sein. Beweise müssen her, dokumentierte Berichte, die auch von den erbittertsten Gegnern der außersinnlichen Wahrnehmung (ASW) nicht einfach vom Tisch gewischt werden können. Zusammen mit ihnen könnten wir uns genauer der Frage nach der Existenz höherdimensionaler Realitätsfelder zuwenden. Dann werden wir auch auf die Frage nach der Quelle der Wunschkraft eine uns – ich betone *uns* befriedigende Antwort finden können.

Wer hat nicht schon von Menschen gehört, die im Besitz wundersam erscheinender Kräfte sind oder gewesen sein sollen? Mit ihnen seien sie in der Lage, Phänomene wie Telepathie, Präkognition und Psychokinese zu beherrschen bzw. auszulösen. Ganz gewiß hat es unter ihnen eine Menge genialer Schwindler gegeben, die es auf raffinierte Weise verstanden, Zuschauer und sogar ganze wissenschaftliche Gremien buchstäblich an der Nase herumzuführen. An dieser Tatsache kann es keinen Zweifel geben. Doch ein respektabler Rest widersetzt sich mit großem Nachdruck dem Bestreben, sie lediglich als bisher noch nicht geklärte Betrugsfälle zu bezeichnen. Und es ist nur dieser Rest, der uns zu interessieren hat.

Fangen wir also an mit der Sichtung einiger dokumentarisch belegter Manifestationen paranormaler Kräfte. Erst danach werden wir uns nach ihrem Aussagewert für unser Hauptthema, *Die Kraft der Wünsche,* fragen. Beginnen wollen wir mit jenem Gelehrten, dem es gelang, die ASW (außersinnliche Wahrnehmung) in die Universitätsforschung einzuführen.

Dr. J. B. Rhine, Professor an der Duke-Universität in Durham, North Carolina, wurde zusammen mit seiner Frau, Dr. Louisa Rhine, 1932 die Erlaubnis zur ASW-Forschung erteilt. Ihre Kartenexperimente zum Beweis von Telepathie und Hellsehen wurden weltberühmt. Die beiden Forscher wiesen in Hunderten von Untersuchungen nach, »daß Versuchspersonen erraten konnten, welche Karten aufs Geratewohl aus einem Päckchen gezogen werden würden, und zwar mit einer Erfolgsrate, die im Verhältnis 3 000 000 : 1 über dem Zufallsergebnis lag. In den siebziger Jahren erfand Helmut Schmidt, ein Physiker im Flugzeugwerk Boeing in Seattle, ein Gerät, mit dem er testen konnte, ob sich subatomare Zufallsergebnisse voraussagen ließen. In wiederholten Tests mit drei Versuchspersonen und mehr als 60 000 Versuchen erhielt er Resultate, bei denen die Relation, die gegen den Zufall sprach, 1 000 000 000 : 1 betrug.«[54]

Eine wichtige Beoachtung muß an dieser Stelle noch erwähnt werden: Jene Forscher, die hinsichtlich paranormaler

Vorgänge an das Wirken elektromagnetischer Wellen glaubten, mußten bald erkennen, daß sie sich getäuscht hatten. Warum? Ein Experiment bewies es ihnen.

Elektrizität ist *immer* an die *Außenfläche* eines Leiters gebunden. Bringt man nun in dieses äußere Feld einen geschlossenen hohlen Leiter (Faradayscher Käfig), so macht man die Beobachtung, daß die Kraftlinien auf diesem enden. Sie dringen nicht in das Innere ein. Anstatt eines messenden Elektroskops nahm nun im Inneren des »Käfigs« ein Mensch Platz. Ihm wurde die Aufgabe gestellt, auf telepathischem Wege Kartensymbole zu empfangen und zu bezeichnen. Selbstverständlich erhielt der in einem anderen Raum befindliche »Sender« die zu sendenden Symbole erst, nachdem der *Empfänger* seinen Platz im Käfig eingenommen hatte.

Ergebnis: Das Experiment endete mit denselben für die ASW signifikanten Ergebnissen wie auch ohne den Käfig. Verständlich, daß die an dem Experiment beteiligten Wissenschaftler sich sagen mußten: »Wenn diese Phänomene nicht mit den bekannten Gesetzen der Physik und der Chemie erklärbar sind, dürften sie vom konventionellen mechanistischen Standpunkt aus eigentlich nicht auftreten.«[55] Zwei neue Fragen tauchten nun auf: Erstens: Sind hier noch unbekannte physikalische Gesetze im Spiel? Und zweitens: Beruht das Wirken der ASW auf der Einwirkung nichtphysikalischer Kausalfaktoren oder Verknüpfungen?[56]

Die erste Frage hat bisher nur ergeben, daß außer den uns bekannten Gesetzen der Physik und der Chemie keine neuen, diese Phänomene steuernden physikalischen Gesetze gefunden werden konnten. Und was die Frage zwei angeht: Bewies der Käfigversuch denn nicht eindeutig, daß hier nichtphysikalische Kausalfaktoren als Ursache angesehen werden müssen? Kann es denn eine andere Erklärung für ihr Auftreten geben?

Ernst Meckelburg berichtet in seinem Buch *Besucher aus der Zukunft* über ein aufsehenerregendes Experiment von Professor John Taylor von der Universität London. Der Gelehrte arbeitete mit Paranormalen, die beweisen wollten, daß sie in der Lage sind, mittels psychischer Kraft Objekte wie zum Beispiel Gabeln und Löffel zu verbiegen oder zu bewegen (Geller-Effekt). Um seine Zweifel hinsichtlich einwirkender nichtphysikalischer Kausalfaktoren auszuräumen, wandte er bei seinen Probanden alle bekannten Methoden zur Messung elektromagnetischer Felder an. Taylor faßte die von ihm erzielten Resultate wie folgt zusammen: »Wir fanden während der Biegeprozesse keine konkreten Anhaltspunkte für die Beteiligung elektromagnetischer oder ionisierender Strahlung. Auch gab es bei den verformten Proben keinerlei Anzeichen dafür, daß Temperaturerhöhungen oder Stromdurchgänge stattgefunden hätten. Eines kann jedoch mit absoluter Sicherheit gesagt werden: *Der Geller-Effekt existiert tatsächlich, und er tritt auch auf Distanz in Erscheinung.*«[57]

Erwähnenswert hierzu ist noch, daß sogar das in der wissenschaftlichen Welt hochangesehene Wissenschaftsjournal *Natur* die Ergebnisse Taylors veröffentlichte. Dieses Journal gilt in der Auswahl seiner Veröffentlichungen aus begreiflichen Gründen als sehr wählerisch. Gewiß eine sehr mutige Tat, denn die mechanistisch denkenden Biologen tragen ihre Sicht der Welt immer noch wie einen Betongötzen vor sich her. Leider ist es allein *diesem* Verhalten zu »verdanken«, daß die Forschung auf dem Gebiet der Parapsychologie immer noch mehr oder weniger dahindämmert. Um Himmelswillen nicht in Verruf kommen, nicht als Märchengläubiger abgestempelt werden, heißt die Devise vieler junger, hoffnungsvoller Naturwissenschaftler, die sich schließlich ihre ersten Sporen verdienen müssen und sich deshalb nicht ins Abseits und damit in die geistige Verbannung begeben wollen.

Erinnern wir uns an den berühmten Löffelverbieger Uri Geller. Ein Millionenpublikum hat ihn im Fernsehen während seiner »Show« beobachten können. Tatsächlich, die Löffel verbogen sich – aber wer glaubte schon ernsthaft an eine übernatürliche Manifestation? Die meisten Zuschauer dachten garantiert an irgendeinen raffinierten Trick, mit dem der »Superschwindler« Geller das Verbiegen bewerkstelligte und die Zuschauer auf *geniale* Weise hinters Licht führte. Daß er das Risiko einging, sich vor einem Millionenpublikum zu produzieren – mein Gott, warum denn nicht, wenn er sich seiner »Kunst« sicher war und auch die Kasse stimmte!

Und unsere Naturwissenschaftler? Was war mit ihnen? Hatten sie sich je ernsthaft mit diesem Geschehen befaßt, dazu bereit, über den ihre Weltsicht begrenzenden hohen Zaun zu schauen? Gewiß, es gab einige, die sich nicht vor Hohn und Spott fürchteten, weil sie die parapsychologische Forschung als das erkannten, was sie in Wirklichkeit ist – wegweisende Zukunftsforschung! Immerhin, zwar langsam, aber nicht aufzuhalten, schiebt sich eine neue Denkungsweise in den Vordergrund. Und das nicht nur wegen des oben beschriebenen Versuchs von Professor Taylor. Andere Löffelverbieger, die ihr Talent plötzlich entdeckten, traten ebenfalls auf den Plan. Und siehe da – auch sie verbogen das Metall. Es muß also etwas dran sein, orakeln jetzt zunehmend selbst ehemalige Skeptiker, aber was?

Eine erste Antwort werde ich jetzt schon darauf geben können. Eine, die man mit der inzwischen geschärften Intuition leicht erfassen kann. Sie ist zwar von keinem stützenden, logischen Korsett umschlossen, aber das wird dem Wahrheitsbewußtsein nichts ausmachen. Denn wir schöpfen jetzt aus einer Quelle, die nicht mehr mit dem Müll einer überholten Denkungsweise belastet ist.

Ich sprach anfangs davon, daß der Sucher auf seinem Weg allmählich in die Lage versetzt wird, die Kraft der Gedanken wie das Licht der Sonne in einem Brennglas zu sammeln und zu bündeln. Mit dieser konzentrierten Energie sei er imstande, bis zum ANDERSWO vorzustoßen, den Kontakt mit ihm herzustellen und den dort »wohnenden« Kräften die weitere Führung zu überlassen. Als Beispiel erwähnte ich den Bogenschützen im Zen-Buddhismus. Auf den Schützen wartet die gewiß nicht leichte Aufgabe, jenen Zustand zu erreichen, in dem »er von seinem Selbst vollkommen frei und gelöst ist, wenn er eins ist mit der Vollkommenheit seiner technischen Geschicklichkeit.«[58] Eine andere, größere Kraft als die seine übernimmt dann die Führung, läßt ihn, zusammen mit ihr, seine bisherige Könnerschaft weit überschreiten.

»Ist dies erreicht, dann denkt der Mensch und denkt doch nicht. Er denkt wie der Regen, der vom Himmel fällt; er denkt wie die Wogen, die auf dem Meere treiben; er denkt wie die Sterne, die den nächtlichen Himmel erleuchten; wie das grüne Laubwerk, das aussprießt unter dem milden Frühlingswind. Er ist in der Tat selbst der Regen, das Meer, die Sterne, das Grün. … Dann sind Schütze und Scheibe nicht mehr zwei entgegengesetzte Dinge … sondern eine einzige Wirklichkeit.«[59]

In was für einem »Zustand« sich Uri Geller befindet, wenn er gleichsam spielerisch Löffel verbiegt, kann ich nicht sagen, gut möglich, daß auch er diese Frage nicht beantworten könnte. Aber in irgendeinem Zustand muß er schließlich sein, um auf das Metall einwirken zu können. Denn daß allein die Kraft seines normalen Bewußtseins in der Lage ist,

Metall zu verbiegen, halte ich für ausgeschlossen. Hier muß es sich um das Wirken einer Kraft handeln, die von verstandesmäßigen Denkprozessen Lichtjahre weit entfernt ist. Warum? Weil sie aus dem ANDERSWO kommt, nicht dem Willen des Oberflächendenkens gehorcht, und das sind zwei ganz verschiedene Ebenen. Sich auf allen beiden zu bewegen, ist nur wenigen vorbehalten. Aber gerade das muß unser Ziel sein. Es ist wie bei der Zange. Beide Backen müssen greifen!

Das Phänomen der Psychokinese besitzt für unser Thema eine hohe Beweiskraft. Warum? Weil sich hier in überzeugender Weise der Einfluß der dem ANDERSWO entspringenden geistigen Kraft sogar auf die Materie zeigt. Das aber heißt für uns: Es *gibt* diese Kraft! In jedem von uns ist die Möglichkeit vorhanden, das ANDERSWO anzuzapfen, um diese Kraft in sich einströmen zu lassen. Und warum gibt es diese Möglichkeit? höre ich fragen. Weil es in jedem Menschen dieses gewisse »Fünkchen« gibt, dieses Feuerfünkchen aus der Riesenflamme Gottes! Es wartet sehnsüchtig darauf, endlich größer, endlich entfacht zu werden. Warum aber ist dieses »Entfachen« bisher nur sehr Wenigen geglückt? Die Beantwortung dieser Frage ist sehr einfach. Schuld daran ist die dicke rationale Kruste, die sich über unser Denken gelegt hat. Sie ist die »Fahrrinne«, in dem sich der Karren unseres mechanistischen Denkens mühsam und ächzend vorwärts bewegt. Ihre Tiefe macht es den Rädern so schwierig, sie zu verlassen. Eine Kruste auch, die sich wie eine Blockade nicht nur über unser Denken, sondern auch über unsere Psyche gelegt hat. Für uns stellt sich damit die große Aufgabe, diese Kruste zu zerbrechen, sie endlich abzuwerfen. Gut, sie war vielleicht über lange Jahrhunderte dazu notwendig, uns das Außen der Dinge zu erklären, aber jetzt muß uns der Weg nach innen führen, denn nur hier findet man den

Zugang zum ANDERSWO. Es ist höchste Zeit, die Kruste in tausend Stücke zu zerschlagen. Denn nur dann können wir das Ende unseres Weges erreichen. Ein Ende, das unseren Gedanken und damit auch unseren Wünschen eine größere Kraft als bisher bescheren soll. Uri Geller hat sich *gewünscht*, Löffel zu verbiegen oder Uhren selbst auf größere Entfernung zum Stillstand zu bringen. Dank seiner unbewußten Begabung, die Wunschkraft zu konzentrieren, wurde diese zu einem Pfeil, der mühelos das ANDERSWO erreichte und den notwendigen Kontakt herstellte. Danach übernahmen die dort wohnenden Kräfte die Führung und vollbrachten das für den gewöhnlichen Verstand Unglaubliche.

Eines muß an dieser Stelle mit Nachdruck erwähnt werden: Die im Raum des Paranormalen vorhandenen Kräfte sind *nicht* verschiedener Natur. Ob es sich um Telepathie, Hellsehen oder Psychokinese handelt, sie entstammen alle ein und derselben Quelle.

Jetzt taucht eine neue Frage auf: Warum stellen sich diese Kräfte in unseren Dienst? Ja, warum eigentlich? Welche Veranlassung treibt sie dazu?

Das ist eine gute Frage, denn sie fragt nach der Ursache. Ich muß es gestehen, sie ist nicht leicht zu beantworten. Und mit dem Verstand allein überhaupt nicht. Aber ich hoffe trotzdem, daß es mir gelingt.

Wir haben vor, einen bestimmten Weg einzuschlagen und wollen an sein Ende gelangen. Wir wissen, daß wir erst nach dem Erreichen des Ziels in der Lage sein werden, den erforderlichen Kontakt nach Belieben herstellen zu können. Früheren Versuchen war ein solcher Erfolg nur sehr selten beschieden. Der vor uns liegende Weg hat reinigenden Charakter, er entwickelt dazu die psychischen Kräfte, läßt ihre »Reinigungskraft« schließlich so stark werden, daß der »Kelch« vor Sauberkeit nur so blitzt und man des Kontakts für würdig befunden wird. Denn das Bewußtsein ist dann »nicht ein Bewußtsein von Dingen nur, sondern von Kräften, und nicht nur von Kräften, sondern des bewußten Wesens hinter den Kräften.«[60]

Ich möchte es betonen: Man muß für würdig befunden werden, und man wird es, wenn man den beschwerlichen *Weg* hinter sich gebracht hat. Dann und erst dann gelangt man in den Besitz eines »Passierscheins«, der einem zu jeder Zeit die Kommunikation mit dem Urgrund erlaubt.

II

Auf der Suche nach Freude und Glück

Im zweiten Kapitel soll zuerst die Suche nach dem »launischen« Glück in der modernen Industriegesellschaft mit ihrem Jagen nach den Surrogaten der Freude beleuchtet werden. Wie äußern sich die Wünsche in unserer Ego-Gesellschaft mit ihrer Vergötzung materieller Güter? Was versteht der herrschende Zeitgeist unter dem Wörtchen »Glück«? Gibt es auch hier erste Anzeichen für ein Verlassen der gewohnten *Fahrrinne*? Danach gehen wir auf die magischen Praktiken im Schamanismus ein. Ist dieser tatsächlich in der Lage, gewünschte Realitätsfelder zu erzeugen? Welche Rolle spielen sie zur Erzeugung segensreicher, aber auch unheilvoller Wirklichkeitsfelder?

Das sind Themen, mit denen man je für sich leicht dicke Bücher füllen könnte. Wir wollen uns auf einen, dem Hauptthema nützenden, informativen Überblick beschränken.

Freude und Glück

Seit Menschen denken können, haben sie sich mit der Frage, was Freude und Glück sei, auseinandergesetzt. Immer wieder haben besonders die Poeten hier zwischen zwei Kategorien unterschieden: jener Freude, die aus materiellen Vorgängen wie zum Beispiel über das Glück eines hohen Lottogewinns resultiert und andererseits der immateriellen Freude der Seele. Unter letzterer ist jenes Gefühl zu verstehen, »das einen beim Anblick einer unscheinbaren Wiesenblume oder spielender Kinder ganz unerwartet überkommt, so, als würde man unerwartet von einem feinen Staubregen reinen Goldes überrieselt.«[61] Sri Aurobindo (1872 – 1950) bezeichnete diese Freude einmal als das Kindeslachen der Unendlichkeit.

Und was das Glück, diese launische Diva, angeht – niemand konnte es bisher erzwingen und erst recht nicht kaufen. Überhaupt – das Glücksempfinden hat tausend Gesichter. Sehr viele überfällt es lediglich beim Zuwachs materieller Güter, andere glauben es in einer orgasmenreichen Nacht finden zu können. Wieder andere, wenige, überfällt das Glücksempfinden während eines inbrünstigen Gebets. Entscheidend ist der verbliebene »Geschmack« einige Zeit *nach* einem solchen Gefühlssturm. Was ist von diesem Geschmack übriggeblieben? Die *volle* Freude und das *volle* Glück? Oder ist die Freude jetzt schal geworden, wurde aus der herrlich geschmückten Glücksgöttin über Nacht ein in Lumpen gekleidetes, häßliches Weib?

Man kann es drehen und wenden, wie man will: Wahre Freude und wahres Glück können niemals von dem lediglich kühl kalkulierenden Verstand herbeigerufen werden! Diese Gnade, dieses liebevolle Lächeln der Schöpfung, richtet sich immer an die Herzen der Menschen.

Eine seltsame, für den bloßen Verstand nicht faßbare Begebenheit hat dazu beigetragen, mein Verständnis für das Gefühl der Freude zu schärfen. Ich erzähle sie, denn sie wird mithelfen, den Prozeß der Einstimmung zu erleichtern. Und sie wird noch ein weiteres tun, sie wird zeigen, zu welchen Wirkungen die Wunschkraft fähig ist – selbst über den Tod hinaus!

Vor einigen Monaten erhielt ich unangemeldeten Besuch. Das war mir zu diesem Zeitpunkt gar nicht recht, denn ich hatte mich erst kurz vorher zu einem Schläfchen niedergelegt gehabt. Ich war noch etwas schwach – letzte Spuren der hinter mir liegenden, schweren Grippe. Als ich nach einem energischen Läuten ärgerlich die Haustür öffnete, stand Helmut vor mir, Helmut, ein ehemaliger Mitschüler, den ich schon eine Ewigkeit lang nicht mehr gesehen hatte. Er hätte hier geschäftlich zu tun gehabt und sei früher als erwartet fertiggeworden. Was hätte er besseres tun können als mich zu überfallen? Die paar Kilometer bis zu mir ... Sein Grinsen während dieser Eröffnung war immer noch so entwaffnend wie vor langen Jahrzehnten in der Schule. Und überfallartige Besuche liebte er allem Anschein nach noch genauso wie früher. Die Verbindung zwischen uns war sofort wieder hergestellt. Das war aber nichts Besonderes, denn wir waren schon damals ein Herz und eine Seele gewesen.

Es wurde ein langer, unterhaltsamer Nachmittag. Einer von denen, die lange im Gedächtnis haften bleiben. Ich kannte Helmut als einen positiv denkenden Mann. Aber ich sollte im Verlauf unseres Zusammenseins auch eine mir bisher unbekannte, andere Seite seines Wesens kennenlernen. Wir unterhielten uns über die vergangenen alten Zeiten. Erinnerungen wurden geweckt und mit ihnen eine wehmütige Stimmung.

Doch dann kam es bei Helmut zu einem überraschenden Gefühlsausbruch! Unerwartet, von einem Augenblick zum anderen. Wir hatten gerade vom dünnen Sander gesprochen. Einem Lehrer, der sich die schwierige Aufgabe gestellt hatte, uns in das weite Reich der Philosophie einzuführen. Sein Erfolg war sehr mäßig gewesen.

»Jetzt denke ich anders über Nietzsche als damals, ganz anders«, sagte Helmut nach einer kurzen Pause in meine Gedanken hinein. Seine Augen blickten zornig.

Ich sah ihn verblüfft an. »Anders? Wie soll ich das verstehen? Ich erinnere mich genau: Nietzsche war für dich immer ein rotes Tuch gewesen. Er hat doch die Religion verächtlich als *Menschen-Werk* und *Menschen-Wahnsinn* bezeichnet. Und jetzt willst du dein Herz für ihn entdeckt haben? Du – ein Religionslehrer?«

Er winkte ab. »Was die Religion angeht, da werde ich nie mit seiner Ansicht konform gehen.«

»Und worin gehst du mit ihm konform?«

»Mit dem, was er über die Entwertung aller Werte und der anschließenden, notwendigen *Heraufkunft* des Nihilismus gesagt hat.« Helmut wischte mit der Hand durch die Luft. »Erkennst du es denn nicht selber? Immer wieder, Tag für Tag? Gibt es den Verfall etwa nicht? Nicht die zunehmende Gewalt, die selbst vor Greisen und Kindern nicht haltmacht? Nicht den moralischen Niedergang? Es kann doch nicht geleugnet werden – die Menschen, besonders die des westlichen Kulturkreises, entfernen sich immer mehr von dem, was wir unter Innerlichkeit verstehen. Wenn du zum Beispiel den sogenannten Mann auf der Straße fragen würdest, was er unter Freude versteht, wie würde er sich wohl äußern?«

Er wartete nicht ab, gab die Antwort selber: »Die meisten wissen ja gar nicht mehr, was wahre Freude ist. Sie freuen sich über ein neues Auto, über eine Reise in ferne Länder, die sie bald antreten werden, über erhaltene Geschenke, kurzum nur über materielle Dinge.«

Ich unterbrach ihn. »Na und? Warum sollen sie sich denn darüber nicht freuen dürfen?«

Helmut schüttelte ärgerlich den Kopf. »Aber sicher dürfen sie das. Mein Gott, sie sollen es doch auch. Aber sie haben über Freuden dieser Art, ich halte sie übrigens für bloße Surrogate, die eigentliche Freude vergessen.«

»Welche soll das sein?«

Er sah mich forschend an. »Sagt dir der Name Sri Aurobindo etwas?«

Ich nickte. »Ja, sogar sehr viel.«

In seinen Augen las ich Anerkennung.

»Die Freude, von der dieser indische Weise spricht, beruht nicht auf materiellen Vorgängen. Nach ihm überfällt sie einen – jäh und unvermittelt, zum Beispiel beim Anblick des sternklaren Nachthimmels, während einer Sinfonie von Beethoven oder meinetwegen beim Anblick einer Katze, die sich an einem sonnigen Plätzchen wohlig reckt und streckt. Es ist die Freude über das Umfangensein von den vielfältigsten Lebensäußerungen, die Freude darüber, sich in ihnen wie in einem warmen Kokon eingehüllt zu wissen, in ihm geborgen zu sein.« Helmut seufzte. »*Diese* Freude ist so endlos und tief wie das Meer, die vielfachen Freuden, die wir kennen, stellen dagegen nur schmale Rinnsale dar.«

So ganz war ich mit seinen Worten nicht einverstanden. Ich wollte, daß er sich mir noch mehr offenbarte und richtete meine Antwort darauf ein. Ich schüttelte abwehrend den Kopf und entgegnete: »Rinnsale hin und Rinnsale her – ohne sie wäre das Leben ärmer, vielleicht sogar nicht zu ertragen. Kleine Freuden hellen das Leben auf, vertreiben aufkommende Dunkelheiten. Du lieber Himmel, wann wird man schon von dem berauschenden Gefühl jener Freude gepackt, die du eben angesprochen hast? Du kannst es nicht abstreiten – doch nur sehr selten, vielleicht nur in gnadenreichen Augenblicken. Meiner Meinung nach kannst du die Anzahl dieser Freuden während eines ganzen Menschenlebens an den Fingern einer einzigen Hand abzählen. Aber was ist mit der Zeit dazwischen? Ich bleibe dabei, auch die *Rinnsale* müssen sein, sie haben ihren Sinn, erfüllen ihren Zweck.«

Helmut nickte. »Ich kann und will dir da nicht widersprechen. Trotzdem, ich bedauere, daß die Menschen anscheinend mehr und mehr dazu neigen, diese Rinnsale oder Surrogate der Freude als die eigentliche Freude anzusehen und die wirkliche Freude auf den Müll ihrer fortwährend materieller werdenden Denkungsweise zu werfen. Die Freude anderer? Was geht sie mich an? fragen sie hochmütig. Und weiter: Ich habe doch nichts davon.« Er beugte sich ein wenig vor. Was jetzt kam, mußte besonders wichtig für ihn sein. »Du mußt es doch zugeben: Der Zugang zum Inneren wird mehr und mehr verschüttet. Einher damit geht – die Entseelung der Außenwelt.«

»Was verstehst du unter Entseelung?« fragte ich ihn sanft. Ich konnte mir zwar denken, was er darunter verstand, aber ich wollte es genau wissen.

Er schnitt eine Grimasse, die durchaus nicht komisch auf mich wirkte. »Was ich darunter verstehe, fragst du? Als Antwort will ich dir sagen, was die Masse dazu sagt: Das Leben ist ja so kurz. Wir müssen es genießen. Jeden Tag, jede Stunde gilt es auszunützen! Und die sogenannte Intelligenz? Was ist mit ihr?« Helmut lächelte verächtlich. »Immer wieder stellt sie sich in den Dienst der Triebe, will diese, koste es was es wolle, zur höchsten Lustentfaltung bringen. Die Schranken der Werte? Weg damit! Sie hindern unsere Freiheit und damit unsere *Selbstverwirklichung*. Also fort mit ihnen!«

Ich wollte ihn reizen und fragte ihn mit harmloser Miene: »Ist das denn falsch gedacht? Warum, um alles in der Welt, sollen die Menschen ihr bißchen Leben nicht genießen dürfen? Sollen sie denn als wandelnde Trauerklöße herumlaufen und ständig nach dem lieben Gott schreien?«

Helmut schlug die Augen gegen die Decke. »Schütte das Kind doch bitte nicht mit dem Badewasser aus. Ich beklage lediglich, daß in unserer sogenannten modernen Welt *nur* noch Äußerlichkeiten Gewicht haben, als Antwort darauf sich die Pforten zur Seele dagegen mehr und mehr schließen. Immer wieder kann man es beobachten, die Menschen werden allmählich zu willenlosen Automaten, die das ausführen, was ihnen die Reklametrommeln und die Trompeten der Volksverdummung täglich eintrichtern. Dieser Dauerbeschuß verursacht seelische Schäden, läßt die Gefühle verkümmern. Sich im Frühling auf eine blühende Wiese zu legen und in sich versunken in den blauen Himmel zu blicken – das ist nach Ansicht des herrschenden Zeitgeistes doch nur etwas für realitätsferne Schwärmer, aber nicht für Menschen, die vorankommen wollen, die jeden Tag den harten Kampf ums Dasein bestehen müssen. Der liebe Nächste? Wer ist das schon? Die Zeit ist eben so, wie sie ist. Jeder muß sich heutzutage selbst der Nächste sein, wenn er es zu etwas bringen will.« Helmut hielt inne, atmete schwer. Seine Erbitterung war ihm deutlich anzusehen.

Ich beschloß, das Thema auszuweiten, denn ab hier wurde es ganz besonders interessant für mich.

»Was meinst du? Welche Folgen würde es denn haben, wenn sich der Zugang zur Seele mehr und mehr schließt, weil das ICH auf den Altären des zunehmenden Anspruchdenkens von immer mehr Menschen als Obergötze angebetet wird, nichts anderes neben ihm mehr Platz hat?«

Seine Augen blickten traurig. »Darüber will ich lieber nicht nachdenken. Denn wenn alles nur Konsum ist, dann wird selbst der Geschlechtsakt zum flüchtigen Konsumartikel umfunktioniert. Mit garantiertem Orgasmus als kategorisch verlangtem Leckerli obendrauf. Ob das aber noch viel mit Liebe zu tun hat? Mit wirklicher Liebe? Jeder mag sich diese Frage nach eigenem Gusto beantworten. Wer kann es schon ernsthaft bestreiten: Wünsche degenerieren mehr und mehr zum bloßen Habenwollen materieller Dinge, und das Anspruchsdenken nimmt nach dem altbekannten Motto *je mehr er hat, je mehr er will,* in einem atemberaubenden Tempo zu. Parallel dazu verkümmern die Landschaften der Seele, außer einigen Oasen, allmählich zu öden Wüsten. Doch selbst diese letzten fruchtbaren Inseln schrumpfen unter dem Gluthauch der Maßlosigkeit und dem mit ihm einhergehenden Werteverfall zuammen, werden vielleicht bald ganz verschwinden.«

Jetzt hatte ich ihn da, wo ich ihn haben wollte. »Und welche Wünsche vermißt du?«

»Wünsche, die *nicht* nur der materiellen Wohlfahrt des eigenen Ich, sondern die auch dem lieben Nächsten dienen. Und ich vermisse ebenfalls Wünsche, die sich der Vervollkommnung der eigenen Persönlichkeit widmen, der Seele zu mehr Glanz verhelfen sollen. Wünsche, die Kräfte besonderer Art anziehen und sie in den Dienst der Erfüllung stellen.«

Kräfte besonderer Art! Drei Worte, die mich nicht nur elektrisierten, sondern auch erstaunten. Diese Worte von Helmut?! Ich tat so, als verstünde ich ihn nicht. »Was sind das für Kräfte? Kräfte bekannter Art können es sicher nicht sein?«

»Sie sind es auch nicht. Denn sie entspringen einem Bereich, der mit den Methoden der Naturwissenschaft nicht berechnet, nicht vermessen werden kann. Kräfte, die aber gleichwohl vorhanden sind, auch wenn sie von den Naturwissenschaften vehement in das Reich der Fabel verwiesen werden.«

»Aktivieren sich diese Kräfte nur bei selbstlosen Wünschen?«

Helmut schüttelte energisch den Kopf. »Nein, ganz und gar nicht, denn in der Geschichte gibt es viele Beispiele erfüllter Wünsche, die namenloses Elend über die Welt gebracht haben. Ich bin überzeugt davon – genauso wie es positive und negative Pole mit ihren Kraftäußerungen magnetischer Art gibt, genauso gibt es positive und negative Wünsche, die ebenfalls mit Kraft geladen werden können und Wirkungen sowohl positiver als auch negativer Art erzeugen. Das Tragische dabei ist, daß in unserer Zeit die negativen Wünsche überhand nehmen. Sie gleichen einer dunklen Flut, die mit aller Kraft versucht, die letzten noch bestehenden Dämme niederzureißen.«

Ich schüttelte mich nach diesen Worten. Wie konnte man nur mit einem solchen Pessimismus leben? »Du siehst viel zu schwarz. Nie wird das die *dunkle Flut* schaffen. Du mußt es doch wissen: Berge und Täler gibt es nicht nur in der Natur, es gibt sie auch in der geistigen Entwicklung der Menschheit. Ob wir es wahrhaben wollen oder nicht – die Menschheit gleicht einem Zug, der unbeirrrt seinem Ziel entgegenfährt und Berge wie Täler hinter sich läßt. Ein ständiges Auf und Ab, von Ewigkeit zu Ewigkeit die Entwicklung bestimmend. Nein, ich sehe trotz der Verfallserscheinungen mit ihrer Umwertung aller Werte sehr positiv in die Zukunft. Der Mensch macht eben einen Enttierungsprozeß durch. Es ist sicher ein sehr mühsamer Prozeß, der alle Phasen nicht nur der Liebe und Zuwendung, sondern auch die der Bosheit und Gemeinheit durchläuft, ja, durchlaufen muß, damit die Seele an Reife gewinnen kann. Und was die Wünsche angeht: sie resultieren aus dem Bewußtsein, denn nur Bewußtsein kann Wünsche artikulieren. Sich mit den Wünschen so zu verhalten, daß Stück für Stück das Negative ins Positive hinein integriert werden kann, das ist die vornehmste Aufgabe der Menschheit. Ohne selbstlose Liebe wäre sie zum Scheitern verurteilt, gäbe es auch keine Evolution des Bewußtseins. Sie ist der Kokon, in dem sich im Verlauf von Äonen aus der Raupe des noch unvollendeten Bewußtseins der in eine neue Dimension fliegende Schmetterling des kosmischen Bewußtseins bildet. Die Menschheit hat dann endlich das schwere tierische Erbe umwandeln und integrieren können.«

»Deine Zuversicht ist schier grenzenlos.«

»Sie kann gar nicht grenzenlos genug sein, denn die Schöpfung hat den Menschen nicht aus einer puren Laune geschaffen. Er ist auch kein Zufallsprodukt, sondern der Mensch ist – das Werkzeug Gottes und dazu bestimmt, eines noch fernen Tages selber aktiv an der Schöpfung teilzunehmen.«

Schweigen kehrte ein. Es war ein meditatives Schweigen, keines, das die Langeweile zur Schwester hat. Eine eigenartige Stimmung umfing uns, eine von der Art, wie man sie leicht bei einem Spaziergang im dämmrigen Halbdunkel eines Laubwaldes empfindet. Irgendwie und auf geheimnisvolle Weise löst man sich von den Alltäglichkeiten, fühlt sich auf beglückende Weise befreit und möchte die beruhigende, erfrischende Stille noch lange genießen.

»Was bedeutet das Wort *Glück* für dich?« fragte da der Störenfried Helmut.

»Wieso kommst du auf diese Frage?«

»Warte es doch ab. Glaubst du, daß es Glück ohne Freude geben kann? Oder, anders gefragt, kann es Freude geben, ohne das Gefühl des Glücklichseins zu empfinden?«

Ich wollte es genau wissen. Deshalb stand ich auf und holte mir aus dem Bücherschrank den Großen Brockhaus. Dann las ich die betreffende Stelle laut vor: »Glück ist ein *seelisch gehobener Zustand, der sich aus der Erfüllung der Wünsche ergibt, die dem Menschen am wesentlichsten sind. Sie können alle Stufen vom Sinnlichen bis zum rein Geistigen durchlaufen.*«

Ich klappte das Buch zu und stellte es in den Schrank zurück. Dabei stieß ich eine kleine chinesische Porzellanvase an. Sie kippte um und zerbrach.

»Glück und Glas ...«, sagte Helmut bedauernd, ohne den Spruch zu vollenden.

Ich sammelte die Scherben zusammen. Vielleicht würde ich das teure Stück wieder zusammenflicken können. »Ein seelisch gehobener Zustand ist für mich ohne die Empfindung der Freude nicht vorstellbar«, stimmte ich ihm dann zu.

Wieder beugte er sich vor. Wie seltsam seine Augen blickten. Und erst dieses Leuchten in ihnen? Als ob jäh ein Licht in ihnen angezündet worden wäre.

»Sicher kannst du dich an eine Tat in deinem Leben erinnern, die einem anderen Menschen Hilfe gebracht hat? Hast du die warme Welle der Dankbarkeit gespürt, die danach von diesem Menschen ausging? Überflutete sie dich nicht, überzog sie nicht deinen ganzen Körper mit einer Gänsehaut? Stieg nicht zugleich tief in dir ein unbeschreibliches Glücksgefühl hoch, begleitet von einer Freude, die dir in ihrer Intensität fast den Atem nahm?« Er schaute mich prüfend an. »Hast du diese Freude denn noch nie erlebt? Aber was frage ich da, du *mußt* sie erlebt haben! Jeder Mensch hat sie irgendwann einmal erlebt.«

Ich gehöre nicht zu jenen, die bei jeder sich bietenden Gelegenheit lauthals ihre Verdienste herausstreichen, aber Helmuts Frage weckte kein Gefühl der Peinlichkeit in mir. Warum sollte ich sie nicht wahrheitsgemäß beantworten? Ja, erst kürzlich hatte ich einen solchen unbeschreiblichen Augenblick erlebt – im Hauptbahnhof, bei der Fahrkartenausgabe. Eine ärmlich gekleidete Frau mit einem kleinen Jungen hatte vor mir gestanden und mehrere Minuten flehend auf den Beamten eingeredet. Sie weinte. Ihre Schultern zuckten. Die hinter mir stehenden Leute fühlten sich aufgehalten und murrten. Als sich die Frau mit einem Taschentuch und abgewendetem Gesicht die Tränen abtrocknete, fragte ich den Beamten schnell, was mit der Frau los sei.

»Sie will das Geld für eine Fahrkarte zurückerstattet haben. Ich würde ihr die zwölf Mark ja gerne geben, aber ich kann das nicht machen. Die Fahrkarte ist schon seit drei Monaten ungültig.«

Eine rauhe Männerstimme hinter mir rief wütend: »Das Weib hält den ganzen Betrieb auf. Soll sie doch zur Bahnhofsmission gehen, die werden ihr schon helfen, denn dafür sind die ja da!«

Die Frau drehte sich um und musterte uns, aber über ihre Lippen kam kein Wort. Dann wandte sie sich zum Gehen. Zwölf Mark mußte viel Geld für sie sein. Vielleicht war sie ein Flüchtling aus dem ehemaligen Jugaslawien. Vielleicht hatte sie alles verloren, vielleicht auch den Mann. Und jetzt stand sie völlig allein da mit ihrem kleinen Jungen. Ein Gedanke, der mich frösteln ließ. Nein, dieser Frau mußte geholfen werden. Es war klar zu erkennen, sie gehörte nicht zu jenen Gestalten, die mit obskuren Schwindelmanövern Mitleid produzieren und Geld herauslocken wollen.

Als sie sich zum Gehen wandte, zischelte ich dem Beamten zu: »Ich zahle! Sagen Sie ihr, daß Sie sich vertan hätten!«

Der Mann vor mir sah mich groß an. Dann lächelte er und nickte gewährend, entgegnete leise: »Wird gemacht.«

Ich rannte der Frau nach. »Sie sollen zurückkommen! Der Beamte hat sich geirrt. Sie bekommen die Erstattung!«

Ob sie die Wahrheit ahnte? Wie sie mich ansah! Ich werde diesen Blick nie vergessen. Ich erkannte Erleichterung und Freude darin, aber auch – Dankbarkeit.

»Danke«, sagte sie leise.

Als ich den Hauptbahnhof verließ und zum nahen, sündhaft teuren Parkplatz ging, fühlte ich mich wie auf einer Wolke schweben. In mir war ein unbeschreibliches Gefühl des Glücks und – tiefer Freude!

»Jetzt weist du genau, was ich unter echter Freude verstehe«, sagte Helmut, als ich mit meinem Bericht fertig war. »Mögen auch die meisten Menschen darüber lachen und vielleicht sogar darüber spotten, ich bleibe dabei: Es gibt eine geradezu himmelstürmende Freude! Es ist ungefähr so, als ob in der Dunkelheit jäh ein strahlendes Licht aufflammen würde, alle Finsternis vertreibend. Genau das hast du mit dieser

Frau erlebt. Ihre tiefe Dankbarkeit konzentrierte sich wie in einem Brennglas und entzündete in dir das Licht der Freude und des Glücks.« Er stockte, sagte dann: »Merke es dir – wenn die Gesellschaft wieder gesunden soll, nicht in ihrem eigenen Unrat ersticken will, dann muß die Liebe wieder in sie einziehen. Nicht die Eigenliebe, sondern die Liebe zum Nächsten! Allein sie ist in der Lage, uns von häßlichen und dunklen Gedanken zu befreien. Sie ist Wärme, Harmonie und Geborgenheit. Wo sie nicht ist, da herrscht Kälte und Einsamkeit.«

Kurz darauf verabschiedete sich mein Freund. Sein Abgang kam mir ein wenig seltsam vor, denn seine Augen blickten abwesend, so, als wenn er gar nicht mehr hier wäre. Kam es mir nur so vor oder verhielt es sich tatsächlich so: Ein Gefühl der Kälte schien mich plötzlich zu umhüllen. Ich begriff das nicht. Noch am Mittag hatte ich die Fenster wegen der Wärme weit aufreißen müssen. Ich zog mir meinen Hausmantel an und stellte mich ans Erkerfenster. Draußen dämmerte es schon. Der Himmel war wolkenlos. Gutes Fahrwetter. Wo Helmut nur blieb? Der große Parkplatz lag in Sichtweite vor dem Rathaus. Ich hätte meinen Freund sehen müssen, doch ich erblickte ihn nicht. Der Erdboden schien ihn verschluckt zu haben. Merkwürdig. Aber dann dachte ich nicht weiter darüber nach. In mir war plötzlich bleierne Müdigkeit. Wenig später lag ich im Bett. Ich schlief sofort ein.

Als ich am nächsten Morgen erwachte, ahnte ich nicht, was für eine unheimliche Überraschung auf mich wartete. Es war während des Frühstücks. Irgendwie erinnerte ich mich an die kleine, chinesische Vase, die ich gestern zerbrochen hatte. Erneuter Ärger stieg in mir hoch. Es war eine sehr teure Vase gewesen. Vielleicht konnte man die Teilstücke, vorausgesetzt, es waren nicht zuviele, mit einem Spezialkleber wieder zusammenkleben. Ein kompliziertes Puzzlespiel wartete da auf mich.

Ich ging zum Bücherschrank. Doch dann wollte ich meinen Augen nicht trauen! Die Vase! Da stand sie – unversehrt! Ich starrte und starrte, glaubte an eine Sinnestäuschung. Ich rieb mir die Augen, aber der Anblick blieb. Die Vase war ganz, stand da wie immer. Wie von selbst fielen meine Augen auf den Wohnzimmertisch. Wir hatten doch Kaffee getrunken. Ich wußte es genau – ich hatte die Tassen stehengelassen. Wo waren sie? Aber der Wohnzimmertisch war leer. Von den Tassen war nichts zu sehen. Ich hastete in die kleine Küche und öffnete den Spülautomaten. Er enthielt nicht eine einzige Tasse.

Ich vergrub mich in den Sessel und dachte nach. Das heißt, ich versuchte es, aber ich fand keine Erklärung. Und ich fand sie auch in den folgenden Stunden nicht. Endlich war ich das Nachdenken leid. Es half alles nichts. Da sich das Rätsel nicht lösen ließ, war es am besten, sich nicht länger den Kopf darüber zu zermartern, sondern es schnellstens zu vergessen.

Doch das sollte mir nur kurze Zeit gelingen. Helmuts Besuch erhielt noch im Nachhinein eine düstere, unheimliche Note. Drei Tage später brachte mir der Postbote einen Brief. Er trug einen schwarzen Rand. Beim Lesen der Traueranzeige stockte mir der Atem. Schwindel griff nach mir. Ich ließ mich in einen Sessel hineinfallen, fühlte kalten Schweiß aus meiner Stirnhaut treten. Unmöglich, was ich da las. Helmut sollte gestorben sein – schon vor einer Woche? Aber das war ausgeschlossen! Er hatte mich doch erst vor vier Tagen besucht! War ich das Opfer einer Mystifikation? Wollte sich jemand einen schlechten Scherz mit mir erlauben? Ich würde es bald wissen. Anschließend führte ich mehrere Telefongespräche. Doch danach konnte ich mich der Wahrheit nicht länger verschließen – Helmut war tatsächlich schon vor einer Woche gestorben. »Er hat wenige Tage vor seinem

Tod noch von Ihnen gesprochen, wollte Sie unbedingt nach seiner Geschäftsreise besuchen und im Gespräch mit Ihnen alte Zeiten wieder aufleben lassen«, berichtete mir seine Frau mit tränenerstickter Stimme. »Er hatte sich sosehr das Wiedersehen mit Ihnen gewünscht.«

Es hatte keinen Sinn, meinen Verstand zu befragen. Dafür gab mir meine Intuition eine Erklärung für dieses rätselvolle Geschehen: Helmut hatte mich zwar besucht, aber dieser Besuch war nicht körperlicher, sondern geistiger Natur gewesen. Ich hatte einen sogenannten Wachtraum erlebt, einen allerdings sehr seltenen Traum. Der Träumende fühlt sich in ihm wie in der Realität, ist felsenfest davon überzeugt, diese wirklich zu erleben. Ja, in der unversehrten Vase hatte ich den exakten Beweis dafür, daß dieses Erleben nicht körperlicher Natur gewesen sein konnte. Jetzt stand es für mich fest: Helmuts Wunsch war die Ursache dafür gewesen, daß ihm die erforderliche psychische Kraft für dieses Unternehmen, aus welchen Bereichen auch immer, zuteil geworden war. Sie mußte eine enorme Stärke gehabt haben, damit dieses mysteriöse Geschehen, diese Traumrealität, geschaffen werden konnte. Das Rätsel war damit gelöst: Wahnsinn – meine und Helmuts Psyche hatten während meines Traumes miteinander diskutiert. Nein, eine andere Erklärung gab es nicht. Mir stiegen bei folgender Überlegung die Haare zu Berge: Was hätte ich wohl geglaubt, wenn es die »zerbrochene« Vase wirklich gegeben hätte?

Sein-Bewußtsein-Freude

... Wenn man das Bewußtsein von den Tausenden von geistigen, vitalen und stofflichen Schwingungen, die es aufsaugen, freigemacht

hat, entdeckt man die Freude … Sie benötigt nichts, um bestehen zu können, sie ist, unwiderlegbar, einem Felsen gleich, der Zeit und Raum überdauert, wie ein im Hintergrund und überall währendes Lächeln. … »Aus der Freude sind alle Dinge geboren, durch Freude bestehen und wachsen sie, zur Freude kehren sie zurück.‹« (Taittiriya Upanischade III.6)[62]

Sri Aurobindo

Die Freude ist die Schwester der Liebe. »Überall ist sie vorhanden im Herzen der Welt; sie ist der ›Honigquell unter dem Felsen‹, das ›Kindeslachen der Unendlichkeit‹, das wir sind, der Urgrund der strahlenden Zukunft, die unsere Vergangenheit vorwärts treibt.«[63]

Sri Aurobindo

Wann überhaupt kann man solche Freude erleben und wann kann man ihre Süße schmecken? Und: Wie schaffe ich es, daß sie auch in mich einzieht?

Letztere Frage wird nur selten gestellt. Wohl deshalb, weil das Ego mit seinem lärmenden und nach materiellen Dingen schielenden Oberflächendenken die leise rufende Stimme der Freude zudeckt wie ein dickes Plumeau. Gestehen wir es uns doch ein: Gieren wir nicht ständig nach jener Freude, die materiellen Vorgängen entspringt? Reden wir uns nicht jeden Tag in direkt zwanghafter Monotonie ein, die andere Freude, jene, die mit materiellen Vorgängen nichts, aber auch gar nichts zu tun hat, sei unnütz? Schließlich – sie bringt mir doch nichts. Ich freue mich nur über das, was mir Vorteile verschafft.

Und es ist diese, nur nach materiellem Habenwollen verlangende Denkungsweise, die dafür sorgt, das alles, was dem Ego nicht in den Kram paßt, tief unter der Kruste der Egozentrik begraben wird. Mit der Zeit wird diese Kruste immer dicker. Bald weiß man gar nicht mehr, welch ein Schatz sich tief unter ihr verbirgt. Sind auf das Materielle zielende Wünsche deshalb zu unterlassen? Ist dazu eine asketische Lebensweise erforderlich und birgt diese allein das Heil in sich?

Aber nein. Selbstverständlich darf ich mir zum Beispiel wünschen, im Beruf erfolgreich zu sein, befördert zu werden, oder eine hübsche Eigentumswohnung bald mein Eigen zu nennen. Alles darf man sich wünschen, wirklich alles. Es ist wie bei einer Münze: Die Seite mit der Zahl faßt die materiellen, die Rückseite mit dem Wappen die nach Verinnerlichung bzw. die auf immaterielle Werte zielenden Wünsche zusammen. Beide Seiten stehen sich komplementär gegenüber, bedingen sich gegenseitig. Und das ist solange richtig, wie die eine Seite die andere als notwendig anerkennt. Problematisch wird es erst dann, wenn die materielle Seite hochmütig begreiflich machen will, daß sie allein die *ganze* Münze sei, nichts neben ihr Platz haben dürfe. Der Verstand allein kann »Äußerungen« dieser Art nicht zurechtrücken. Was anderes ist es, wenn er sich in den Dienst der Intuition stellt, *Pinsel* in der Hand des *Malers.* Dann und nur dann gehorcht er dieser Hand, läßt sich von ihr bereitwillig führen. Und genau da müssen wir hinkommen!

Eben sagte ich, man könne sich *alles* wünschen. Sind damit auch die bösen Wünsche angesprochen? Solche, die Unheil über andere Menschen bringen sollen?

Zum besseren Verständnis sei folgendes gesagt: Man kann sich tatsächlich *alles* wünschen. Eine andere Frage ist natürlich, ob man in der Lage ist, Wünsche mit der notwendigen Kraft auszustatten, damit sie gleich Pfeilen die anvisierten Ziele erreichen und das Gewünschte Realität werden lassen. Das gilt für alle Wünsche, gleich welcher Art. Also auch für Wünsche, deren Pfeilspitzen in Gift getaucht wurden? Darauf werden wir noch ausführlich zu sprechen kommen.

Nun noch einmal zur Freude der anderen Art! Um sie noch besser verständlicher zu machen, möchte ich von jenem Augenblick erzählen, an dem *ich* zum ersten Mal von ihr ergriffen wurde. Es war ein Erlebnis, das zu keinem Zeitpunkt aus meiner Erinnerung verschwand. 1947! Ich war ein blutjunger Springinsfeld und nannte nur wenig mehr mein Eigen als das, was ich auf dem Leibe trug. Das wolkenverhangene, diesige Aprilwetter war nicht dazu angetan, meine Laune in den Himmel der Freude zu schießen. Ich war auf dem Weg zu einem Bauern, der mir wegen eines Gefallens, den ich ihm erwiesen hatte, einen Beutel Kartoffeln versprochen hatte. Damals war man schon glücklich, wenn man den stets hungrigen Magen wenigstens mit Erdäpfeln »verwöhnen« konnte.

Der Bauernhof lag auf einer Anhöhe. Bis dahin war es noch eine gute Viertelstunde. Ich wich gerade einer Regenpfütze aus, als es passierte, buchstäblich von einer Sekunde zur anderen! Die Wolken rissen jäh auseinander, und die Sonne zeigte sich. Ihre Strahlen schossen förmlich durch den entstandenen Riß und tauchten die gesamte Anhöhe mitsamt dem Bauernhaus in einen magisch anmutenden, goldenen Schein.

Und noch etwas geschah! Etwas, das mir auch heute noch unbegreiflich erscheint. Parallel zu diesem zauberischen Anblick erfaßte mich ein Gefühl unbeschreiblicher Freude. Plötzlich und völlig unmotiviert war sie da, ergoß sich wie eine alles überspülende Woge in mein Inneres und überflutete alle Fibern meines Seins mit einer derartigen Wucht, daß ich nur mühsam Atem schöpfen konnte. Es war ein mir bisher unbekannt gebliebenes Gefühl, mir vorkommend wie ein Konzentrat, besser gesagt – wie die *Freude an sich*. Gleichzeitig empfand ich ein Gefühl der Weite und des Losgelöstseins von alltäglichen Dingen, die mir bisher so überaus wichtig vorgekommen waren. Irgendwie hatte ich während eines kurzen Augenblicks das Empfinden, von einer unbekannten Macht in eine andere, übergeordnete Dimension hineingeworfen worden zu sein. Tatsächlich, ich glaubte ihre Sphärenklänge zu hören, ihren köstlichen Duft zu riechen und ihre lockende Süße zu schmecken.

Doch mir war nur ein kurzes Verweilen beschieden. Die Wolken deckten die Sonne wieder zu, und die Trübseligkeit hatte mich wieder. Trauer griff nach mir. Ich hatte funkelndes Gold gesehen, es aber nicht in meinen endgültigen Besitz bringen können: das Gold der Seele – die Freude!

Dieses beglückende Erlebnis wurde mir noch zwei weitere Male zuteil. Überfallartig, ohne daß ich dafür einen Grund angeben könnte. Hinterher kam ich mir jedesmal vor, als sei ich für wenige Augenblicke an einen gewaltigen Kraftspender angeschlossen gewesen.

Wünsche und *Wünsche*

Denn Wahrheit und Erkenntnis sind ein eitler Glanz, bringt nicht Erkenntnis eine Macht, die Welt zu ändern.[64]

Sri Aurobindo

Im Grunde genommen ist alles auf dieser Welt eine Frage der richtigen Konzentration. Es gibt nichts, was sich einer zielgerichteten Konzentration zu guter Letzt nicht fügen müßte.[65]

Satprem

Überfluten sie einen nicht fast jeden Tag? Große Wünsche, kleine Wünsche, solche, die erfüllbar sind und andere, die der Verstand mitleidig in das ominöse Wolkenkuckucksheim der Phantasie verbannt? Sagen es die grauen Zellen nicht immer wieder mit eindringlicher Monotonie, daß man mit letzteren nur unnütze Zeit verschwendet, Zeit, die einer besseren Anwendung wert wäre? Haben die meisten nach einer solchen Philippika nicht demütig ihr Haupt gebeugt und der Stimme der Vernunft gehorcht? Du lieber Himmel – warum sich mit zwar lockenden, aber letzten Endes doch blutlosen Phantasiegebilden abgeben? Bescheiden bleiben – fort mit allen Wünschen, die nach Ansicht des Verstandes keine Aussicht haben, je verwirklicht zu werden! Ab dieser »Erkenntnis« können sich manche stolz als realitätsbezogene Rationalisten bezeichnen, als Menschen, die über einen bärengesunden Menschenverstand verfügen und daher nicht an Märchen glauben wollen. Großartig, nicht wahr?

Das Schicksal ist nicht zuletzt das Ergebnis der Intuitionen und damit auch der Wünsche. Wenn der hochmütige Verstand es fertigbringt, die Intuitionen in den Hintergrund zu drängen, sie sogar verkümmern zu lassen, dann sind die Menschen nicht viel mehr als ein Computer – mit der Software eines eingefahrenen Verstandes, der nicht wahrhaben will, daß sich auch die Software verändern muß, wenn sie modern bleiben und eine immer größere Fülle von Möglichkeiten für die »Datenverarbeitung« bieten will.

Deshalb ist es unerläßlich, die »Pfeile« der Wünsche nicht gedankenlos im Köcher ruhen zu lassen, sondern sie auf die Sehne des Bogens zu legen, um sie bis in die Interdimensionalität, also bis ins ANDERSWO, zu schießen. Wünsche entspringen Gedanken, sie sind gewissermaßen die Gehilfen der Intuition. Sicher, viele dieser »Gehilfen« werden manchem verrückt vorkommen, so maßlos verrückt, daß der Verstand sich bei ihrem »Anblick« schamhaft abwendet. Davon sollte man sich nicht beirren lassen, denn sonst läuft man Gefahr, *nur* noch »realistisch« zu denken und mit dieser Denkungsweise alle schöpferischen Intuitionen zu vergrämen, sie schließlich dazu zu veranlassen, in Zukunft einen weiten Bogen um einen zu schlagen. Was die Frage aufwirft: Hätten unsere großen wissenschaftlichen Geister je ihre umwälzenden Entdeckungen machen können, wenn sie einem solchen Denken verhaftet gewesen wären? Nehmen wir Albert Einstein als Beispiel: Seine Relativitätstheorie und seine große Vision eines einheitlichen Ur-Feldes setzten entsprechende Intuitionen voraus, *mußten* sie voraussetzen, denn aus welchen anderen Quellen hätten seine bahnbrechenden Ideen denn sonst kommen sollen? Nun, ich höre schon die Stimmen, die da sagen: *Nur* das zur höchsten Abstraktion fähige Denken dieses Genies war die Ursache für die Aufstellung und Ausgestaltung seiner Relativitätstheorie. Intuitionen aus dem mystischen ANDERSWO? Für ein wissenschaftlich geschultes Gehirn ist das nur Hokuspokus, purer Nonsens, einfältiger Kinderglaube. Wer solchen Unsinn für möglich hält, der wird auch an Aladin und seine Wunderlampe glauben. Einmal an der Lampe reiben und schon manifestiert sich ein Riesengeist, der mit blitzartiger Geschwindigkeit jeden Wunsch, sei er auch noch so groß, erfüllt. Nein und nochmals nein, einem solchen Denken dürfen sich unsere Wissenschafter niemals hingeben. Sonst könnten sie ja gleich auf den erstbesten Jahrmarkt gehen und ihre Dienste dort feilbieten.

Lassen wir uns nicht provozieren. Was können wir dafür, wenn andere partout ihre alte Fahrrinne nicht verlassen, sondern unbedingt darin weiterfahren wollen? Wir sind der Auffassung, daß auch bei Albert Einstein die Intuition den

Anfang seiner Theorie bildete, bilden mußte. *Sie* war das strahlende Licht, das in seinem Inneren aufflammte. Allein *sie* ermöglichte ihm das Erkennen erster, noch verschwommen aussehender Strukturen in einer neuen, aufwühlenden Wirklichkeit. Erst ihre Ausgestaltung zu einer in sich geschlossenen, widerspruchsfreien Theorie war das Ergebnis *logischen* Denkens. Die Intuition gebar zuerst den *Wunsch*, die alte *Fahrrinne* zu verlassen und eine neue zu entdecken, erst danach folgte die Idee. Es war eine, die endlich Schluß machte mit altem, überkommenem Denken. Das leidenschaftliche Wollen des genialen Physikers wirkte sozusagen als Schubkraft für diesen Wunsch. Und es war diese Kraft, die den Kontakt mit den Kräften des ANDERSWO herstellte und mit ihrer Hilfe immer neue Intuitionen auf den Weg brachte. Ihnen war es bestimmt, Geburtshelfer der weltberühmten Formel

$$E = mc^2$$

zu sein.

Das ist ja alles schön und gut, werden manche sagen. Aber auf welche Weise sollen denn wir unsere Wünsche äußern? Gibt es etwa ein bestimmtes Ritual, das beachtet werden muß, damit den Wünschen schon zu Beginn eine größere Kraft, als es normal der Fall zu sein pflegt, verliehen wird?

Nein, ein Ritual ist in diesem Vorfeld nicht vorgeschrieben. Man muß das richtige Wünschen lernen, das heißt: unbefangen wünschen, selbst die verrücktesten Wünsche nicht zu scheuen. Es ist gut, beherzt drauflos zu wünschen. Daß die Wünsche auf diese Art in Erfüllung gehen, daran kann man unmöglich glauben. Aber es werden sich schon in dieser ersten Phase mehr von ihnen realisieren, als man es sich vorstellen kann.

Warum? Weil alle Wünsche Kraft in sich bergen. Und wo Kräfte am Werk sind, da geschieht auch etwas. Unter normalen Bedingungen sind sie allerdings meistens viel zu schwach, um etwas bewegen zu können. Aber hin und wieder … Du meine Güte, wer sich nichts oder nur wenig wünscht, der wird auch nur selten etwas bekommen. Das ist doch nicht schwer zu verstehen.

Das eben Gesagte gilt selbstverständlich auch für jene Skeptiker, denen der Glaube an das Vorhandensein der Wunschkraft, verbunden mit der Möglichkeit, diese durch eigene Bemühungen zu stärken, fehlt. Nach dem Motto: *Wen es trifft, den trifft es eben* geben sie sich mit dem normalen Ablauf zufrieden, verlassen sich hinsichtlich der heißersehnten Wunscherfüllung zu einem großen Teil auf ihr »Glück«. Genau hier öffnet sich die Schere zwischen den Skeptikern und jenen Suchern, die fest entschlossen sind, ihren Wünschen durch eigene Bemühungen eine größere Durchschlagskraft zu verleihen.

Es gibt solche Wünsche und solche. Diese sind materieller, jene mehr geistiger Art. Diese sollen vielleicht dem persönlichen Vorankommen dienen, jene den Drang nach immer neuen Erkenntnissen befriedigen. Beide Arten von Wünschen wollen aber dem lieben Nächsten keinen Schaden zufügen. Das ist leicht gesagt, aber nicht immer zu verhindern. Denn gerade das passiert leider immer wieder. Eine schon lange ersehnte Beförderung wird für einen Arbeitskollegen zum jähen Absturz aus rosaroten Träumen. Oder: Das Schnäppchen einer schon seit längerer Zeit heftig gewünschten hübschen und bezahlbaren Wohnung macht den Erwerber überglücklich. Dafür geht ein anderer, der sie vielleicht viel dringender benötigt hätte, leer aus. Es gibt vielerlei Beispiele dieser Art. Gemeinsam ist ihnen: Erfüllte Wünsche schenken der einen Seite jubelnde

Freude, der anderen dagegen oft das Gefühl bitterer Enttäuschung.

Solange ein Wunsch nicht darauf angelegt ist, jemandem absichtlich Schaden zuzufügen, braucht man sich nicht mit Gewissensbissen zu plagen. Man ist nicht für das Schicksal eines Mitbewerbers verantwortlich. Das schließt allerdings Hilfsbereitschaft nicht aus.

Doch außer *diesen* Wünschen gibt es auch noch andere. Zum Beispiel jene, die wegen ihrer abgrundtiefen Bösartigkeit geradewegs der Hölle entsprungen sein könnten. Wer seine in Gift getauchten »Pfeile« in *diese* Richtung schießen will, der kann hin und wieder – leider nicht immer – die unheimliche Beobachtung machen, daß sie, wie von einer unsichtbaren Kraft gelenkt, die Eigenschaft eines in einem weiten Bogen zurückkehrenden Bumerangs annehmen und den Schützen, aber nicht das anvisierte Ziel treffen. Derjenige, der zum Beispiel mit bösartigen Mitteln am Stuhl seines Vorgesetzten gesägt hat, um auf diese schnöde Weise dessen Posten zu ergattern, muß plötzlich feststellen, daß der »Schuß« nach hinten losgegangen ist. Ein anderer, der einen politischen Gegner vernichten will, verbreitet gemeine Lügen über ihn – und wird durch einen »Zufall« entlarvt. Dann bewahrheitet sich die alte Volksweisheit: *Wer anderen eine Grube gräbt, fällt selbst hinein.*

Die magischen Praktiken des Voodoo-Zaubers werden durch den bösen Wunsch, das Verwünschen, eingeleitet. Danach folgt die magische Tat. Zum Beispiel »stößt man Nadeln in die puppenförmige Nachbildung eines Menschen und versucht damit, eine Veränderung bei der durch die Puppe dargestellten Person zu bewirken – normalerweise zum Schlechteren. Das ›funktioniert‹, weil die Puppe und die betreffende Person nach der magischen Mentalität tatsächlich eins sind, nicht nur symbolisch. … Es ist vielfach beglaubigt, daß eine solche Verbundenheit nicht nur geglaubt wird, sondern faktisch, d.h. psychologisch, wirksam ist, was bis zur Telepathie des Jagdzaubers führen kann.«[66] Das Objekt – der Mensch, die Puppe – sein Symbol! Beide verbunden durch ein magisches Band. Eine Beziehung derart, daß, wer der Puppe Schaden zufügt, in derselben Art auch auf das Original einwirkt. Weiter hinten werde ich im Abschnitt *Schamanen können es besser* über zwei Fälle berichten, die positive wie auch negative schamanische Praktiken aufzeigen.

Der Anthropologe Sir James Frazer äußert sich in seinem Buch The New Golden Bough, New York 1959, (dt. Der goldene Zweig), zu diesem Thema wie folgt:

»Zum Wesen der Magie gehört der Glaube an sympathische Einflüsse, die Personen oder Dinge über Entfernungen hinweg aufeinander ausüben. Die Naturwissenschaft mag die Möglichkeit von Handlungen über Entfernungen hinweg bezweifeln; die Magie kennt solche Zweifel nicht. Der Glaube an Telepathie ist eines ihrer ersten Prinzipien. Ein moderner Befürworter der Beeinflussung von Geist zu Geist über Entfernungen hinweg würde keine Probleme haben, einen Wilden davon zu überzeugen. Der Wilde hat schon lange vorher daran geglaubt. Mehr noch: Er hat auf der Grundlage dieses Glaubens mit einer logischen Konsistenz praktisch gehandelt, die sein zivilisierter Bruder in seinem Verhalten meines Wissens bisher noch nicht an den Tag gelegt hat.«[67]

»Was hältst du von dem Abschnitt Wünsche und *Wünsche?*« fragte ich Satya Narasaya wenige Tage später, nachdem ich ihm meine Meinung dazu vorgetragen hatte. Wir hatten uns diesmal im Stadtpark getroffen. Die warme Herbstsonne schien von einem Himmel, der blauer nicht sein konnte. Er spiegelte sich in dem kleinen See und ließ ihn aussehen, als bestünde sein Wasser aus blauer Tinte. Sieben weiße Schwäne paddelten gemächlich darüber hin. Ehe er antworten konnte, sagte ich noch schnell: »Ich habe so das Gefühl, du könntest meine Ausführungen noch ergänzen.«

Satya nickte lächelnd. »Vielleicht. Auch über dieses Thema haben wir in meinem Ashram gründlich diskutiert.«

»Großartig«, entfuhr es mir. »Und was war das Ergebnis? Ihr seid doch hoffentlich zu einem gekommen?« Gespannt sah ich ihn an.

»Ja, das sind wir. Es ist ein sehr komplexes, weil facettenreiches Thema, denn in ihm findet sich das Wesen Mensch in seiner ganzen Vielfalt und seinen mannigfachen Schattierungen. Ich kann mir keinen Menschen vorstellen, der gänzlich von Wunschgedanken frei ist. Selbst Indiens heilige Männer waren das nicht, denn sie wünschten sich nichts mehr, als von allen Sehnsüchten und Begierden und damit vom Zwang des Karma frei zu werden.« Er sah mich an, fuhr dann langsam und mit akzentuierter Stimme fort: »Wünsche müssen richtig ausgesprochen bzw. gedacht werden!« Er betonte das Wort »richtig« in auffälliger Weise.

Ich war verblüfft. »Was willst du damit sagen?«

»Ganz einfach. Es kommt hier, wie auch bei vielen anderen Dingen, auf den Hintergrund an. Bloß zu sagen: Ich wünsche mir dieses oder jenes, kann nur den Erfolg bringen, der dem Zufall gehorcht. Vor dem Aussprechen eines Wunsches muß mittels einer vertieften Konzentration ein veränderter Bewußtseinszustand erzeugt werden: »Die moderne Meditationsforschung hat bestätigt, daß die rhythmischen Antriebsstimuli, die nötig sind, um eine Induktion zu bewirken, nicht von außen kommen müssen – auch indem man sich diese Stimuli vorstellt oder innerlich wahrnimmt, kann man beachtliche physiologische Veränderungen auslösen.«[68]

»Ich weiß, Schamanen erreichen diesen veränderten Bewußtseinszustand, diesen höchsten Zustand der Konzentration mittels Trommeln und Rasseln. Manche werden über dieses für ihr Empfinden lächerliche Theater spotten. Aber die das tun, zeigen damit nur ihre Unkenntnis. Die genannten Instrumente dienen lediglich dazu, überflüssige äußere Sinnesreize abzublocken und eine höhere Konzentration auf das Eigentliche zu erzeugen. Man kann hier auch von einem Zustand des Sicheinstimmens sprechen, nicht wahr?«

»Ja. Der Weg, den du zum Einstimmen aufzeigst, ist zwar wesentlich kürzer, genügt aber vollauf. Doch nun zum richtigen Aussprechen bzw. zum richtigen Denken eines Wunsches. Wie schon gesagt – ein gedankenloses Herunterleiern bringt nichts. Hier ist eine aktive Rolle notwendig, denn nur auf diese Weise kann die gewünschte Realität erschaffen werden. Das Aussprechen oder Denken des Wunsches muß in höchster Konzentration und in mehrfacher Wiederholung erfolgen. Auf eine Art, als ob man ein mit Kraft geladenes Mantra aussprechen würde.«

»Die von mir vorgeschlagenen Übungen sollen die erforderliche Konzentrationstiefe bewirken.«

Satya nickte. »Ich sehe das auch so. Aber weise mit gebotenem Ernst auf die unbedingte Notwendigkeit des Einstimmens hin! Ohne ständiges Üben geht nichts. Selbst berühmte Klavier- und Geigenvirtuosen müssen immer wieder üben, sonst verlieren sie ihre Fingerfertigkeit. Was bei ihnen die Finger sind, das ist in unserem Fall das Vermögen, eine Konzentrationstiefe zu erreichen, die dem Normalmenschen verschlossen bleibt.«

Denn der Zeitgeist will es so

Wertsysteme, die über Hunderte von Jahren in der Kultur aufgebaut wurden, verfallen, so daß die Gesellschaft von einer sich neu entwickelnden Barbarei bedroht ist. Verbrechen jeder Art – Diebstahl, Gewalttätigkeit, Mord, Entführung, Drogenhandel – nehmen bedrohlich zu … Das sind die Übel, die aufgrund einer fehlenden Moralerziehung entstehen. Während großes öffentliches Interesse an der Verhütung eines Atomkrieges besteht, der die Gesellschaft von außen zerstören würde, findet man beklagenswert wenig Interesse, wenn es um die Zerstörung der Gesellschaft von innen, durch das Versagen unseres Wertsystems geht.[69]

John C. Eccles

Was sich die Menschen wünschen, das hängt in hohem Maße vom herrschenden Zeitgeist ab. Dieser wiederum wird forlaufend geschaffen durch eine gigantische Massenbeeinflussung, an der die gesamte Medienlandschaft, unzählige Werbefanfaren und nicht zuletzt die Posaunen politischer Parteien sowie die Trompeten anderer mächtiger Organisationen beteiligt sind. Resultat dieser Dauerberieselung ist – der »mündige«, in seinen Entscheidungen »freie« Bürger! Und dieser Bürger hat sich im Hinblick auf seine Wünsche bitteschön so zu verhalten, daß er den Erwartungen der Zeitgeisterschaffer entspricht. Was zum Beispiel auch gekauft wird, ob eine Waschmaschine, ein Computer oder eine Videoanlage, immer – oder sagen wir besser: fast immer – wird man zuerst einer entsprechenden »Beratung« ausgeliefert. Natürlich, welcher Kunde will auf eine Beratung verzichten? Voraussetzung ist allerdings, daß sie mit Sachverstand durchgeführt wird. Hand auf's Herz: wo findet man letzteren denn noch? Verkaufsgespräche sind doch in den meisten Fällen nichts anderes als sich den Mitteln der Psychologie bedienende und mit rhetorischem Geschick durchgeführte »Überfälle« auf die Psyche der Kunden. Sicher, meistens versucht man, sich eine einigermaßene Markttransparenz zu verschaffen. Aber was man auch unternimmt, dem Dauerbeschuß der Werbung und der an die Eintönigkeit einer tibetanischen Gebetsmühle erinnernden salbadernden »Verkaufsmaschinerie« entrinnt man nicht. Und verhält es sich im politischen Bereich etwa anders? Zum Beispiel vor einer Bundestagswahl? Sicher, man informiert sich, denn man will ja wissen, wohin der Zug dieser oder jener Partei rollt. Schließlich möchte man sich nach den harten Mühen der zum glücklichen Ende gebrachten tiefschürfenden Meinungsbildung gar zu gern stolz auf die eigene Schulter klopfen, in dem Bewußtsein, sich nun aufgrund der Fülle erhaltener Informationen absolut richtig entscheiden zu können. Aber kann man das wirklich? Lassen wir es bei dieser Frage bewenden, denn ich möchte meine Lachmuskeln schon vor einer Beantwortung nicht zu sehr strapazieren.

Warum dieses unnötige Ausufern? Das bringt unserem Thema doch nichts. Abgesehen davon – gibt es überhaupt Wünsche, in denen nicht wenigstens ein winziges Quentchen einer Beeinflussung enthalten ist? Es gibt sie nicht. Wir sind der ständigen und mit den raffiniertesten Methoden psychischer Massenbeeinflussung arbeitenden »Trommelei« vom frühen Morgen bis zum späten Abend rettungslos ausgesetzt. Sie durchdringt alle Bereiche unseres Lebens, schont selbst die intimsten nicht. Es gibt schon fast keinen Werbespot mehr, der nicht mit knisternder Erotik geladen ist. Schließlich – der Konsum geht doch über alles, und der umworbene Konsument muß doch wissen, was neu auf dem Markt ist. Dieses Wissen wird ihm auf diese Weise äußerst überzeugend vermittelt, nicht wahr? Umatz, Umsatz, das Geld muß rollen! Und je schneller es das tut, um so besser! Nachdenklichkeit, Stille im Geist? Sie zu erzeugen ist in einem solchen Wirrwarr schier unmöglich.

Aber müssen wir uns damit abfinden? Gibt es denn wirklich kein Mittel, sich gegen das dauernde Anfachen menschlicher Begehrlichkeiten und damit gegen das Entstehen immer neuer Wünsche zu wehren, um unsere *Wunschkraft* nicht zu zersplittern?

Warum sollen wir uns denn dagegen wehren? Wünsche bringen doch auch Freude, denn wenn man sich etwas wünscht, dann malt man sich doch in Gedanken den Besitz des ersehnten Gegenstandes in den leuchtendsten Farben aus, was für uns die Frage aufwirft: Rechtfertigt das Erlebnis rauschhafter Freude denn *alle* erdenklichen Wunschgedanken?

Ich sagte schon an anderer Stelle, daß man mutig und zuversichtlich drauflos wünschen soll. Doch es gibt eine wesentliche Einschränkung: Man darf die Gedankenkraft nicht verzetteln, sie nicht verschwenden. Denn sie soll während des Weges so gestärkt werden, daß sie imstande ist, den Kontakt mit dem ANDERSWO herzustellen, um die dort wohnenden Kräfte zwecks Realisierung eines Wunsches zu aktivieren. Die Gedankenkraft auf viele Wünsche zu verteilen, hieße aber zwangsläufig, sie zu zersplittern, sie damit unwirksam zu machen. Und das können wir doch nicht wollen. Schließlich – man kann es trotz ernster Bemühungen nicht erwarten, daß diese Kraft ausreicht, *alle* Wunschpfeile bis ins Ziel zu tragen. Das heißt: Man soll sich auf jeweils *einen* Wunsch konzentrieren! Und auf ihn *allein* alle Kraft einwirken lassen, damit er die Chance erhält, zur Realität zu werden. Allerdings muß man auch Niederlagen in Kauf nehmen. Vor allen Dingen aber ist es nötig, nur Wünsche zu formulieren, deren Erfüllung der positiven Entwicklung förderlich sind. Selbstverständlich ist damit nicht nur die seelische, sondern auch die sonstige Entwicklung, zum Beispiel die berufliche, gemeint. Um letzteres zu präzisieren: Stellen Sie sich vor, Sie wären in einem Unternehmen beschäftigt, in dem für irgendeinen Fertigungsbereich ein Abteilungsleiter gesucht wird. Ein Posten, für den Sie sich wie geschaffen glauben. Der Wunsch, ihn zu erhalten, brennt in Ihnen wie eine heiße Flamme. Aber was tun? Eine Ahnung sagt Ihnen, daß eine normale Bewerbung, sei sie auch noch so profihaft abgefaßt, nicht genügt. Es muß noch etwas anderes getan werden, aber was?

Gehen Sie dahin, wo Sie mit sich alleine sind. Fragen Sie sich dann allen Ernstes, welche Fähigkeiten Sie für diesen Posten mitbringen. Sagen Sie nicht nur: »Das kann ich viel besser als der bisherige Stelleninhaber, denn der war ein Versager, wie er im Buche steht. Gehen Sie bis in die Einzelheiten. Bekennen Sie offen Ihre Schwächen, aber auch Ihre Stärken. Machen Sie eine gedankliche Buchführung und vergleichen Sie im Hinblick auf die neue Aufgabe Ihr Soll und Haben. Vor allen Dingen: schönen Sie bei dieser Aufstellung nicht, bleiben Sie strikt bei der Wahrheit: Wenn Sie dann zum Schluß erkennen können, daß das Haben das Soll bei weitem überwiegt, dann haben Sie jedenfalls eines gewonnen: eine wesentlich gestärkte Ausstrahlung von Selbstsicherheit und Zuversicht! Sie allein ist es, die beeindruckt, auf die Psyche derjenigen einwirkt, die über die Stellenbesetzung zu entscheiden haben. Warum ist das so? Weil sie die Wahrheit vermittelt. Und was ist stärker als die Wahrheit? Nichts!

Vergessen Sie nicht Wünsche, die Ihrer eigenen geistigen Entwicklung dienen. Vor allen Dingen aber – wünschen Sie sich mehr Liebe! Wünschen Sie sich, nicht nur viel davon zu empfangen, sondern auch viel Liebe geben zu können, denn in ihr ist alles enthalten, was es an Positivem nicht nur auf unserer Erde, sondern im gesamten Universum gibt. Und glauben Sie nicht jenen, die Ihnen die Überzeugung einimpfen wollen, jeder Mensch sei selbst für sein Schicksal verantwortlich. Und das gelte nicht nur für mißbrauchte Frauen, sondern auch für im tiefsten Elend lebende Kinder, gleich welchen Alters. Hüten Sie sich vor diesem Denken, denn es bietet für Mitleid und Nächstenliebe nicht den kleinsten Raum, ist daher zutiefst egoistisch und damit auch liebesfeindlich! Liebe ist zu vergleichen mit der lebenspendenden Wärme und dem Licht von Myriaden Sonnen, die im weiten Universum ihre Kreise ziehen und Leben ermöglichen. Was wäre das Leben ohne Liebe? Das ist eine dumme Frage, denn dann gäbe es das Leben nicht!

Schamanen können es besser

Die Macht des Schamanen liegt »in seiner Fähigkeit, sich nach Belieben in Trance zu versetzen. Er ist jedoch nicht das willenlose Opfer seiner Trance; er beherrscht sie so, wie der fliegende Vogel die Luft. Die Magie seiner Trommel trägt ihn auf den Flügeln ihres Rhythmus fort, es sind Flügel des spirituellen Transports … Und während er in verzückter Trance ist, verrichtet er Wundertaten, bei denen jene Hintergrundrealität zum Tragen kommt, die für die meisten anderen Menschen überkrustet ist … der Vogel des Schamanen ist mit besonderen Eigenschaften und besonderer Macht ausgestattet. Er verleiht ihm die Fähigkeit, im Trancezustand über die Grenzen des Lebens hinauszufliegen und dennoch zurückzukehren.«[70]

Joseph Campbell

… Wir behaupten, daß wir nicht nur durch unser Denken Erfahrungen anziehen, sondern tatsächlich Realitäten schaffen. …

… Indem wir unsere Denkweise ändern, können wir innerhalb der physischen Dimension, die wir mit allen anderen Menschen teilen, gewöhnliche und außergewöhnliche Dinge tun.[71]

Serge King

Wir kommen jetzt zu einem Abschnitt, der dem Leser wahrscheinlich äußerst fremd, wenn nicht sogar höchst überflüssig vorkommen wird. Er befaßt sich mit dem Schamanismus. Ich muß aber darauf hinweisen, daß ich nur jene Daten berücksichtigen kann, die dem Hauptthema nützen. Für eine umfassendere Darstellung fehlt hier der Platz. Wer in diesem Gebiet tiefer schürfen will, der findet genügend Lesestoff in den zahlreichen Veröffentlichungen. Hier sei besonders auf das Buch »Schamanismus und archaische Ekstasetechnik«, von Mircea Eliade hingewiesen. Es bietet eine Fülle von Informationen.

Um Himmels willen, was sollen wir nur mit diesem kindischen Schamanismus-Hokuspokus anfangen, werden sich manche höchst verwundert fragen. Und weiter: Unser Anliegen ist doch die Stärkung der Wunschkraft! Nur diesem Ziel darf unser Suchen dienen. Wir haben also Besseres zu tun als uns mit dieser Kleinkinder-Zauberei abzugeben!

Ich kann Ihnen versichern, daß ich lange Zeit ähnlich negativ dachte. Dieses Gefühl instinktiver Abneigung wurde noch verstärkt durch zahlreiche Veröffentlichungen orthodoxer Psychiater, die den Schamanismus lauthals als ein Produkt psychisch kranker Gehirne abqualifizierten. Doch ich bin es nicht gewohnt, nur eine Seite zu hören und mir schon dann ein Urteil zu bilden. Ich wollte es jetzt genau wissen. Ich besorgte mir entsprechenden Lesestoff und fand das Thema von Buch zu Buch interessanter. In »Halbzeit der Evolution« des führenden New-Age-Denkers Ken Wilber fand ich schließlich im Kapitel »Reisen ins Überbewußte« jene geschliffenen Ausführungen über den Schamanismus, gegen die sich die Gegenargumente der Psychiater ausgesprochen armselig ausnahmen. Sie gipfelten in drei Sätzen, die den letzten Rest meiner Skepsis hinwegfegten. »Für uns ist hier die Frage, ob es wenigstens *einige wenige* Schamanen gegeben hat, die zu einem der höheren Bewußtseinszustände erwacht waren. ... Suchen wir zur Unterstützung unserer These in der riesigen Schar schwarzer Krähen (Wilber versteht darunter die große Zahl von Scharlatanen, die sich später als großtuerische Lügenerzähler entpuppten) nach einer weißen, dann treffen wir ... auf eine ganz beachtliche Zahl. Tatsächlich kann man heute mit absoluter Sicherheit sagen, daß der Schamane – der echte Schamane – der erste große Reisende ins Reich des Überbewußtseins war.«

Trotzdem – warum sollen wir unser Augenmerk auf den Schamanismus richten? Nützt denn die Art und Weise seines spirituellen Vorgehens auch unseren Bestrebungen? Anders gefragt: ähnelt *unser* Weg dem des echten Schamanen?

Wer die bisherigen Kapitel aufmerksam gelesen hat, wird diese Frage leicht beantworten können. Beide Wege sind vergleichbar, unterscheiden sich nur durch die Art der Suche. Schließlich, es führt nicht nur *ein* Weg zum Ziel. Und es gibt auch diesen Nutzen! Warum gibt es ihn? Weil der Schamane Fähigkeiten einsetzen kann, die im sogenannten zivilisierten Menschen verkümmert sind und bestenfalls noch ein Mauerblümchendasein fristen. Es ist notwendig, dieses fast schon verdorrte Pflänzchen endlich wieder mit den frischen Wassern unserer Spiritualität zu begießen, damit es zu neuem Leben erwacht. »Denn es gibt eine andere Wirklichkeit, aus der uns Hilfe zuteil werden kann – eine Wirklichkeit, die von Schönheit und Harmonie erfüllt ist. Alles, was wir brauchen, ist ein offenes Herz und den Mut, den Weg des Schamanen zu gehen.«[72]

Und wir sollen diesen Weg ausgerechnet mit Hilfe des Wissens *dieser* Menschen gehen?

Nicht nur, aber auch damit. Denn der Schamane als Hüter des alten Wissens besitzt, im Gegensatz zu uns, alles das, was wir wieder lernen müssen. Er ist nicht nur im Besitz eines felsenfesten Glaubens an die eigene Kraft, er verfügt dazu auch über ein derartig starkes Konzentrationsvermögen, daß sein Geist in der Lage ist, die tiefsten Tiefen und höchsten Höhen seines Selbst zu erreichen; außerdem ist er mit der Gabe einer ungemein bildhaften Imagination ausgestattet. Fähigkeiten, die es ihm erlauben, sich gegen die äußeren Sinnesreize abzuschirmen und die inneren Sinne intensiv zu aktivieren. Ken Wilber gießt diese Fähigkeiten in eine dichterische Form:[73]

»Kein Wunder, daß das klassische Symbol des Schamanen ein Vogel war: flog er doch hoch über die Grenzen der erdgebundenen Sterblichkeit und den Schrecken des Todes hinaus und streifte in den Himmeln des Alls umher.«

Für uns bedeutet das natürlich nicht ein nur bloßes Nachäffen jener schamanischen Praktiken, die zum Teil noch heute bei den Indianern im Schwange sind, denn ihre von einer langen Tradition geprägten Vorstellungen sind auf uns nicht übertragbar. Terry Williams meint dazu in seinem Buch »Pieces of White Shell«: … »Es ist, als würde man die für einen anderen Menschen bestimmte Medizin trinken. Ihre Geschichten können uns nur als Beispiel dienen. Sie können uns lehren, was möglich ist. Wir müssen uns unsere eigenen Geschichten erdenken, unsere eigenen Mythen, mit Symbolen, die uns an die Welt, wie wir sie heute sehen, binden. Indem wir das tun, werden wir erkennen, wie wir inmitten des Wandels aller Dinge besser leben können.«[74]

Ist es nicht frappierend? Den Schamanen ist es schon lange bekannt, vielleicht schon seit vielen Jahrtausenden, daß die Verdichtung und Kombination von Glauben, Konzentration und bildhafter Imagination den Weg zur Schaffung gewünschter Realitätsfelder weisen. Und genau das ist doch auch unser Ansinnen.

Ich wiederhole es: Die *überkommenen* schamanischen Rituale haben für *uns* keinen Wert. *Unsere* Praktiken zur Verstärkung der Gedanken- und damit auch der Wunschkraft haben anders auszusehen als die der früheren Eingeborenenvölker. Sie müssen auf *uns* zugeschnitten sein, trotzdem aber die Gewähr dafür bieten, daß sie imstande sind, denselben Effekt zu erzielen.

Und was ist mit den anderen, mit denen, die nicht daran glauben wollen? Auf sie paßt wie angegossen eine Stelle aus der Mundaka Upanischade. Sie lautet:

»Im Abgrund des Unwissens lebend, jedoch sich weise wähnend, so drehen die Toren sich im Kreise, wie Blinde, angeführt von Blinden.«[75]

In diesem Zusammenhang erscheint mir hochinteressant, was H. Kalweit in seinem Buch *Traumzeit und innerer Raum* über den Schamanismus schrieb: »Durch die allgemeine Krise des abendländischen Denkens und durch den Umbruch der klassischen Denkparadigmen begünstigt, gewinnen auch solch mysteriöse Forschungsgebiete wie Schamanismus wieder an Bedeutung, da sie neue Modelle des Geistes und ein weiteres Universum des Bewußtseins formulieren. … Die gewaltigste Idee, die der menschliche Geist seit seiner Evolution zur Kulturfähigkeit zum Leitmotiv seiner Werke und Handlungen machte und die wohl von keinem Gedanken, keiner Spekulation und Theorie in allen verflossenen Epochen übertroffen werden konnte, ist der Glaube, das Wissen, ja die Erfahrung, daß unsere physikalische Sinneswelt eine Welt der Schatten, der Illusion und der Täuschung ist und daß unser Körper, jenes dreidimensionale Werkzeug, einem etwas als Hülle und Wohnung dient, das – weit größer und allumfassender als er – die Matrix des wirklichen Lebens bildet.«[76]

»Es ist wahr, über den Schamanismus gibt es erstaunliche Dinge zu berichten«, sagte mein alter Freund Satya Narasaya zu mir. Ich hatte ihn zu mir nach Hause eingeladen.

»Mir scheint, dir ist auch *diese* Materie nicht fremd«, meinte ich erstaunt. »Was weißt du darüber?«

»Viel Gutes, aber auch manches Schlechte«, erwiderte er langsam. Es war nicht zu übersehen, sein Gesicht war sehr ernst geworden.

»Zuerst das Gute«, bat ich ihn.

Er lächelte sparsam. »Meinetwegen. Der Sohn einer befreundeten Familie, nennen wir ihn Robert, studierte Rechtswissenschaft an der Yale University. Wenige Tage vor einer entscheidenden Prüfung wurde er mit seinem Auto schuldlos in einen schweren Unfall verwickelt. Im Krankenhaus diagnostizierte man außer einer schweren Gehirnerschütterung noch eine Nierenquetschung. Robert lag vierundzwanzig Stunden im Koma.

›Vollkommen ausgeschlossen, daß er an der Prüfung teilnehmen kann‹, entschied der Arzt auf Befragen des Vaters. ›Vier Wochen wird er mindestens im Krankenhaus bleiben müssen, denn mit Verletzungen dieses Ausmaßes ist nicht zu spaßen, und wir dürfen nicht das geringste Risiko eingehen‹.«

»Und – was geschah dann?« fragte ich ungeduldig. »Er wird doch nicht trotzdem ...«

Doch Satya ließ sich in seinen langsamen Ausführungen nicht stören. »Einer von Roberts Freunden brachte es fertig, sich trotz strengen Besuchsverbots schon drei Tage nach dem Unfall Zugang zum Krankenzimmer des Patienten zu verschaffen und sich eine gute Stunde ungesehen bei ihm aufzuhalten.«

Ich wollte etwas sagen, aber Satya winkte ab. »Es ist mit dem normalen Verstand nicht zu begreifen – schon zwei Stunden später verließ Robert putzmunter und anscheinend kerngesund das Krankenhaus. Der Stationsarzt wollte ihn zurückhalten, konnte ihn aber nicht hindern.«

Ich verstand immer noch nicht. »Schön und gut, aber was hat das alles mit schamanischen Praktiken zu tun?«

Satya nickte. »Das erfuhr ich erst eine Woche danach. Robert hatte inzwischen die Prüfung mit Glanz und Gloria bestanden. Als ich ihm gratulierte, sah er aus wie das blühende Leben.« Er machte eine kurze Pause, fuhr dann fort: »Es war mir klar, daß sein Freund an der wundersamen Heilung auf irgendeine mir noch rätselhafte Weise beteiligt gewesen sein mußte. Meine Neugier wuchs. Ich wollte mir Klarheit verschaffen und suchte John Macumba Feller auf. Feller studierte Archäologie im letzten Semester. Hinter seinem zweiten Vornamen ›Macumba‹ verbarg sich eine lange, bis auf die Sklavenzeit seiner Vorfahren zurückgehende Tradition. Dieser Vorname durfte bei keinem männlichen Nachkommen fehlen. Als ich ihn nach dem Grund fragte, schüttelte er abwehrend den Kopf. Der junge Mann weigerte sich zunächst auch, mir Auskunft über seine Rolle bei der überraschenden Heilung Roberts zu geben. Erst nach längerem Hin und Her brachte ich einige wenige Brocken aus ihm heraus. Nicht er, sondern sein Krafttier hätte während seiner Trance die schnelle Heilung vollbracht.«

»Sein Krafttier?« fragte ich entgeistert.

Satya hob die Hand. »Warte doch ab. In ihrem Buch *Zur Quelle der Kraft* schreiben Jose und Lena Stevens: ›Die Kraft des Schamanen steht in direkter Beziehung zu seinem Totem, seinem Tierverbündeten. Je größer das ... Krafttier ist, desto mehr Einfluß übt es aus. ... Der Schamane bringt dem Geistertier Respekt und Verehrung entgegen – dafür gewährt das Tier ihm seinerseits Führung und Beistand bei einer Vielzahl von Problemen oder Aufgaben, die die persönlichen Fähigkeiten des Schamanen übersteigen.‹«[77]

»Und wie kommt die Verbindung mit dem Krafttier zustande?« fragte ich. Ich fühlte mich auf einmal gar nicht wohl in meiner Haut. Ich sah Satya prüfend an. Seinem Gesichtsausdruck nach schien er diese Seite des Schamanismus tatsächlich ernst zu nehmen. Das beschämte mich. Ich beschloß, meine skeptischen Gedanken zurückzudrängen.

»Auch dazu liefern die beiden Schamanenforscher eine Erklärung.[78] Nach ihnen ›entdeckt der Schamane sein Totem dadurch, daß er es ihm erlaubt, während eines spontanen Tanzes aufzutauchen – oder indem er es während einer *Vision* schaut. Andere Krafttiere zeigen sich in Träumen. Kinder, die im allgemeinen Naturtalente sind, was Schamanismus angeht, haben oft wiederkehrende Träume, in denen ein bestimmtes Tier, das zuweilen angsteinflößend, zuweilen ehrfurchtgebietend und beschützend sein kann, eine zentrale Rolle spielt.‹« Satya sah mich an. »Im übrigen ist es nach Meinung der Schamanen so, daß nicht der Schamane sein Krafttier aussucht, sondern der Geist des Tieres sucht sich den zu ihm passenden Schamanen aus.« Mein Freund hielt kurz inne, fügte dann mit nachdenklicher Stimme hinzu: »Diese *Tiere* sind, ich zitiere: ›nur die äußere Form des großen Geistes der jeweiligen bestimmten Art. ... So ist das typische Totem oder der Tierverbündete der Schamanen der Bär, und zwar nicht dieser oder jener Bär, sondern der

Bär an sich‹.[79] Meiner Überzeugung nach soll das ›Krafttier‹ eine Art Mittlerfunktion ausüben, denn es soll Kräfte vermitteln.« Er sah mich an und nickte mir zu. »Das, was du willst, ist gar nicht so weit davon entfernt. Beide Wege wollen sich, wenn auch auf verschiedene Weise, am Kräftereservoir des Urgrunds anschließen.« Satya winkte ab. »Doch das nur am Rande, denn mehr können wir uns in dieses Thema nicht vertiefen.«

»Dann muß dieser Macumba während seines kurzen Krankenbesuchs ja eine wahre Blitzheilung vollbracht haben«, sagte ich und schüttelte fassungslos den Kopf.

»Nein, nicht allein im Krankenzimmer. Er hätte schon zu Hause darauf hingearbeitet. Trommel und Rassel seien ihm behilflich gewesen, Kontakt mit seinem Krafttier, einem Bären, aufzunehmen. Der Bärgeist hätte ihm seine Hilfe zugesagt. Erst anschließend hätte er, John Macumba Feller, Robert besucht. Sein weiteres Handeln sei einem bestimmten Ritual gefolgt und sehr einfach gewesen.«

»Hat er dich wirklich davon überzeugen können, daß Roberts Heilung auf das Wirken dieses Krafttieres zurückzuführen ist?« fragte ich mit unsicherer Stimme. In den vergangenen Jahren hatte ich viele Zweifel über die Reling meines früher stets skeptischen Verstandes werfen müssen, sollte das auch hier wieder der Fall sein?

»Ja, das hat er. Schon einen Tag nach dem Verlassen des Krankenhauses ließ sich Robert von seinem Hausarzt untersuchen. Es ist unglaublich, und doch ist es wahr: Das Enzephalogramm der Gehirnkammern zeigte die Normalität eines gesunden Gehirns und auch an seiner Niere war keine Schädigung mehr zu entdecken. Aber selbst wenn ich noch Zweifel gehegt hätte, sie wären spätestens nach einer weiteren Demonstration schamanischer Praktiken wie von einem Sturmwind davongefegt worden«, gab Satya Antwort. Auf seiner Stirn bildete sich plötzlich eine tiefe Falte, und seine Augen blickten finster.

»Und was war das für eine Demonstration?« Sicher folgte jetzt die schlechte Seite.

»Noch nie hatte ich so etwas erlebt«, fuhr Satya fort. »Noch nie bin ich von einer derartigen Woge des Bösen erfaßt und buchstäblich überrollt worden wie in diesen Augenblicken, in denen es mir so schien, als weile der Teufel höchstpersönlich unter uns.« Seine Augen hoben sich, sahen mich an. Unwillkürlich schauderte ich zusammen. Die folgenden Worte verstärkten noch das Gefühl der Kälte in mir. »Ich versichere es dir: das war keine körperliche Kälte, sondern eine, die mit ihren Eisfingern nach der Seele greift. Ein schreckliches Gefühl.« Er holte tief Atem, fuhr dann fort:

»Im Gegensatz zu jenen echten Schamanen, die mit ihrem Tun eine Höherentwicklung des Menschen anstreben, gibt es auch solche, die sich bösartiger Praktiken bedienen. Diese sollen dazu dienen, bestimmten ›Adressaten‹ schweren Schaden zuzufügen. Fast immer handeln sie im Auftrag von jemandem, der sich ihre teuflischen Dienste erkauft.« Satyas Stimme hob sich: »Mein Erlebnis wird dir zeigen, daß auch bösen Wünschen Kräfte innewohnen und durch sie neue Realitäten geschaffen werden können.«

Ich wollte ihm rasch eine Frage dazu stellen, aber da sprach er schon weiter:

»Bei uns hat sich am Stadtrand eine Sekte etabliert. Ihr gehören Weiße und Schwarze an. Sie huldigen Satan. Die Bevölkerung hat Angst vor ihnen.«

»Aber wie kamst du in Kontakt mit ihnen?« fragte ich verblüfft. Satya in einer Teufelsanbetersekte – eine geradezu ungeheuerliche Vorstellung.

»Durch Arthur Bones, einen meiner Assistenten. Er war aus irgendeinem Grund eingeladen worden und nahm mich mit. Wir folgten unserer Neugier, wußten damals noch nicht, in welche Gefahr wir uns begaben.«

»Und was spielte sich dann ab?« Meine Spannung strebte dem Siedepunkt zu.

»Ich lasse das Unwesentliche weg, denn das würde dir nichts bringen, komme also gleich zur Hauptsache, besser gesagt zum zentralen Anliegen der Sektenangehörigen für ihre Zusammenkunft. Schon Tage zuvor hatten sie eine lebensgroße Puppe gefertigt und sie in der Mitte des kleinen Saales auf ein Podest gestellt. Die Puppe war bekleidet und sah in ihrer ganzen Aufmachung verblüffend menschlich aus. Als ich sie näher betrachtete, fiel mir ihre geradezu unglaubliche Ähnlichkeit mit Mart Claim, dem Zweiten Bürgermeister unserer Stadt, auf. Keine Frage, das war nicht das Werk eines Möchtegerns, sondern das eines wirklichen Künstlers. Ich ging hin und betrachtete die Puppe aus der Nähe. Ob du es glaubst oder nicht, sie verströmte eine Aura finsterster Dämonie. Mir kam das wenigstens so vor.«

Ich wollte eine Frage stellen, aber Satya winkte energisch ab und sprach weiter.

»Die Zeremonie, die an dem bewußten Abend folgte, war unbeschreiblich und von einer Düsternis, die du dir wohl kaum vorstellen kannst. Trommeln dröhnten dumpf, Rasseln knarrten und klapperten wie besessen. Und erst die Menschen! Sie wiegten sich mit weitgeöffneten, ekstatisch funkelnden Augen hin und her und umrundeten die Puppe immer wieder, schrien ihr in drohendem Ton fremdartige Worte zu und schienen dabei in einer anderen Welt zu weilen. Die Puppe bildete ganz offensichtlich den Mittelpunkt des unheimlichen Geschehens.«

»Und dann?« fragte ich gespannt.

»Dann gingen sie zum entscheidenden Teil der Veranstaltung über und warfen mit Darts, also mit gefiederten

Wurfpfeilen, nach der Puppe. Ziel war das Herz. Jeder geworfene Pfeil wurde von einem wahren Stimmenorkan begleitet. Es war ein Orkan satanischer Wut. Und die Gesichter! In meinem ganzen Leben habe ich noch nie einen solchen Haß in menschlichen Augen glühen gesehen.«

»Aber warum taten sie das?«

»Aus einem Rachegefühl ohnegleichen. Ich will es dir erklären: Eine Sekte braucht, um effektiv zu werden, viel Geld. Bisher hatte sie es sich in großem Umfang mit Rauschgiftgeschäften besorgt. Mart Claim ist es zu verdanken, daß diese Geschäfte unterbunden werden konnten und die Anführer der Bande nun für lange Zeit hinter Schloß und Riegel sitzen müssen. Seitdem hassen ihn die Satansanbeter wie die Pest. Sie schworen, es Claim heimzuzahlen. Leider gelang ihnen das nur zu gut.«

»Wieso?«

»Schon eine Woche nach der finsteren Zeremonie starb der sonst so gesunde Mann. Der Arzt konstatierte Herzversagen. Dabei hatte sich Claim noch wenige Wochen zuvor einer Routineuntersuchung unterzogen. Sein Herz würde hervorragend arbeiten, mit ihm könne er noch hundert Jahre werden, hatte ihm der Kardiologe danach befriedigt versichert.«

»Bist du tatsächlich der Ansicht, daß ihm die Beschwörungen der Satansanbeter den Tod gebracht haben?« fragte ich mit ungläubiger Miene.

Satya nickte nachdrücklich.

»Ja, auch wenn du mich für verrückt hältst, ich bin es. Was die da angestellt haben, war finsterster Voodoo-Zauber. Jeder Teilnehmer fungierte dabei als Verstärker. Außerdem sah ich noch etwas, das diese Überzeugung in mir zur Gewißheit festigte.«

»Und was hast du gesehen?« fragte ich.

»Ich sagte dir schon, daß sie mit gefiederten Wurfpfeilen nach dem Herz der Puppe warfen und es auch laufend trafen. Höre jetzt gut zu: Als der Arzt Claims Tod feststellte, machte er eine sonderbare Entdeckung. Die Herzgegend des Toten war über und über mit kleinen, roten Punkten übersät. ›Sieht aus, als wenn er mitten in einen tobsüchtigen Mückenschwarm geraten und von jeder Mücke gestochen worden wäre‹, teilte der Arzt den Angehörigen kopfschüttelnd mit. So stand es in der Zeitung«, fügte Satya hinzu. Wieder sah er mich an, sagte dann mit erhobener Stimme: »Ich erhielt nach einigem Hin und Her die Erlaubnis, mir einen Tag vor der Beerdigung die ›roten Punkte‹ auf der Brust der Leiche genauer anzusehen. Ich photographierte sie. Das Glück begünstigte meine weiteren Nachforschungen. Nach wenigen Tagen gelang es mir auch noch, den Rumpf der Puppe ausfindig zu machen. Jetzt war mir ein exakter Vergleich möglich. Die Wurfpfeile steckten zwar nicht mehr in dem Rumpf, aber das war auch nicht notwendig, denn die Löcher in dem Holz sagten mir alles. Jetzt höre und staune: Ihre Verteilung war ein genaues Abbild der roten Punkte auf meinem Photo.« Satya holte tief Atem, sagte dann: »Für mich gab es ab diesem Augenblick keinen Zweifel mehr – Mart Claim wurde auf teuflische Weise von der Sekte umgebracht.«

Schweigen kehrte ein. Wenn ich es recht bedachte, dann durfte ich an dieser Äußerung nicht zweifeln. Täte ich das, dann müßte ich analog dazu auch die Möglichkeit einer Stärkung der Wunschkraft verneinen.

»Und trotzdem soll mir der Schamanismus Anstöße geben?«

»Aber sicher soll er das. Der Schamane will mit der Kraft seiner Gedanken und seiner Imaginationen Realitäten erschaffen. Und genau das willst auch du. Ich kann mir gut vorstellen, daß einige schamanische Praktiken nur ein neues Gewand brauchen, um deinen Zwecken hervorragend dienlich zu sein.« Einem schwachen Lächeln folgten die Worte: »Die Schamanen können es eben besser. Sie sind Meister in dieser Kunst. Wir hingegen – Schüler.«

»Kennst du noch weitere Beispiele für das Wirken dieser Kräfte?« fragte ich ihn.

»Aber ja. Ich habe glaubhafte Berichte über indische Yogis gelesen, die in der Lage waren, ihre Körper auf eine Weise zu beherrschen, die einem Verstandesmenschen unmöglich vorkommen muß, ihn an einen Betrug glauben läßt. Yogis, die es fertigbrachten, ihren Herzschlag und ihre Atmung zu beeinflussen und sich nackt in der grimmigsten Kälte aufzuhalten, ohne Schaden zu nehmen. Noch wunderbarer aber mutet der Bericht über einen Yogi namens Gopi Krishna an! In seinen Visionen empfing er Texte in verschiedenen Sprachen. Er übersetzte sie alle. Das Wunderbare dabei war – er hatte nicht eine einzige von ihnen jemals gelernt.«

Als Satya gegangen war, erinnerte ich mich an das Buch »Zur Quelle der Kraft« von Jose und Lena Stevens«[80]. Ich holte es aus dem Bücherschrank und schlug es auf. Nach einigem Suchen fand ich jene Stelle, die mich im Hinblick auf unser eigenes Anliegen fasziniert hatte, denn was sie aussagt, das gilt in entsprechender Weise auch für unser Streben: »Für den Schamanen ist die Imagination mehr als eine Funktion des Gehirns: Sie ist für ihn ein wirkliches, konkretes Mittel, um in unbekannte Reiche zu gelangen. Gedanken und Gefühle sind nicht einfach »psychische Vorgänge«, wie man viele von uns zu glauben gelehrt hat, sondern Formen von Energie, die zu bestimmten Punkten im Kraftgewebe strömen.«

Auch wir wollen tief in uns Energien mobilisieren, die in der Lage sind, sich gleich Pfeilen in das »Kraftgewebe« des Urgrunds einzugraben und dessen Kräfte in unserem Sinne zu aktivieren. Kräfte, die mit Liebe gehandhabt werden müssen und das Böse umwandeln und integrieren sollen. Michael Talbot scheint recht zu haben, wenn er schreibt: »Wir sind tatsächlich auf einem Schamanentrip, Kinder, die sich bemühen, Experten für das Heilige zu werden. Wir sind dabei, die Handhabung der Plastizität zu erlernen, die das Wesensmerkmal eines Universums ist, in dem Geist und Realität ein Kontinuum bilden …«[81]

III

Die Natur will Harmonie

Das Wort Harmonie degeneriert in der sogenannten öffentlichen Meinung mehr und mehr zu einem Synonym für ein anderes Wort! Es heißt: Kitsch! *Harmonieapostel* oder *blödsinniges Harmoniegedudel*, kann man entweder in tiefsinnigen philosophischen Betrachtungen lesen oder von Fernsehweisen, mit nachsichtigem Spott getränkt, hören. Du lieber Himmel, wir wollen uns doch nicht langweilen, rufen diese Prediger der Disharmonie mit verklärten Gesichtern. Schließlich – wir sind doch verstandesbewußte Menschen, die das Leben mit seinen zahlreichen Höhen und Tiefen kennen. Aber wir sind neugierig, wollen das Leben in seiner *Gesamtheit*, und dazu gehört eben auch die Disharmonie, kennenlernen – und auskosten. Nichts soll uns davon abhalten, nichts!

Lassen wir sie doch predigen.

Wir jedenfalls wollen im dritten Kapitel zuerst dem Streben nach Harmonie den ihr gebührenden Platz einräumen. Danach kommen wir auf die Macht, besser gesagt auf die schier grenzenlose Macht des Egos zu sprechen sowie auf die feindlichen Kräfte, die sich dem Bemühen hindernd in den Weg stellen. Anschließend werden wir uns mit dem Abschnitt »Kontakt mit dem ANDERSWO« beschäftigen.

Die Notwendigkeit der Harmonie

... Anstelle einer kausalen, deterministischen Welt, in der Geist und Materie zwei voneinander getrennte Substanzen sind, taucht ein Universum von unendlicher Subtilität auf, das einem schöpferischen, lebendigen Organismus viel ähnlicher ist als einer Maschine. Aus der Tiefe dieser Ordnung entfalten sich Harmonien, die sich in

der Form sinnvoller Muster und Verbindungen über die Reiche des Geistes und der Materie erstrecken.[82]

F. David Peat

Das Geheimnis unseres Daseins als einzigartige selbstbewußte Existenzen gibt uns Grund zur Hoffnung, wenn wir unsere eigene, zarte, verletzliche und vergängliche persönliche Erfahrung gegen den Schrecken und die Unermeßlichkeit des grenzenlosen Raumes und der Zeit setzen. Machen wir nicht die beglückende Erfahrung der Gemeinschaft, der Freude, der Harmonie, Wahrheit, Liebe und Schönheit ...?[83]

John C. Eccles

Keine Frage, die Schere zwischen der Innen- und der Außenwelt hat sich in den vergangenen Jahren immer weiter geöffnet. Es ist an der Zeit, daß sie sich wieder schließt, daß wieder Harmonie herrscht. Ich will das näher erläutern. Vor einigen Monaten besuchte ich eine befreundete Familie. Wie es so geschieht, jeder erkundigte sich nach dem Wohlergehen des anderen, nach seiner Gesundheit, nach seinen beruflichen Erfolgen, und, und, und ... Später brachte die Tochter des Hauses, nennen wir sie Marion, den Begriff *Harmonie* in die Unterhaltung ein. Die junge Frau, hochangesehene Direktrice in einer weltbekannten Firma der Bekleidungsindustrie, war äußerst realitätsbewußt und bildete sich darauf eine ganze Menge ein. Einer ihrer saloppen Aussprüche lautete: »Ich habe nur *ein* Leben und will das Beste daraus machen. Ich will es auskosten, genießen, will soviel davon für mich haben, wie ich von ihm nur kriegen kann. Aber dieses Bestreben verträgt keine realitätsfremden Träumereien, denn diese sind nur hinderlich. Mein Wollen und meine Wünsche haben sich nach den herrschenden Realitäten zu richten und nach nichts anderem. Wer glaubt, in unserem Alltag mit Harmoniegedudel weiterzukommen, der fällt garantiert auf die Nase.« Sie schenkte mir einen mitleidigen Blick, fuhr dann in oberlehrerhafter Manier fort: »Harmonie? Mein Gott, wenn ich dieses Wort höre, dann fange ich schon an, mich zu ärgern. Wo bleibt denn da der Antrieb? Dieser wird doch allein durch die Disharmonie bewirkt. Harmonie dagegen erzeugt nur Langeweile, denn ihr fehlt jegliche Dynamik. Aber gerade die brauchen wir doch so notwendig wie unser tägliches Brot. Sie allein ist der Motor, der unsere Entwicklung vorantreibt.«

Die junge Frau war offensichtlich überhaupt nicht im Bilde, hatte von dem Begriff Harmonie anscheinend eine völlig falsche Vorstellung. Ich unternahm den Versuch einer Korrektur.

»Verlangt denn zum Beispiel die Liebe zwischen zwei Menschen nicht gebieterisch nach Harmonie und damit nach dem Gleichklang ihrer Seelen? Liebe und Disharmonie verhalten sich zueinander wie Feuer und Eis. Du lieber Himmel, Liebe ohne Harmonie ist geradezu undenkbar. In den Begriffen Ebenmaß, Friedlichkeit und Einklang wird sie sogar zur zwingenden Forderung. Im Altertum verstand man darunter auch das den Ausgleich der Gegensätze bewirkende Weltgesetz. Der geniale österreichische Biologe Paul Kammerer[84] war schon Anfang dieses Jahrhunderts der Überzeugung, es gäbe eine der Natur zugrundeliegende Harmonie. Sie sei ›die Nabelschnur, die Gedanken, Gefühle, Wissenschaft und Kunst mit dem Schoß des Universums verbindet, der sie hervorbrachte‹.«

Meinem Versuch war kein Erfolg beschieden. Marion blieb bei ihrer Version. Auch das spöttische Licht in ihren Augen blieb. Anscheinend hielt sie mich für unbelehrbar, für einen Mann, der die Zeichen der heutigen modernen

Welt noch nicht verstanden hat oder der sie nicht verstehen will.

Wenden wir uns jetzt wieder der Frage nach der inneren Welt zu. Satprem versucht dazu in seinem Buch, »Das Abenteuer des Bewußtseins«, folgende Erklärung: »Ein jeder von uns hat oberhalb des Geistes oder tiefer im Innern *eine Sehnsucht nach dem Höheren,* jene gleiche, die uns veranlaßt hat, uns auf den Weg zu machen, ein Bedürfnis unseres inneren Wesens, gleichsam ein Losungswort, das für uns allein eine Geltung hat; ... je öfter wir unser Losungswort wiederholen, desto größer wird seine Macht.«[85]

Wie wahr ist es doch, wenn Satprem etwas später ausführt: »Unser Leben bedarf der Vollständigkeit, es ist nötig, daß wir der Wahrheit unseres Seins gemäß leben, an jedem Tag, in jedem Augenblick. ...«[86] Ob wir es anerkennen oder nicht: Beide Welten, die äußere und die innere, stehen sich komplementär gegenüber, bedingen sich gegenseitig, sind durch die »Nabelschnur« der Harmonie miteinander auf ewig verbunden. Diese Verbindung kann verschüttet, kann geleugnet werden, aber sie bleibt bestehen, kommt immer wieder zum Vorschein. Und es wird in einer noch fernen Zukunft einmal der Tag kommen, an dem sie sich nicht mehr hin und wieder verbirgt oder vielleicht sogar für einen bestimmten Zeitraum verbergen muß, einem Zyklus folgend, den wir nicht kennen.

Was bedeutet das alles für unser Anliegen? Eine einfach zu beantwortende Frage. Fehlende Harmonie ist gleichzusetzen mit innerlicher Zerrissenheit. Ohne sie zittert die Hand, die den Bogen hält, so stark, daß unser Pfeil nicht nur das Zentrum, sondern sogar die Scheibe verfehlt. Machen wir deshalb in Zukunft einen großen Bogen um sich abzeichnende Disharmonien. Gehen wir ihnen einfach aus dem Weg. Und wo uns das nicht möglich ist – behalten wir als sichere Rüstung unsere Gelassenheit. Sie ist eine der vielen Töchter der Harmonie und für unseren Weg die wichtigste. Ohne sie verschwimmt das Ziel vor dem Auge des Schützen, werden wir unweigerlich in den Strudel der Disharmonie mit hineingerissen.

Die Macht des Egos

Durch Differenzierung und Lösung aus der Bindung an die primitive Natur des tierischen Körpers entstand das Ego, das über sich selbst nachdenkt. Dies bewirkte sowohl das Erwachen einer höchst individuellen Bewußtheit als auch einen »Verlust« des primitiven Schlummers, jenes beinahe »paradiesischen« Zustandes träumerischen Verweilens auf den untersten Ebenen der Großen Kette. … Und dieser von der physischen Natur und dem tierischen Körper beherrschte Zustand war es, aus dem der Mensch schließlich eine selbstreflektive und einzigartige menschliche Form des Bewußtseins entwickelte, die wir heute unter dem Begriff »mentales Ego« kennen.[87]

Ken Wilber

Das Einzelego ist zu vergleichen mit einem Wassertröpfchen, das man dem Meer entnimmt. Es verliert bald die »Erinnerung« an seine Große Mutter, an das Urmeer, in dem es nur das atomare Teilchen eines unbeschreiblich gigantischen Ganzen war. Was für das Wassertröpfchen gilt, das gilt auch für uns Menschen. Als winzige Bewußtseinströpfchen wurden wir dem Urmeer allen Bewußtseins entnommen und evolvierten im Verlauf von Jahrhunderttausenden zu höchst selbstbewußten Einzelindividualitäten, die nicht, oder sagen wir besser, noch nicht, wissen, daß sie einer Ganzheit entstammen. Nach der Trennung traten wir eine Reise an, deren Ziel die Erlangung des Suprabewußtseins ist, eines Bewußtseins, das sich von dem jetzt herrschenden so unterscheidet wie das eines Affen zu dem eines Menschen. Es ist eine Reise zu einer bisher unbekannten Landschaft. Sie erschließt sich nur dem, der mutig und ohne das Risiko zu scheuen, sein bisheriges Gefängnis verläßt und einen neuen Kontinent betritt, staunend darin eindringt, ihn gewissenhaft untersucht und genaue topographische Karten anlegt. Auch Ken Wilber spricht in seinem Buch »Halbzeit der Evolution« von einem Gefängnis, das wir verlassen müssen und drückt das so aus: »Ein menschliches Wesen ist ein Teil des Ganzen, das wir ›Universum‹ nennen, ein in Raum und Zeit begrenzter Teil. Es erfährt sich selbst, seine Gedanken und Gefühle als etwas von allem anderen Getrenntes – eine Art optische Täuschung seines Bewußtseins. Diese Täuschung ist für uns eine Art Gefängnis, das uns auf unser persönliches Verlangen und unsere Zuneigung für einige wenige uns nahestehende Personen beschränkt. Unsere Aufgabe muß es sein, uns aus diesem Gefängnis zu befreien.«[88]

Der Weg, der zur Befreiung führt, ist allein der Weg der Transzendenz! Ein Weg auch, der notwendigerweise zum Erkennen und Handhaben der eigenen Kraft führen muß, denn ohne dieses »Handhaben« wird es keine Befreiung geben können.

Worauf ich hinaus will? Auf das Beherrschen der Gedankenkraft, damit diese imstande ist, die Verbindung mit dem Urgrund – dem »Urmeer« allen Bewußtseins und aller Dimensionen – aufzunehmen und die dort vorhandenen Kräfte zu nutzen.

Beschäftigen wir uns wieder mit dem Ego in der heutigen Zeit. Nichts führt daran vorbei – dieses Ego hat sich zu einem wahren Monstrum entwickelt, das nur den *eigenen* Nutzen anstrebt, das *eigene* Fortkommen, den *eigenen* Erfolg. Der Nächste? Der soll doch sehen, wo er bleibt. Hat ihm der liebe Gott nicht ebenfalls zwei Hände und ein Gehirn gegeben? Er hat es doch aus dem Grund getan, damit diese Gottesgaben genutzt werden. Wer zu bequem ist und nichts tut, der will es eben nicht anders. Schließlich ist jeder mit seinen Gedanken der Gestalter des *eigenen* Schicksals und deshalb selbst dafür verantwortlich.

Gut und schön, aber was ist mit jenen, die an diesem erbarmungslosen Spiel nicht teilnehmen können, weil sie zum Beispiel leidend sind, sich kaum regen oder, noch schlimmer, kaum noch denken können? Sie sind zu schwach, um sich erfolgreich gegen menschliche Aasgeier wehren zu können, die in ihnen leider nur oft genug hochwillkommene Opfer sehen. Hier zu erklären, daß diese armen Menschen sich ihr Schicksal selbst »geschaffen« hätten und deshalb allein die Verantwortung dafür trügen, wäre eine Ungeheuerlichkeit.

Es ist nicht zu bestreiten – die schillernden Blüten des Ego wachsen überall im täglichen Leben, im Dschungel des brutalen Straßenverkehrs, wie im Arbeitsleben und leider auch in den privaten vier Wänden. Es gibt buchstäblich keinen Bereich mehr, in dem diese Blüten nicht nach Herzenslust wuchern. Ihr betäubender Duft vernebelt die Gehirne der Menschen und läßt sie tatsächlich glauben, ihr Tun sei gerechtfertigt. Schließlich will man nichts unversucht lassen, die eigene Freiheit nach Herzenslust auszuleben. Das andere dabei nicht selten zu Schaden kommen, interessiert erst in zweiter Linie.

Dieser Zustand kennzeichnet eine Menschheit, die immer noch tief im Tierischen steckt und weiter emsig dabei ist, sich tierischer als jedes Tier zu gebärden. Manche heutigen »Tiere« wären in der maßlosen Übersteigerung ihres Egos selbst den Menschen der Steinzeit zu tierisch gewesen. Wozu solche infernalischen »Tiere« fähig sind, das zeigen nicht nur die Millionen vergaster Juden, das beweisen auch die erst jüngst begangenen unvorstellbaren Grausamkeiten auf dem Gebiet des ehemaligen Jugoslawien. Wird das immer so bleiben? Nein. Eine, wenn auch noch kleine, Minderheit strebt danach, diesen Bereich zu verlassen. Und diese Minderheit wird wachsen, solange wachsen, bis sich ihr Bewußtsein endgültig des Tierischen entledigt hat. Mag es auch immer wieder Rückfälle geben, der Prozeß der Transzendierung und damit auch der Enttierung wird, aller Skepsis und allem Unglauben zum Trotz, weiter voranschreiten. Und er wird erst dann abgeschlossen sein, wenn die Menschen endlich die Bedeutung der drei Worte

ALLES ist EINS

verstanden haben. Ist das erreicht, dann hat sich unser »Gefängnis« endgültig geöffnet und wir dürfen unsere Lungen mit der frischen Luft einer bisher unbekannten Freiheit füllen, ihren köstlichen Duft riechen und ihre Würze schmekken. Dann hat auch die Reise der Zahllosen in ein bisher unbekanntes Land ihren Zweck erfüllt. Sie haben die Ganzheit im Zustand nunmehr hoher Bewußtheit neu entdecken und sie danach auch erfahren können.

Ich hatte mich schon daran gewöhnt, den Fortgang meiner Arbeiten mit Satya zu besprechen. Mit wem hätte ich es auch sonst tun können? Besonders jetzt lag mir viel an seinem Rat, denn so ganz sicher fühlte ich mich nicht. Die Richtigkeit dieses Gefühls sollte sich bald bestätigen.

»Du hast leider etwas sehr Wichtiges nicht erwähnt, beziehungsweise nur am Rande behandelt«, sagte Satya nach längerem Nachdenken. Ich hatte ihn ausführlich über das Thema *Die Macht des Egos* unterrichtet.

»Dann kläre mich auf«, bat ich ihn. Herrgott, wie war ich froh darüber, mit einem Menschen wie ihm sprechen zu können.

»Gerne, aber dazu muß ich etwas ausholen. Du bist der Überzeugung, daß die Kombination von Glauben, Konzentration und bildhafter Imagination, sind diese Komponenten je für sich nur stark genug, einem Gedankenpfeil die notwendige »Schnellkraft« verleihen können, damit er den Urgrund erreicht und den Kontakt mit ihm herstellen kann. Dieser Kontakt mobilisiert dessen Kräfte und läßt sie tätig werden.« Ein fragender Blick traf mich. »Stimmst du meiner Version zu?«

»Ja.«

»Du hast auch gesagt, ALLES ist EINS, nicht wahr?«

Ich sah ihn irritiert an. »Das ist richtig, aber ...« Ich wußte nicht weiter und hielt inne. Was kam jetzt?

»Diese Maxime hat für mich Gesetzescharakter. Noch mehr: Es ist für mich das Gesetz, dem sich alle anderen Gesetze ohne Ausnahme unterzuordnen haben.« Satya schwieg kurz, fuhr dann mit bedeutungsvoller Stimme fort: »Es gibt da einen hochinteressanten Aspekt. Und genau diesen hast du noch nicht gebracht.«

»Was für ein ›Aspekt‹ ist das?«

Satya lächelte. »Überlege doch, was passiert, wenn mehr und mehr Menschen den Weg der Transzendenz beschreiten, die Maxime ALLES ist EINS für die allein richtige halten und auch nach ihr leben?«

Ich überlegte. Dann erwiderte ich tastend: »Dann werden die Gedanken von mehr und mehr Menschen den *Urgrund* erreichen und von ihm Kraft empfangen können.«

»Das ist richtig. Mit einer atemberaubenden Geschwindigkeit bricht sich das neue »Denken« dann immer stürmischer Bahn. Es reißt schließlich alle Schranken nieder, so leicht, als gäbe es nicht den geringsten Widerstand.« Satya schwieg, sah nachdenklich vor sich hin. Ich ließ ihn gewähren, störte ihn nicht. Sicher kam noch etwas. Da fuhr er auch schon fort: »Man könnte sogar meinen, als würde die von den Menschen seit langer Zeit gequälte Mutter Erde sehnsüchtig auf diesen erlösenden Augenblick warten.« Er schaute mich an und fragte: »Hast du dir schon überlegt, was das konkret für die Stärkung der Wunschkraft zu bedeuten hat?«

Ich nickte. »Ja, das habe ich. Das Verständnis für das menschliche Ego kann nur dann erzielt werden, wenn seine Rolle im kosmischen Spiel, seine langsame, über Jahrhunderttausende erfolgende Entwicklung im Zusammenhang mit dem notwendigen, evolutionären Prozeß der *Enttierung* gesehen wird. Dieser kann nicht ad hoc erfolgen, sondern verlangt nach langen Zeiträumen.«

Ein ungeduldiger Blick traf mich. »Dagegen ist nichts einzuwenden, aber ich fragte nach den Konsequenzen für die Entwicklung der Wunschkraft und nicht nach dem Verständnis für das menschliche Ego. Noch einmal: Diejenigen, die auf der Suche sind, wollen nicht bis zum Sankt-Nimmerleins-Tag auf den Erfolg ihrer Bemühungen warten. Das ist doch menschlich verständlich. Glaubst du, daß der Weg, den du vorschlägst, in einer wesentlich kürzeren Zeit zum Ziel führt?«

Jetzt hatte ich verstanden. »Ja, davon bin ich überzeugt, denn die Zeit ist reif für ein solches Bemühen. Je mehr Menschen sich als Teil einer Ganzheit sehen und ihr Leben danach einrichten, desto leichter wird es ihrer geballten Macht fallen, die Kräfte des ANDERSWO zu mobilisieren. Der Weg des Suchers zum Ziel wird kürzer und kürzer werden, schließlich nur noch ein Katzensprung sein. Die von mir vorgeschlagenen Übungen werden sicherlich ihr Teil dazu beitragen.«

Als mein Freund mich verlassen hatte, fand ich noch lange Stunden danach keine Ruhe. Immer wieder ließ ich Satyas und meine Ausführungen an mir vorüberziehen und suchte nach Widersprüchen. Endlich, Mitternacht war schon vorbei, meldete sich ein Gedanke in mir zu Wort, der mir endgültige Gewißheit verschaffte.

Es ist doch sehr einfach zu verstehen, wisperte es in mir. Und weiter: *Wenn sich mehr und mehr Menschen aufgrund der Maxime ALLES ist EINS zusammengehörig fühlen und sich gemeinsam auf den Weg machen, dann addieren sich ihre gedanklichen Kräfte. Du kannst dir sicher vorstellen, was das bedeutet. Diesen Pionieren wird so leicht nichts widerstehen können, denn sie werden im Besitz der stärksten Waffe sein, die es gibt – der Liebe! Jener Liebe, die allen Schmutz und alle Gemeinheit auflöst und umzuwandeln vermag. Aber bis dahin ist es noch ein weiter Weg. Wie recht hatte Plotin (3. Jh. n. Chr.), als er schrieb, daß sich der Mensch erst auf halbem Wege zwischen den Göttern und den Tieren befände.* Der Gedanke in mir zog sich zurück, kapitulierte vor der aufkommenden Müdigkeit.

Über die feindlichen Kräfte

Tief in des Menschen Brust hält sich der Feind verborgen,
Den er besiegen muß, da sonst sein höheres Schicksal
Ihm nicht erreichbar wäre. Dieses ist der Krieg
In seinem Inneren; ein Entrinnen gibt es nicht.[89]

Sri Aurobindo

Erst dann wird der so mächtige Gegner verschwinden, wenn er auf dieser Welt nicht mehr benötigt wird. Und wir wissen sehr wohl, daß er benötigt wird wie der Probierstein für das Gold, um unsere Echtheit zu prüfen.[90]

Mira Richards

Einen Tag nachdem ich den vorangegangenen Abschnitt zu Ende geschrieben hatte, besuchte mich Satya Narasaya erneut. Er kam mir gerade recht, bot sein Kommen mir doch die Gelegenheit, seine Meinung über die Hindernisse zu hören, die sich dem Sucher auf seinem Weg immer wieder entgegenstellen. Als ich ihn darum bat, zeigte er sich sofort einverstanden. Zuerst schilderte ich ihm meine Auffassung, dann sah ich ihn fragend an.

Ein ernster Blick traf mich. »Das Auftreten dieser Hindernisse hat Gesetzescharakter. Satprem trifft in seinem Buch *Das Abenteuer des Bewußtseins* den Nagel auf den Kopf, wenn er schreibt: ›Solange man mit den Schafen weidet, ist das Leben verhältnismäßig leicht; es hat seine guten und seine schlechten Abschnitte mit nicht zu viel Niederem, aber auch nicht zu viel Hohem. Sobald wir aber die Herde verlassen wollen, erheben sich tausend Kräfte, denen sehr viel daran gelegen ist, daß wir uns ›wie die anderen‹ verhalten mögen; man erkennt, wie geschickt dieses Gefängnis geleitet wird. Und ebenso erkennt man die Tatsache, daß man gerade so tief herunterzukommen imstande ist, wie man sich hoch erheben kann, und daß die Tiefe unseres Niedergangs in Wirklichkeit genau unserer Fähigkeit entspricht, an Höhe zu gewinnen – es fallen uns viele Schuppen von den Augen.‹[91]

Entsprechendes gilt auch für unsere Suche. Je mehr wir uns entwickeln, desto größer werden auch die feindlichen

Kräfte, die sich uns in den Weg stellen. Unser Bemühen sorgt dafür, daß sich unser Pluspotential laufend verstärkt. Was ist die Folge? Dem Gesetz des Ausgleichs folgend muß sich auch unser Negativpotential verstärken. Anders ausgedrückt: Steile Gipfel sind nicht denkbar ohne tiefe Abgründe! Was das für den Sucher bedeutet, kannst du dir sicher vorstellen. Er muß kämpfen, fortwährend gegen seinen immer stärker werdenden inneren Widersacher kämpfen und – siegen.«

Ich nickte. »Ich verstehe. Man könnte diesen Widersacher auch als den dunklen Doppelgänger des Suchers bezeichnen. Dieser bekämpft alles Edle, bewirft es mit dem Schmutz seiner üblen Denkungsweise. Und je höher der Sucher aufgrund seiner ständigen Bemühungen steigt, desto stärker wird auch sein Doppelgänger als der negative Pol seines Wesens. Dieser versucht mittels Verlockungen aller Art den Sucher von seinem Weg abzubringen. Die Übungen sind dazu da, ihm den schweren Kampf zu erleichtern. Wer sie ernsthaft und mit Hingabe betreibt, der zieht sich mit ihnen eine schützende Rüstung an und wird mit ihr den eingeschlagenen Weg bis zu seinem Ende gehen können.«

»Das ist richtig. Aber auf die Übungen muß der Sucher gut vorbereitet sein, sonst nützen sie überhaupt nichts. Der Weg, den du mir beschrieben hast, führt zum Ziel, aber er ist an manchen Stellen mit einer Klettertour im Hochgebirge zu vergleichen. Ihn zu gehen, erfordert Mut und vor allen Dingen – den Glauben an sich selbst.« Satya machte eine kurze Pause. Als er weitersprach, leuchtete in seinen Augen das Licht hoher Begeisterung. »Ob du es glaubst oder nicht, meiner festen Überzeugung nach verbergen sich hinter manchen Sagen und Mythen Menschen, die noch weit mehr geschafft hatten, als du dir vorgenommen hast, denn sie schafften sogar den großen Durchgang!«

»Den großen Durchgang? Was willst du damit sagen?«

»Sri Aurobindo definierte das so: ›Das im Leib auf Erden sich befindende Wesen müßte sich von der Beherrschung freimachen, die Geist, Leben und Leib über es ausüben, indem sie sich wie Schleier darüber breiten, und müßte sich in das volle Bewußtsein und zu dem vollen Besitz seiner spirituellen Wirklichkeit erheben. Und auch seine Natur müßte aus jenem Bewußtsein und jener Bewußtseinsmacht herausgehoben werden, die dem mentalen, vitalen und physischen Wesen entspricht, und hineingehoben werden in das größere Bewußtsein und die größere Seinsmacht und das weitere und freiere Leben des Geistes.‹«

Ich sah ihn fassungslos an. »Du glaubst tatsächlich, daß es einmal Menschen gegeben hat, die diese ›Schleier‹ entfernten, göttergleich wurden?«

Satya nickte ernst. »Mag mich für verrückt halten, wer auch immer will, ich bleibe dabei, solche Menschen hat es gegeben. Schon vor Jahrtausenden.« Nach einer kurzen Pause fuhr er fort:

»Die Zeitläufte verlangen gebieterisch danach, daß sich mehr und mehr Menschen um ihre geistige Entwicklung bemühen. Ich wage eine Prognose: Wer imstande ist, seine Wunschkraft zu erhöhen, der ist auch dazu befähigt, andere Gedanken zu stärken und sie gleich Pfeilen ins Ziel zu schießen. Glaube mir, es gibt noch andere, noch viel höhere Gipfel. Nur eines ist ganz sicher: Sie erheben sich über alle anderen Ziele, die sich Menschen je gestellt haben. Sie zu bezwingen verlangt nach einem durchgreifenden Wandel unseres ganzen spirituellen Seins.«

»Vielleicht ist das der einzige Weg zur Schaffung eines neuen Menschen.«

»Dessen oberstes Gebot die Liebe sein muß. Denn ihm wird die Aufgabe übertragen werden, jene, die noch nicht so weit vorangeschritten sind, liebevoll an die Hand zu nehmen, um sie ebenfalls dem Ziel entgegen zu führen.«

Was hat das für unseren Weg zu bedeuten? fragte ich mich später. Im Gegensatz zur Materie *Magnet* verfügt der Mensch über den »Magnetismus« der Seele, also der Liebe. Sie allein hat die Macht, das Plus des Menschen auf Kosten des Minus zu erhöhen. Bestes Beispiel für diese Möglichkeit bieten Christus, Buddha und Mohammed. Ihre Einswerdung mit der sie umgebenden Schöpfung und ihre ausstrahlende Liebe brachten es fertig, ihr Minus ins Plus zu integrieren, es zum Plus umzuformen. Zu allen Zeiten hat es heilige Menchen gegeben. Außer wenigen Ausnahmen hat ihr Licht leider nur im Verborgenen, aber dafür um so intensiver, geleuchtet.

Heißt das, daß auch wir »heilig« werden müssen, um das Wegende zu erreichen? Aber nein, das heißt es nicht. Ich erwähnte es schon – wir sind keine Geistesriesen, sondern Menschen wie DU und ICH. Was wir wollen, beschränkt sich darauf, unsere Wunschkraft ein wenig zu stärken. Gerade soviel, daß sie sich uns in Zukunft etwas gefälliger zeigt. Erst wenn uns das gelungen ist, kann ein weiteres Ziel angepeilt werden. Aber dieses jetzt schon zu formulieren wäre viel zu früh.

Liebe und Haß sind zwei Gegenpole, sind wie Feuer und Eis. Wo das eine ist, da kann das andere nicht sein. Aber ist diese Aussage nicht falsch? Im Gegensatz zum Haß hat doch die Liebe im Verlauf der Geschichte immer wieder bewiesen, daß sie selbst den schwärzesten Haß besiegen, ja, ihn sogar ins Gegenteil verwandeln kann.

Es sind dunkle Kräfte, die sich uns immer wieder hartnäckig in den Weg stellen. Sie wollen uns unsere Waffen rauben, unseren festen Glauben an das Gelingen, unsere Konzentrationsfähigkeit und unser Imaginationsvermögen. Kurzum, sie wollen uns dazu bringen, mit dem mutigen Voranschreiten aufzuhören und entnervt die Rückkehr anzutreten. Und sie reagieren schnell. Von einer Minute zur anderen fallen sie über uns her und verdunkeln unser inneres Licht, nehmen uns jegliche Freude. »Warum wollt ihr euch unnütz plagen und weiter einem Phantom nachjagen, das es überhaupt nicht gibt?« sagen sie und zeigen dabei ein mitleidvolles Gesicht. »Kehrt um und holt euch die Freude an eurem Dasein zurück. Sie verdorrt sonst wie eine durstige Pflanze, die sterben muß, weil der Regen weiter ausbleibt.«

Jetzt versteht man, daß jeder Anstieg, also jeder weitere Meter in Richtung Ziel, tief »unten« nicht nur Zähneknirschen, sondern auch erneute Angriffe auf die Psyche zur Folge hat.

Aber wollen diese »feindlichen« Kräfte wirklich unsere Rückkehr? Ist ihnen tatsächlich unsere endgültige Niederlage aufgegeben, oder ist ihr Tun lediglich darauf ausgerichtet, uns zu prüfen, wie der schon erwähnte Probierstein das Gold auf seine Echtheit prüft? Sollen nur diejenigen das Ziel erreichen, die in der Lage sind, den Anfechtungen zu widerstehen?

Ich weiß, dieser Abschnitt macht nicht viel Mut. Aber ich durfte diese Schwierigkeiten nicht verschweigen. Doch ich versichere es an dieser Stelle noch einmal: Die im fünften Kapitel beschriebenen Übungen werden weit mehr als nur eine Stütze sein. Schon nach kurzer Zeit, Konsequenz und Kontinuität vorausgesetzt, wird man die Wirkungen am eigenen Leib verspüren. Ist dieser Zustand erreicht, dann wird das Weitermachen zur wundervollen Gewohnheit werden. Die feindlichen Stimmen? Sie werden dann nicht mehr trompeten, sondern nur noch flüstern.

Kontakt mit dem Anderswo

Was hier angestrebt wird, ist nicht die Rückkehr zum Denken beispielsweise der alten Griechen, sondern ein Schritt nach vorn zu einer größeren Sensibilität und Kenntnis der unbegrenzten Möglichkeiten und Kraftreserven des gesamten Universums.[92]

F. David Peat

Der Appell, der heute an jeden einzelnen ergeht, ist der Ruf zur Verinnerlichung. Mit ihm ist heute, wie noch nie zuvor, das Schicksal der Menschen auf die Schultern des einzelnen gelegt; so wie noch nie zuvor ist der einzelne in seiner Unvertretbarkeit zur Entscheidung aufgerufen über das, was der Mensch zu sein vermag. Im einzelnen und nur in ihm, in seines Herzens tiefstem Grund, liegt heute die Chance der Menschheit.[93]

Philipp Lersch

In den vorangegangenen Kapiteln bin ich immer wieder auf das ANDERSWO zu sprechen gekommen. Ich gab ihm die verschiedensten Namen. Mal bezeichnete ich es als *Urgrund*, mal als eine *höhere Frequenz-* bzw. *Realitätsebene* und mal als eine *Dimension* über *allen* anderen Dimensionen. Um es noch präziser zu definieren: *Das* ANDERSWO *oder der Urgrund ist jener Bereich, in dem allein und ausschließlich die Kräfte der Psyche ihr Zuhause haben.*

Kräfte der Psyche? Was soll man sich darunter vorstellen? Die Einzelpsyche kann unmöglich damit gemeint sein. Etwa die psychische Energie des gesamten Universums?

Das Wort »Psyche« kann Verwirrung stiften, deshalb wollen wir besser die von Peat gebrauchte Definition »schöpferische Kraft« gebrauchen. Seiner Meinung nach kann sie »nicht nur innerhalb der geistigen oder materiellen Welt existieren; eher hat sie ihren Platz in einem bisher noch unerforschten Grund, der jenseits der Unterschiede von Geist oder Materie liegt.«[94]

Was aber kann dieser von Peat postulierte »Grund« anders sein als unser ANDERSWO bzw. unser Urgrund? Denn in ihm wirkt jene »objektive Intelligenz« oder »schöpferische Ordnungskraft«, »die sich sowohl im geistigen als auch im physikalischen Bereich manifestiert«.

Welchen Namen wir dieser »Ebene« oder dieser Dimension auch immer geben, es handelt sich hier um einen »Ort«, in dem die Schöpferkraft darauf wartet, tätig zu werden.

Satyas Besuch kam mir an diesem Tag wie gerufen. Ich wunderte mich auch heute wieder, daß er immer dann erschien, wenn ich ihn brauchte. So, als ob ein geheimnisvoller »innerer Sinn« in ihm Alarm geschlagen hätte, ihm anzeigend, daß ich seine Hilfe benötigte.

Er fragte mich nach dem Stand meiner Arbeit. Ich gab ihm bereitwillig Auskunft, bemühte mich um Ausführlichkeit. Als ich damit fertig war, las ich es von seinem Gesicht ab, daß er nicht völlig zufrieden war. Es schien etwas zu fehlen, aber was?

Kaum hatte ich diesen Gedanken zu Ende gedacht, als er auch schon sagte:

»Du hast von einem noch unbekannten ›Ort‹ gesprochen, davon, daß dieser jenseits unserer gewohnten Dimensionen liegen würde. Er sei die Heimat von positiven aber auch von negativen spirituellen Kräften. Von Schöpferkräften, die immer wieder auch in das Leben der Menschen eingreifen.«

»Ja, dieser Überzeugung bin ich.«

»Das tun sie ja auch, aber warum tun sie es?« fragte mein Freund. Er hatte sich ein wenig vorgebeugt, zeigte mir durch seine Körpersprache, wie wichtig ihm die Frage war.

Ehe ich antworten konnte, fügte er rasch hinzu: »Es muß doch dafür einen Anlaß geben.«

Die Frage kam mir einfach vor. »Ich habe dir die Möglichkeit der Steigerung der Gedankenkraft erklärt. Es ist ein Prozeß, der sich solange fortsetzt, bis es dieser verstärkten Kraft gelingt, den Urgrund zu erreichen und den notwendigen Kontakt mit ihm herzustellen. Dieser Kontakt beantwortet deine Frage nach dem Anlaß, denn er soll die Kräfte des Urgrunds mobilisieren und im Sinne des Wunschgedankens tätig werden lassen.«

»Etwas hast du vergessen«, sagte Satya. »Etwas, das keiner Übung bedarf, damit diese Kräfte wirksam werden. Na, fällt dir dieses ›Etwas‹ jetzt nicht selber ein?«

Ich wußte, worauf er anspielte und nickte. »Sicher meinst du das Gebet, nicht wahr?«

»Ja, das tiefe, inbrünstige Gebet. Von Menschen gesprochen, die sogar noch in unserer heutigen Zeit an einen ›Himmel‹ über ihren Köpfen glauben.« Satya schwieg kurz, sagte dann mit lebhafter Stimme: »Das erinnert mich an eine Passage aus dem Buch ›Das Feuer des Herklit‹, das der österreichische Biochemiker Erwin Chargaff geschrieben hat. In dem fingierten Dialog zwischen sich (EC) und seinem Dialogpartner (TS) gibt es eine besonders aussagekräftige Stelle. Sie lautet:

»EC: … Als ich jung war, war Hoffnung der Mittelpunkt meiner Welt. Es war nicht Hoffnung auf irgend etwas Bestimmtes, Bestimmbares. Es war eine Hoffnung, daß über den Wolken, oder sogar über dem blauen Sommerhimmel, eine unglaubliche Wesenheit ist, ein ewiges Darüberhinaus von unvorstellbaren Möglichkeiten. Es war die Gewißheit, daß, wenn meine Seele in finsterer Nacht war, das einzige, was zu ihr kommen konnte, Licht war; und daß dies geschehen werde.

TS: Würdest du sagen, daß die Naturwissenschaften die Ursache des Niedergangs sind?

EC: Ich habe aufgehört, zwischen Ursache und Symptom zu unterscheiden. Fäulnis folgt der Reife wie die Nacht dem Tag. …

TS: Am Anfang war das Wort, und am Ende ist Schweigen.«[95]

Satya sah mich mit einem Ausdruck in seinem Gesicht an, der mir von früher her wohlbekannt war. Es war ein Ausdruck der Bitternis, in die sich ein Schuß Resignation mischte. Daß ich richtig gedacht hatte, bewiesen seine folgenden Worte:

»Wer kann heute noch so empfinden, und wer kann noch inbrünstig beten? Nur wenige können es. Nur noch sehr wenige. Und wer besitzt die Kindlichkeit, alles, aber auch wirklich alles für möglich zu halten? Wer verfügt noch über ein starkes, unerschütterliches Gottvertrauen? Die sogenannte Christenheit ist doch schon größtenteils zu einem bloßen Mitgliederclub verkommen.« Er schwieg. Seine Stirn hatte sich gefurcht.

Ich konnte meinem Freund nicht widersprechen. Er hatte ja recht. Ein echtes, nicht nur heruntergeleiertes Gebet kann, davon bin ich zutiefst überzeugt, aufgrund der ihm innewohnenden Glaubenskraft eine unbeschreibliche Stärke entwickeln – und nicht selten Geschehnisse in Gang setzen, die später als Wunder bezeichnet werden. Die Wunderheilungen von Lourdes und anderen Stätten liefern hierfür besonders auffällige Beispiele.

»Immerhin, der von dir vorgeschlagene Weg fußt ebenfalls auf einem starken Glauben. Ohne ihn ist er nicht begehbar«, sagte Satya in meine Gedanken hinein.

»Dieser Weg ist nicht *meine* Erfindung«, wehrte ich ab. »Ich möchte ihn eher als ein zusammengetragenes Gemenge von zum Teil uralten Weisheitslehren bezeichnen, angereichert mit Fragen und den dazu gehörenden Antworten aus der Jetztzeit. Und was den Glauben angeht: ihn so zu stärken, daß er sich mit der Glaubenskraft verfolgter Christen im alten Rom vergleichen ließe, das kommt einer Unmöglichkeit gleich.« Ich schüttelte den Kopf. »Wer kann schon so hoch hinaus? Nein, meine Ziele sind tiefer gesteckt. Sie sind lediglich darauf ausgerichtet, den Suchern mehr Freude und Glück zu bescheren, aber sollen nicht darauf abheben, sie zu Heiligen zu machen. Durch eigenes ernstes Bemühen sollen sie jene Kräfte in ihrem Inneren wecken, die bisher noch brach gelegen haben. Wer auf diesem Weg voranschreitet, für den braucht es nicht den geringsten Zweifel am Erfolg zu geben. Glaube mir, dieser wird sich mit einer fast naturgesetzlichen Notwendigkeit einstellen. Es bedarf nur des mutigen, entschlossenen Beginns.«

»Festzuhalten bleibt, daß zutiefst gläubige Menschen den ›Weg‹ leichter gehen könnten als reine ›Verstandesmenschen‹, die ihren Glauben an der Garderobe ihres angebeteten Realitätsdenkens abgegeben haben und von Spiritualität nichts wissen wollen, sie als einen Zustand überspannter Phantasie abqualifizieren.«

»Letztere würden nicht in der Lage sein, den Weg zu gehen, denn ihr Verstand würde sie mit vielen ›logischen‹ Argumenten davon abhalten, sich der ›Lächerlichkeit‹ preiszugeben.« Ich unterbrach mich. »Damit es nicht unerwähnt bleibt: Nicht das Bekenntnis zu irgendeiner Religion ist hier von Bedeutung, sondern allein das vorhandene Spiritualitätsvermögen. Dieses ist mit dem Feuer zu vergleichen. Seine Kraft manifestiert sich in winzigen Talglichtern ebenso wie in flammenden Holzstößen. Keine Frage, es gibt viele

›Talglichter‹ unter den Menschen, aber hin und wieder auch einen ›flammenden Holzstoß … – Anzeiger der spirituellen Kraft. Noch einmal: Allein auf die Spiritualität kommt es an, nicht auf die Religionszugehörigkeit. Spiritualität ist dem Wasser gleich. Es erhält Pflanzen, Tiere und auch uns Menschen am Leben, ohne auf die Unterschiede zu achten.«

»Und was ist mit jenen, die nicht brennen, nicht wie ein Talglicht und erst recht nicht wie ein flammender Holzstoß?« fragte Satya mich lächelnd. »Sind sie deshalb etwa der ewigen ›Verdammnis‹ preisgegeben?«

»Aber nein. Spiritualität ist Feuer, ist Wärme! Sie wird mit der Zeit alles Eis der Verneinung schmelzen und sogar den kältesten Verstand eines wenn auch noch fernen Tages zu ihrem treuesten Diener machen.«

IV

Ein Geheimnis harrt der Entschlüsselung

Der bloße Intellekt ist nicht in der Lage, auf der »Schiene« des spirituellen Denkens zu fahren. Das zeigt sich besonders in der ablehnenden Haltung der Naturwissenschaft, die mit ihrem Objektivitätspostulat einen Damm errichtet hat, der anscheinend für die Ewigkeit gedacht ist.

Wer von höheren Realitätsebenen spricht sowie von dimensionsübergreifenden Kräften, die in der Lage seien, dem Wunschdenken einen mächtigen Schub zu verleihen, dem wird der Vorwurf gemacht, er denke unwissenschaftlich und der wird deshalb nicht ernstgenommen. Die Intuition? Du lieber Himmel, hier handele es sich doch um nichts anderes als lediglich um den Ablauf chemisch-biologischer Prozesse.

Doch seit Beginn des 20.Jahrhunderts ist ein neues Denken fleißig dabei, diesen Damm mehr und mehr zu durchlöchern. Eine besondere Rolle spielt hier das von C. G.Jung entdeckte Phänomen der Synchronizität als sinnvolles Zusammentreffen kausal nicht verbundener Geschehnisse.

Kälte des Intellekts – Wärme des Geistes

Die Naturwissenschaft hat es »nicht mit der ›Natur der Dinge an sich selbst zu tun‹, sondern nur ›mit der Natur als einem Gegenstand möglicher Erfahrung‹. Was die Dinge eigentlich und im Innersten sind, vermag sie uns ebensowenig zu sagen, wie sie dasjenige aufweisen kann, was nicht in der Welt der erscheinenden Dinge vorkommt …«[96]

Joseph Schuhmacher

Trotz der bedeutsamen Umwälzungen, die innerhalb der Physik stattgefunden haben, wird unser Verhältnis zur Natur immer noch von alten Denkweisen beherrscht. Zeit, so glauben wir, ist etwas, das sich außerhalb unseres Lebens abspielt und uns in seinem Fluß trägt; Kausalität lenkt mit eiserner Hand das Wirken der Natur, und unsere Konsensus-Wirklichkeit beschränkt sich auf die Oberfläche der Dinge, scheint mehr mit der regelgebundenen Arbeitsweise einer Maschine zu tun zu haben als mit der feinen Anpassungsfähigkeit eines Organismus.[97]

F. David Peat

In diesem Abschnitt soll dargelegt werden, daß es bloßer Intellektualität allein nicht gelingen kann, die Brücke zum ANDERSWO zu schlagen, denn der Weg nach Innen ist für reine Verstandesmenschen immer noch ein »Buch mit sieben Siegeln«. Ich habe es an anderer Stelle schon einmal gesagt und möchte es der Wichtigkeit halber noch einmal wiederholen:

Erst *hinter* der Grenze der Intellektualität beginnt das Reich der Transzendenz. Um darin eingelassen zu werden, muß man über den Verstand hinausdenken können. Dazu ist aber selbst der glänzendste Verstand nicht fähig. Andere, wie zum Beispiel *Albert Einstein, Sri Aurobindo* oder *Pierre Teilhard de Chardin,* konnten auf zwei Ebenen denken und dieses Denken miteinander verbinden. Ein »Denken« also nicht nur auf der Ebene des Verstandes, sondern auch auf der der Transzendenz. Allein dieser Fähigkeit hatten sie es zu verdanken, daß sich in ihnen das höhere Licht der Wahrheit und der Weisheit entzünden konnte. Und es ist genau dieses NEUE Denken, das auch wir lernen müssen. Zu denken einmal auf der Ebene des Verstandes und zum anderen auf der Ebene der Transzendenz. Der Verstand ist dann nicht mehr ein Gegner, sondern ein Diener der Intuition, ist – ihr Werkzeug!

Die Weigerung selbst hochkarätiger Gehirne, Kräfte anzuerkennen, die sie selbst nicht einordnen können, hat noch eine weitere Facette: Der Verstand hochintellektueller Menschen wird sehr oft von einem übersteigerten Ego begleitet, das gepaart ist mit beinharter Rücksichtslosigkeit. Zwei »Geschwister«, die in ihrem Zusammenwirken leicht das Übel der Disharmonie erzeugen, jener »Krankheit«, die sich wie eine dunkle Decke über die Gefühle der Menschen legt und sie zunehmend erstickt. Selbstverständlich ist auch das Reich der Intuitionen von dieser negativen Entwicklung betroffen. Was dann noch übrig bleibt? Ich brauche das nicht näher zu erläutern, denn wir können es jeden Tag sehen und erleben! Und es ist diese steigende Disharmonie auf allen Ebenen des Lebens, die auch unsere Wünsche negativ beeinflußt.

Erinnert sich der Leser noch an das Beispiel mit den »blinden Würmern«? An die Wurmphysiker, die nur in zwei Dimensionen denken konnten? An ihre krampfhaften, aber vergeblichen Versuche, das Phänomen der durch einen Regenschauer verursachten nassen Stellen auf dem Erdboden gedanklich einzuordnen, weil es ihrem Verstand unmöglich war, sich in die ihnen fremde, dritte Dimension hineinzudenken.

Die Situation unserer heutigen Naturwissenschaftler ist die gleiche wie die der Wurmphysiker. Auch der menschliche Verstand ist in seiner eingebildeten »Unfehlbarkeit« nicht in der Lage, über sich hinauszudenken.

Und an dieses Dogma der Unfehlbarkeit klammert sich das intellektuelle Denken wie an einen Notanker, weist dem Verstand den Rang eines Götzen zu. *Allein ich bin im Besitz der Wahrheit und es gibt nichts außer mir*, ruft der Verstand mit Pathos und verweist jedes andere Denken in das Reich der Märchen. Und wenn jemand sich trotzig erhebt und nach dem Sinn des Lebens fragt, dann wird ihm die Antwort nur mit mitleidiger Geringschätzung gegeben. Den Sinn könne man nicht messen, er sei selbst mit dem stärksten Mikroskop nicht zu entdecken. Die Frage sei also unwissenschaftlich und würde sich von selbst verbieten. Sicher hätten die Wurmphysiker auf eine entsprechende Frage eine ähnlich »qualifizierte« Antwort gegeben.

Sollen wir deshalb der Forderung der Positivisten folgen und zum Beispiel nicht mehr nach dem Sinn des Lebens fragen dürfen, nur weil die Naturwissenschaft nicht in der Lage ist, ihn zu entdecken?

Eine haarsträubende Forderung ist das, denn sie mißachtet radikal jene Fähigkeiten des menschlichen Geistes, die den Menschen aus dem Reich des rationalen Denkens heraushebt in das Reich der Gefühle und ihn damit erst zum Menschen macht: die Fähigkeiten des Sichwundernkönnens und des Staunens. *Was sind schon Gefühle?* höre ich den Verstand spöttisch und nachsichtig zugleich fragen und antworten: *Doch nichts anderes als Ergebnisse chemisch-biologischer Prozesse.* Und für die sogenannte Welt der Gedanken gilt dasselbe. Und was ist der Mensch in seiner Gesamtheit? Die Antwort *Ihrer Hochnäsigkeit* würde höchstwahrscheinlich lauten: *Er ist lediglich eine hervorragend funktionierende Maschine.* Und wenn nach dem Bewußtsein und nach der Seele gefragt würde? *Das sind doch nur Wunschkonstruktionen ohne den geringsten Bezug zur Realität.* Der französische Molekularbiologe und Medizin-Nobelpreisträger Jacques Monod geht in seiner vernichtenden Analyse am weitesten.[98] Für ihn ist das Universum lediglich Produkt eines Zufalls, und wir Menschen sind darin nur »Zigeuner am Rande des Universums … das für seine Musik taub ist und gleichgültig gegen seine Hoffnungen, Leiden oder Verbrechen.« In seinem Buch »Zufall und Notwendigkeit« bestreitet er das Wirken einer Schöpfung, stellt statt dessen den Zufall als neuen Gott auf den Piedestal seines rationalen Denkens. Dieser »liegt einzig und allein jeder Neuerung, jeglicher Schöpfung in der belebten Natur zugrunde«.

Monod hat das Objektivitätspostulat zu einem starren Dogma für alle Zeiten erhoben. Ist es nicht seltsam: auf der einen Seite spricht Monod von der Knechtschaft der animistischen Lüge, auf der anderen Seite erhebt er den Zufall in den Rang eines Götzen und frönt damit doch wieder einem *neuen* Animismus. Ich frage mich, wo in einer solchen »Zufalls-Welt« mit der Verherrlichung der Ratio Gefühle wie Nächstenliebe und Barmherzigkeit zu finden sind.

Warum ist das so? Woraus resultiert diese immer wieder zu beobachtende, oftmals fanatische, Hohn und Spott ausgießende Ablehnung vieler Intellektueller, über den bloßen Verstand hinauszudenken? Die Antwort könnte lauten: Weil es der bloßen Intellektualität, sei diese auch noch so beeindruckend, nur möglich ist, bis an die Grenze des noch vom Verstand erfaßbaren vierdimensionalen Raum-Zeit-Kontinuums vorzudringen. Hat sie aber diese Grenze erreicht, dann liegt vor ihr, bildlich gesprochen, ein »Abgrund«, den sie nicht zu überbrücken vermag – es ist der Abgrund *zwischen* den Dimensionen! Ihn zu bewältigen kann nicht durch das Wirken des Verstandes geschehen. Eine Tatsache, die auch erklärt, daß Weisheit und Intellektualität zwei verschiedene »Größen« sind. Ein einfacher Schafhirte kann gegenüber einem Universitätsprofessor ein Gigant an Weisheit sein, selbst wenn es ihm unmöglich ist, die einfachste mathematische Gleichung aufzulösen. Nur die Gabe der Weisheit kann eine Brücke über den die Dimensionen trennenden Abgrund schlagen. *Echte* Schamanen haben dies längst bewiesen. Aber was ist Weisheit? Wird sie erreicht durch die hellen Blitze erleuchtender Intuitionen? Blitze, die sich immer öfter einstellen bis sie schließlich zur andauernden

»Helligkeit« geworden sind? Ist sie das Ergebnis ernster Bemühungen oder wird sie durch einen Gnadenakt erworben? Aber darauf kommen wir später noch zu sprechen.

Doch der Verstand ist ein eifersüchtiger Geselle. *Unmöglich, daß es etwas gibt, was meine Erkenntnisfähigkeit übersteigen könnte,* posaunt er laut in alle Welt hinaus. *Gott? Transzendenz? Die Menschheit auf dem Weg zum Überbewußtsein? Klammert euch nicht an diese leeren Hülsen. Sie bringen euch nichts, sind nur Fesseln, die eure Entwicklung hemmen. Vertraut mir, laßt mich nur machen. Meine Entwicklung ist noch lange nicht abgeschlossen. Sie wird einmal eine Höhe erreichen, daß ihr aus dem Staunen nicht mehr herauskommen werdet. Und denkt vor allen Dingen daran, daß die moderne Gesellschaft ihren Reichtum und ihre Macht einzig und allein der Wissenschaft zu verdanken hat. Und die Wissenschaft wird auch dafür sorgen, daß es der Menschheit von morgen noch viel besser als heute gehen wird. Seid also dankbar und laßt euch nicht von euerem gewohnten Weg abbringen. Lebt euer Leben, erfüllt euch eure Wünsche und laßt ab, über Dinge nachzudenken, die nicht nachdenkenswert, weil unsinnig sind. Denn wenn sie es wären, dann wären sie von der Naturwissenschaft schon längst bestätigt worden, denn nur ihre ständig nachprüfbaren Erkenntnisse haben Gewicht.*

Aber sieht die Wirklichkeit nicht anders aus? Blicken wir doch einmal hinter die goldglänzenden Fassaden des »Reichtums« und auch hinter die kraftstrotzenden der »Macht.« Sieht man hier nicht die zunehmende Armut der Seelen, die Verhärtung der Herzen, die damit einhergehende Mitleidlosigkeit und die menschenverachtende Brutalität, mit der bestimmte Ziele rücksichtslos durchgesetzt werden? Gewiß, die Wissenschaft hat das Außen aufpoliert, vermochte aber, und das kann ihr nicht angelastet werden, auf das Innen der Dinge keinen Einfluß nehmen, und gerade auf das Innen kommt es uns doch an. Was sind die Folgen? An dieser Stelle muß ich zum Kapitel *Die Natur will Harmonie* zurückkehren. Das Gefühlsleben eines Menschen gleicht einem Garten. Leider blühen in nur sehr wenigen »Menschengärten« tausend Blumen. Sie verbreiten einen herrlichen Wohlgeruch. Wenn man einen solchen Garten betritt, dann fühlt man sich von einem Gefühl schier grenzenloser Harmonie ergriffen und möchte nie mehr fortgehen. Andere Gärten, es sind immer noch wenige, sind spärlicher bewachsen, bieten aber trotzdem noch einen hübschen Anblick. Wieder andere, diesmal sind es die weitaus meisten, zeigen nur einen kargen Boden, den nur wenige anspruchslose Pflänzchen zieren. Sie vermitteln ein Gefühl der Traurigkeit, ja sogar der Resignation, so, als ob sie sich ihres baldigen Todes schon jetzt angstvoll bewußt wären. Wenn man einen solchen »Garten« durchqueren muß, dann tut man es mit möglichst schnellen Schritten. Den Schluß bilden »Gärten«, die man tunlichst nicht betritt, weil sie Grauen und psychische Kälte beherbergen. In ihnen gibt es nicht die Spur von Leben. Sie sind mit trostlosen Wüsten zu vergleichen, in denen nicht das kleinste Grashälmchen sein Auskommen findet. Hier hat allein die Leblosigkeit des Todes ihr Zuhause.

Ich brauche es nicht näher zu erläutern – gemeint sind die »Gärten« der Seelen. Leider nehmen in unserer ach so modernen Gesellschaft die »Wüsten« mehr und mehr zu. Paradiesische Gärten? Man muß sie schon mit der Lupe suchen. Doch auch deren Tage sind schon gezählt. Das grenzenlos übersteigerte gierige Ego wird auch diese letzten »Gärten« umpflügen, um auch hier Platz für protziges Egogehabe zu schaffen. Neue »Wüsten«, die solange zunehmen, bis auch die letzten Blumen verschwunden sind. Wie sagt man zur Rechtfertigung so schön: Damit müssen wir uns abfinden, denn das ist eben der Lauf der Welt. Ihr werdet es sicher einsehen – Opfer müssen sein, denn die Wirtschaft muß florieren, damit es uns noch viel besser gehen kann. Es gibt wohl kaum einen Zweifel daran – die Masse wird enthusiastisch dem »Zeitgeist« folgen und frenetisch Beifall klatschen, ihr Anspruchsdenken wird weiter zunehmen, und ihre Seelen werden sich weiter verhärten!

Mit den »Wüsten« ist die Gesellschaft unserer Tage, wie ich meine, treffend gekennzeichnet. Kommen wir jetzt zu den dort zirkulierenden Wünschen. Denn auch hier gibt es Wünsche, wahrscheinlich sind es hauptsächlich solche sehr ehrgeiziger Art, die nach Erfüllung verlangen. Wünsche, die mehr Macht, mehr Reichtum erstreben, kurzum, mehr äußeren Schein, egal, ob andere dabei Schaden nehmen oder nicht. Hauptsache ist und bleibt: Der Rubel muß rollen, selbst wenn die Schönheit von Mutter Erde bei diesem Tun mehr und mehr verblaßt und der Augenblick nicht mehr fern ist, an dem sie den letzten Rest davon endgültig verloren hat und statt dessen eine Totenmaske trägt – als Folge von Gedanken, die in ihrer hemmungslosen Gier tödliche Wünsche produzieren. Es ist nicht zu ändern – leider können auch Wünsche dieser Art mit Kraft geladen werden.

Was soll das alles? Wozu soll uns das Bild mit der Wüste und der Vergleich mit der modernen Gesellschaft denn dienen? Wir wissen es doch schon längst: Trostlosigkeit gibt es mehr als genug, warum also noch weitere düstere Bilder an die Wand unserer Zukunft malen? Das bringt uns doch in unserem Bemühen zur Stärkung unserer Wunschkraft nicht weiter.

Falsch gedacht! Ich sagte schon zu Anfang, daß ich den Bogen weit spannen muß, um dem Umfang unseres Themas gerecht werden zu können. Die Übungen mit Erfolg anzupacken heißt doch, ihren Hintergrund auszuleuchten und begreifbar zu machen. Aber ohne genügende »Spannweite«

ist das nicht zu schaffen. Weil ohne sie nicht jener »Strom« induziert werden könnte, der nicht nur die Psyche, sondern auch den Körper empfänglich macht. Ich kann es nicht oft genug sagen: Ohnc cin gcwisses Maß an Empfänglichkeit und ohne die Fähigkeit zur Resonanz werden die im fünften Kapitel angeführten Übungen nicht die erforderliche Kraft entfalten können.

Zurück zum Vergleich zwischen einer Wüste und der »modernen«, besser gesagt: egozentrierten Gesellschaft. Was er bezwecken soll ist leicht gesagt: Er soll lediglich darlegen, daß sich ein immer mehr überspitzendes Ego »hervorragend« zur Schaffung von »Wüsten« eignet. Von dieser Entwicklung sind selbstverständlich auch Gedanken betroffen, die Wünsche produzieren. Ist es nicht leicht einzusehen, daß sich in den »Paradiesgärten« die Wünsche der hier Wohnenden sehr von denen der »Wüstenbewohner« unterscheiden werden?

Was heißt das für uns? Ich muß jetzt ein weiteres Beispiel verwenden. Man stelle sich eine Stadt mit einer Industrie vor, die sehr viel Abgase produziert. Die Luft über dieser Stadt ist ständig von ihnen durchsetzt. Immer wieder gibt es Tage, an denen es sogar die Strahlen der Sonne nicht vermögen, den ekligen Dunst zu durchbrechen, und die Bewohner einer solchen »Stadt« dann nur noch quälend atmen können. Wie soll das nur weitergehen?

Die Art der Wünsche ist mit dem Zustand der Luft durchaus zu vergleichen. Es gibt Wünsche, die Schaden bringen, und andere, die es nicht tun. Im selben Verhältnis wie erstere zunehmen, nimmt die Harmonie ab, muß sie abnehmen, denn in der »Dunkelheit« kann sie nicht gedeihen. Im Gefolge dieser Abnahme befinden sich Rücksichtslosigkeit, Aggressivität und eine die Gesetze verachtende Brutalität. Mitleid und tätige Nächstenliebe werden als Zeichen der

Schwäche oder sogar der Dummheit gedeutet, Lieblosigkeit breitet sich aus, die, wie der Qualm der Abgase, von den Menschen als quälend empfunden wird. Aber sie kennen den Grund nicht, wissen nicht, was sie gegen dieses »Quälen« unternehmen sollen.

Jetzt bin ich da, wo ich hinwollte, bei der »Psychosomatik«. Laut Duden ist dies *die Wissenschaft von der Bedeutung seelischer Vorgänge für Entstehung und Verlauf körperlicher Krankheiten.* Das griechische Wort »Soma« steht dabei für das Wort »Körper«.

Warum verwende ich dieses Wort? Von psychosomatischen Vorgängen kann doch in unserem Fall nicht die Rede sein. Aber was ist, wenn ich nicht von einem einzelnen Körper ausgehe, der Schaden nimmt, sondern von dem »Gesamtkörper« aller in dieser Stadt wohnenden Menschen? Ihm wird von einer »Psyche« anderer Art Schaden zugefügt. Wer spielt aber *hier* die Rolle der Psyche, die auf den Gesamtkörper einwirkt, ihn allmählich dazu unfähig macht, Freude zu empfinden und Freude zu geben, ein »psychosomatisches« Krankheitsbild übergeordneter Art erzeugt?

Es ist der durch den Qualm der Egozentrik verdunkelte Himmel der Harmonie, dem ich hier die Rolle der geschädigten Psyche zuweise. Das eklige Dunkel umschließt den Gesamtkörper der Menschen wie eine erstickende Wolke und läßt feinere Regungen nicht mehr zu ihm durch. Statt dessen werden Angst und Pein in ihm erzeugt. Die Disharmonie als große Zerstörerin? Ja, in der Tat, das ist sie. Irgendwo, an einer unscheinbaren Stelle, beginnt sie ihr Werk – und breitet sich siegessicher aus wie ein Krebsgeschwür. Es wächst und wächst, schickt seine Metastasen bis in die entferntesten Winkel. Das Ergebnis: Unter der verdunkelnden Decke der Disharmonie erstickt die Freude und mit ihr jede Zuversicht. Die früher so geschätzte Kraft zur Bewältigung schwierigster Aufgaben weicht der Weinerlichkeit und dem überzogenen Selbstmitleid. In einer solchen Atmosphäre können keine hohen Wünsche geboren werden. Keine, die imstande wären, der Disharmonie heilend entgegenzuwirken, wieder das Miteinander zu erzeugen und endlich das Gegeneinander zu vergessen. Denn genau das muß geschehen, wenn die Gesellschaft wieder gesunden soll.

Was hat das für uns zu bedeuten und welche Folgerungen müssen wir daraus ziehen? Sie lesen sich zugegebenermaßen sehr einfach: Wir dürfen nicht dazu beitragen, daß sich der »Himmel« über unseren Köpfen gänzlich verdunkelt. Das heißt, unsere Wünsche müssen positiver Art sein, dürfen nicht den Schaden anderer anstreben. Aber haben wir das alleine in der Hand? Wir sind doch nur wenige. Nein, sicher nicht, aber jedes Bemühen schafft der Sonne der Harmonie einen, wenn auch nur winzigen, Spalt, durch den ihre Strahlen hindurchschlüpfen können. Und solange das geschieht, solange die wärmenden Strahlen den Boden der Erde treffen, solange ist noch nichts verloren, kann die bisherige »Fahrtrichtung« geändert werden.

Heißt das, daß wir uns nichts mehr wünschen dürfen, was uns zum Beispiel im Beruf voranbringt, auch wenn andere, die sich ebenfalls den betreffenden Posten ersehnen, dann nicht zum Zuge kommen? Oder dürfen wir uns nicht wünschen, geliebt zu werden? Hier kann es schließlich Interessenkollisionen und damit Verlierer geben, die darunter leiden würden. Würde es mithelfen, den »Himmel« der Harmonie zu verdunkeln, wenn wir auf unser Glück zum Beispiel beim Fußballtoto oder beim Lotto hoffen?

Aber nein. Man darf sich alles wünschen, solange das Selbst nach der Realisierung eines Wunsches darauf nicht mit Disharmonie reagiert. Gemeint ist damit eine Verhärtung der Herzen gegenüber den Mitmenschen, hervorgerufen durch eine Aufblähung des Ego, die leicht Mitleidlosigkeit und Überheblichkeit zur Folge hat. Nicht alle vertragen es, wenn Fortuna ihr Füllhorn des Glücks über sie ausschüttet. Viele heben dann von der gewohnten Lebensweise ab. Bescheidenheit kann sich leicht in Arroganz, Mitleid in Hochmut und Liebe sehr schnell in Haß verwandeln. Ein Disharmonie erzeugender Prozeß!

Ein Ausspruch des amerikanischen Wissenschaftlers und Schriftstellers Jacob Needleman kommt mir dazu in den Sinn. In seinem Buch »Vom Sinn des Kosmos« findet er die bezeichnenden Worte: »Daher ist es sinnlos, darauf zu bestehen, daß die Wissenschaft wieder den Geist – oder Gott – in ihre Welt einführt, solange wir nicht selber fähig sind, den Geist in unsere Innenwelt einzuführen. Sinnlos, von der Wissenschaft zu verlangen, die heiligen Lehren zu benutzen, wenn wir sie selbst nicht verstehen, weil wir uns nie die Mühe gemacht haben, uns in ihrem Licht zu betrachten.«[99]

Zum Schluß soll noch einmal das Lager der Intellektuellen in einem bezeichnenden Ausspruch von Jacques Monod zu Wort kommen. Dieser ist wie kaum ein anderer dazu geeignet, die Kälte eines sicher hochentwickelten Intellekts aufzuzeigen, der an die Grenze seiner an die Welt unserer Dimensionen geketteten Erkenntnisfähigkeit angelangt ist, diese aber nicht als »Grenze«, sondern als absolutes Ende ansieht.

»Der Alte Bund ist zerbrochen; der Mensch weiß endlich, daß er in der teilnahmslosen Unermeßlichkeit des Universums allein ist, aus dem er zufällig hervortrat. Nicht nur sein Los, auch seine Pflicht steht nirgendwo geschrieben.«[100]

Wo kommt die Disharmonie mit ihrer Ablehnung der Sinnhaftigkeit in den Weiten des Kosmos mehr zum Ausdruck als in diesen kalten, jede Hoffnung verneinenden Worten?!

Harmonie und Synchronizität

Synchronizitäten weisen darauf hin, daß wir unsere Verbindungen mit der schöpferischen, von Bedingungen freien Quelle erneuern können, die nicht nur unser Ursprung, sondern Ursprung aller Realität ist. … (So) wird es möglich, in eine aktive Umwandlung einzutreten und Zugang zu unbegrenzten Energiebereichen zu gewinnen. So können Körper und Bewußtsein, Individuum und Gesellschaft, Geist und Materie zur Entfaltung ihres unbegrenzten Potentials gelangen …[101]

F. David Peat

Wo die herkömmlichen Gesetze der Physik weder menschliche Wünsche noch das Bedürfnis nach Sinn beachten – Äpfel fallen, ob wir das wollen oder nicht –, spiegeln Synchronizitäten unsere geistigen, inneren Prozesse wider und nehmen dabei die Form äußerer Manifestationen an.[102]

F. David Peat

Wir kommen jetzt zu einem Abschnitt, der für unser Anliegen eine wahre Schatztruhe darstellt, zu jenen sich der Ratio entziehenden Phänomenen, die unter dem Begriff »Synchronizität« zusammengefaßt werden. Dieser ist uns nicht mehr fremd, denn von seinem unheimlichen, von mir selbst erlebten Walten in der Spielbank und von C. G. Jungs unglaublichem Skarabäuserlebnis habe ich schon weiter vorn berichtet. Es waren zwei prägnante Beispiele, die darlegen, daß Gedanken, und damit auch Wunschgedanken, realitätsverändernde Kräfte sind. Oder ist diese Behauptung falsch, stilisieren wir lediglich reine Zufälle zu »Phänomenen« hoch und geben uns dabei einer hemmungslosen Phantasie hin?

Nein, einer solch negativen Bewertung widerspricht die wissenschaftliche Qualifikation des berühmten Schweizer Psychologen C. G. Jung. Dieser war überzeugt davon, daß Synchronizitäten nicht mit dem Wirken des Zufalls erklärt werden können. Für ihn gab es keinen Zweifel daran, daß die psychischen Kräfte jener Personen, die diese Manifestationen nicht nur erleben, sondern die dem Sinn nach auch als Beteiligte anzusehen sind, Synchronizitäten verursachen können.

Von großem Interesse ist an dieser Stelle auch, was Michael Talbot in seinem Buch »Das holographische Universum« zu diesem Thema schreibt:

»Wenn … unsere Gedanken holographische Bilder entstehen lassen können – nicht nur in unserem eigenen Energiefeld, sondern auch in den subtilen energetischen Schichten der Realität –, dann wäre dies eine mögliche Erklärung dafür, daß der menschliche Geist Wunder zu wirken vermag … Damit ließen sich sogar die Synchronizitäten erklären oder die Art und Weise, wie Vorgänge und Bilder aus den tiefsten Tiefen unserer Psyche in der Außenrealität Gestalt annehmen können.«[103] In diesem Zusammenhang ist es hochinteressant, daß die Quantenphysik zu der Feststellung gelangte, daß unsere Psyche an der Entstehung der Realität beteiligt ist.

Die Skepsis, ja, die zum Teil höhnische Ablehnung der damaligen Gelehrtenwelt war im Hinblick auf den herrschenden Zeitgeist zu verstehen. Den Wissenschaftlern, die bisher von einem strengen Getrenntsein des physischen vom psychischen Kosmos überzeugt gewesen waren, wurde Unglaubliches zugemutet. Seelische Vorgänge sollten in der Lage sein, Ereignisse in der realen Welt zu verursachen? Das würde dem Kausalitätsprinzip als der heiligen Kuh der Naturwissenschaft ja widersprechen. Nein, das war unmöglich, weil undenkbar.

Doch dieses Weltbild erhielt Risse, als sich der Physiker Wolfgang Pauli hinter die Thesen Jungs stellte. Pauli war ebenfalls von der Existenz akausaler, nicht-physikalischer Faktoren, die in der Natur wirken, überzeugt. Und es kam sogar zu einer fruchtbaren Zusammenarbeit zwischen einem der genialsten Physiker der damaligen Zeit und einem der größten Psychologen des Zwanzigsten Jahrhunderts. Ihr Ziel war es, »eine einheitliche Welt zu entwickeln, in der Kausalität und Akausalität nebeneinander oder derart als Dualitäten bestehen können ...[104] Pauli war es auch, der eine grundlegende Abhandlung über dieses Thema schrieb. In ihr stehen folgende, bemerkenswerte Sätze:

»Heute besitzen wir zwar Naturwissenschaften, aber kein naturwissenschaftliches Weltbild mehr ... Seit der Entdekkung des Wirkungsquantums war ja die Physik allmählich gezwungen, ihren stolzen Anspruch, im Prinzip die ganze Welt verstehen zu können, aufzugeben. Eben dieser Umstand könnte aber als Korrektur der früheren Einseitigkeit den Keim eines Fortschrittes in sich tragen in Richtung auf ein einheitliches Gesamtweltbild, in welchem die Naturwissenschaften nur ein Teil sind.«[105]

Ein berühmter Physiker wie Wolfgang Pauli – und solche Gedanken! Doch das war noch nicht alles. Er war auch davon überzeugt, daß parapsychologische Phänomene als akausale Vorgänge im Universum zu betrachten seien. Das beweist, daß Pauli ein Naturwissenschaftler war, der über den bloßen Verstand hinausdenken konnte. Leider vermögen es nur wenige, die Fahrrinne des herrschenden Zeitgeistes zu verlassen und mutig ins Unbekannte vorzustoßen. Wir wissen es doch – wer gegen den Strom schwimmt, den bekämpft die Masse, sie scheut vor nichts zurück, will ihn wieder zu sich herunterziehen, denn sie kann es nicht leiden, daß man sich über sie erhebt. Keine Frage, ihre herunterziehende »Gravitationskraft« ist ungeheuer.

Versuchen wir doch, uns vorzustellen, daß es tatsächlich eine Art von höherdimensionaler »Kausalität« gibt, die alles, aber auch alles, umfaßt, die Ganzheit von allem, was es gibt, nicht nur das Materielle, sondern auch das Geistige. Und wenn man dazu noch der Auffassung ist, daß alles dem selben Schoß entspringt, dann ist doch die These gerechtfertigt: Kausalität und Akausalität sind Geschwister, gehorchen einem übergeordneten Gesetz; erstere folgt dem gewohnten Ursache-Wirkungs-Prinzip in der materiellen Welt, letztere hingegen verlangt nach Sinnhaftigkeit, denn hier ist der GEIST im Spiel. Für unser Anliegen, die Stärkung der Wunschkraft, ist diese These, wie sich später noch zeigen wird, von eminenter Bedeutung. Denn sie wird dem Einstimmungsprozeß und dem Glauben an die Realisierungsmöglichkeit des »Weges« einen starken Schub geben.

Kehren wir zu C. G. Jung mit seinem Skarabäuserlebnis zurück. Wir haben es schon an früherer Stelle kurz behandelt, jetzt aber wird einem das Verständnis für diese rätselvolle Begebenheit sicher viel leichter fallen.

Fragen wir uns an dieser Stelle noch einmal, was sich für ein Sinn hinter dem plötzlichen Auftauchen des Insekts vor Jungs Fenster verbarg – zu einem Zeitpunkt, als die Patientin kurz vorher dem Psychologen von einem Traum erzählt hatte, in dem sich ihr ein Skarabäus zeigte? Jung erfaßte diesen Sinn. Er fand ihn in der weit übertriebenen, rationalen Lebenseinstellung der Frau. Und da der Psychologe wußte, daß der Skarabäus im alten Ägypten das Sinnbild der Wiedergeburt war, fiel ihm die Deutung nicht schwer. Sein plötzliches Erscheinen wies auf die »psychische« Wiedergeburt der Patientin hin, auf das Verlassen ihrer übertriebenen Rationalität und ihr Eintauchen in eine neue Geisteshaltung.

Jetzt noch einmal zu meinem Rouletteerlebnis, das meinem Freund so schwer zu schaffen gemacht hatte. Man erinnert sich noch an meine »innere Stimme«, die mir die Zahl 36 zuflüsterte. Ich folgte ihr nicht, denn ich beobachte lieber als zu spielen, aber ich flüsterte sie meinem Freund zu. Doch auch er ließ sich nicht von meiner »Eingebung« beeindrukken. Dann passierte es! Die ominöse 36 kam nicht nur an diesem Tisch immer wieder, sie zeigte sich, aller Wahrscheinlichkeit spottend, in einer derartigen Häufung auch an den anderen Tischen, daß es fast einer Unmöglichkeit gleichkommt, hier noch an einen puren Zufall zu glauben. Jenen, die trotzdem den »allmächtigen« Zufall für den Verursacher halten, sei gesagt, daß man den Zusammenhang beachten muß! Den Zusammenhang zwischen meiner Eingebung und dem sich daran anschließenden rätselvollen Geschehen.

Wegen des akausalen Verhaltens muß die Frage nach dem Sinn gestellt werden. Unterstellen wir zuerst, daß psychische Prozesse tatsächlich imstande sind, die Realität zu verändern, daß das häufige Auftreten der Zahl 36 mit seelischen Vorgängen, ihrem Eingreifen in den Lauf der kleinen Elfenbeinkugel zu erklären ist. Darf man deshalb von Vorgängen sprechen, die aus einer übergeordneten Realitäts- bzw. Frequenzebene nach unserer Dimension griffen und psychokinetisch wirksam wurden? Man darf! Diese Vorgänge liefern uns die Erklärung für die geheimnisvollen Manifestationen der Synchronizität. Sie führen den Glauben an den *Dualismus* von Materie und Geist ad absurdum und zeigen uns auf verblüffend einfache Weise die *Einheit* von Materie und Geist. Um es anders auszudrücken: »... eine tiefgreifende Energieaktivierung in der Psyche führt zu einer Bildung von Mustern im Unbewußten, die sich – unter Aussetzung des Kausalitätsprinzips – mit physikalischen Mustern der äußeren Welt, in *einer* sinnvollen symbolischen

Situation zusammenordnen. Es sieht dann so aus, als ob die physikalische und seelische Welt nur noch Facetten ein und derselben Wirklichkeit wären.«[106]

Aus irgendeinem Impuls heraus griff ich während der Behandlung dieses Stoffgebiets nach dem Buch von F. David Peat »Synchronizität«. Doch es entglitt meiner Hand und fiel aufgeschlagen zu Boden. Ich hob es auf und wollte schon eine andere, mich interessierende Seite aufschlagen, aber dann tat ich es doch nicht und begann zu lesen. Die Zeilen fesselten mich mehr und mehr. Peat [107] berichtete in ihnen über den Sinologen Richard Wilhelm. Dieser hätte das Erlebnis eines Regenmachers geschildert, der von den Bewohnern eines Dorfs gerufen wurde, das unter großer Wassernot litt. Der Regen war viele Wochen ausgeblieben. Als der Regenmacher endlich erschien, baten sie ihn flehend um Hilfe. Der alte Mann nickte gewährend und »ging schnurstracks zu dem Haus, das für ihn vorbereitet worden war, und blieb dort, ohne irgendwelche Zeremonien durchzuführen – bis der Regen kam. Als man ihn fragte, wie er denn den Regen verursacht habe, erklärte der alte Mann, daß es hierfür keine Ursächlichkeit gäbe. Als er in dem Dorf ankam, so stellte sich heraus, hatte der Regenmacher erkannt, daß dort Disharmonie herrschte, weshalb folgerichtig die normalen Naturvorgänge nicht so ablaufen konnten, wie es ihrer Bestimmung entsprach. Der »Regenmacher« wurde ebenfalls davon beeinflußt, so daß der alte Mann sich in seine Hütte zurückzog, um sich zu sammeln. Als die innere Harmonie wiederhergestellt war und sich das Gleichgewicht wieder etabliert hatte, kam der Regen ganz von selbst, so, wie es seiner natürlichen Eigenart entspricht.« Der »Regenmacher« war davon überzeugt, daß er nur das Dorf, sich selbst und den Regen wieder ins Harmoniegleichgewicht bringen müsse, um die gestellte Aufgabe lösen zu können.

Die Disharmonie wieder als die große Zerstörerin? Nun, wenn man die heutige Weltlage betrachtet, dann kommt einem diese Aussage sehr plausibel vor. Und was unsere »Kultur« angeht: driftet sie nicht geradezu in die Disharmonie hinein? Wird ihr nicht von bestimmten »Päpsten« der Meinungsbildung so etwas wie ein Heiligenschein aufs Haupt gesetzt? Treue? Was ist schon Treue? Doch nur ein Beweis für innere Verklemmtheit. Ehrlichkeit? Doch nur die Dummen sind ehrlich! Mut? Anpassen ist besser und – risikoloser.

Ich klappte das Buch in dem Bewußtsein zu, zwar nicht die ganze, aber immerhin den Ansatz einer Lösung meines Problems gefunden zu haben. Dieser konnte auf einfache sieben Worte reduziert werden. Sie lauteten: *Die Natur strebt nach Ausgleich und Harmonie.* Denn da die Natur alles umfaßt, alles, was in ihr lebt und webt, muß ihr Harmoniestreben selbstverständlich auch die Ganzheit, und damit auch den GEIST (hier ist der spirituelle Geist gemeint), umfassen. Es fiel mir das Beispiel mit der schlechten Luft über der Industriestadt und der Vergleich mit dem sich verdichtenden »Qualm« der Egozentrik und seine Einflußnahme auf die Art der Wünsche ein. Ich dachte an den verdunkelten Himmel der Harmonie und an die dadurch hervorgerufene mehr und mehr zunehmende Disharmonie mit ihren schlimmen Folgeerscheinungen.

Meine Gedanken kehrten zu der Spielbank zurück und zu meinem Freund, der an diesem Abend ein Vermögen hätte gewinnen können, wenn er meiner Eingebung gefolgt wäre. Noch einmal: Welcher Art waren diese Vorgänge, daß sich die lockende Zahl 36 so oft zeigte? Wieso war es überhaupt zu der Synchronizität gekommen? Die Lösung dieser Frage war sicher, wie das Beispiel mit dem Regenmacher zeigt, im Streben der Natur nach Ausgleich und Harmonie zu suchen, aber wo war während des Roulettespiels eine gestörte Harmonie eingetreten? Ausgerechnet bei Rolf und mir? Ich hatte jedenfalls nichts davon bemerkt.

Unerwarteter Besuch stellte sich ein – Satya! Ich begrüßte ihn freudig, hatte ich ihn doch fast einen Monat lang nicht zu Gesicht bekommen. Er hatte geschäftlich zu tun gehabt. Daß er ausgerechnet heute den Weg zu mir gefunden hatte, war mir sehr recht. Seine Sicht der Dinge war bisher sehr befruchtend für mich gewesen. Warum sollte das jetzt nicht erneut der Fall sein? Während wir Kaffee tranken, machte ich ihn mit meinem »Problem« bekannt. Satyas anschließende Fragen beantwortete ich, so gut ich konnte, auch wenn es meiner Meinung nach einige unter ihnen gab, die mir zu weit hergeholt erschienen.

»Sicher ist dir der österreichische Biologe Paul Kammerer bekannt?« fragte er mich nach längerem Nachdenken.

»Nur am Rande«, gab ich zögernd Antwort. »Ich weiß nicht viel von ihm, nur, daß er auf der Suche nach dem Wesen von Gleichzeitigkeiten und der Serialität war. Aber frage mich bitte nicht weiter danach.«

Satya lächelte. »Höre jetzt gut zu, was ich dir über ihn mitteilen kann. Kammerer war der Ansicht, daß der Natur das Streben nach Harmonie immanent sei. Sie sei »die Nabelschnur, die Gedanken, Gefühle, Wissenschaft und Kunst mit dem Schoß des Universums verbindet, der sie hervorbrachte.«[108] Ein fragender Blick traf mich. »Sagt dir das etwas?«

»Ja, aber das läßt die Hauptfrage immer noch unbeantwortet. Sie lautet: In welcher Ecke ist die gestörte Harmonie während meines Aufenthalts in der Spielbank zu finden, und wieso hat sie sich ausgerechnet bei Rolf eingestellt?«

In Satyas Gesicht vertiefte sich das Lächeln. »Kammerers Hypothese sollte nur ein Vorspiel für das sein, was jetzt folgt.« Er räusperte sich kurz. »In welcher Ecke, fragst du?

Ich glaube, die Wahrheit zu kennen. Die Ecke wart ihr beide, du und Rolf!«

»Wir beide?«

»Ja, ihr beide! Du hast es mir eben doch selbst geschildert.«

»Ich verstehe immer weniger.«

»Dann will ich dich schnell aufklären. Aber wir wollen Punkt für Punkt vorgehen, damit ein möglichst klares Bild entsteht. Der erste Punkt betrifft deine Eingebung im Hinblick auf die Zahl 36. Ob diese ›Eingebung‹ einem Vorauswissen entsprang oder ob sie lediglich das Produkt eines außergewöhnlichen Zufalls gewesen ist, tut hier nichts zur Sache. Du sagtest ihm diese Zahl und fordertest deinen Freund auf, sie zu setzen, ist das so richtig?«

»Ja, genau so hat es sich abgespielt. Aber Rolf wollte von meinem Vorschlag nichts wissen und setzte andere Zahlen, denn auf Gefühle gäbe er nichts.«

»Hast du dich darüber geärgert?«

Ich nickte. »Ja. ich hätte ihm den Gewinn wegen seiner früheren Verluste gerne gegönnt.« Ich zuckte die Schultern. »Rolf sieht sich gerne in der Rolle eines reinen Verstandesmenschen, der sich ungern von Gefühlen leiten läßt. Aber so ganz glaube ich nicht daran, denn als wir uns trennten, sprach er sein Bedauern darüber aus, meiner Intuition, also meinem ›Gefühl‹, nicht gefolgt zu haben.« Ich wollte weitersprechen, aber Satya hob abwehrend die Hand.

»Das war Punkt 1, jetzt kommen wir zu Punkt 2: Hier passierte folgendes: Kaum war die Zahl 36 erschienen, als sie sich auch am Nebentisch zeigte. Doch damit war es noch nicht genug, an den hinteren Tischen stellte sie sich wie durch Zauberei nun ebenfalls ein.« Satya hielt kurz inne, fuhr dann betont langsam fort: »Ohne Zweifel war das eine Synchronizität.«

Ich begriff immer noch nicht. »Aber warum sollen Rolf und ich sie auf den Weg geschickt haben?«

»Jetzt kommt als Erklärung Punkt 3: Ganz einfach, du hast ihr mit deiner Eingebung gewissermaßen die Tür geöffnet. Die Bemerkung deines Freundes, er gäbe nichts auf Gefühle, veranlaßte sie, hindurchzuschreiten. Das dann erfolgende oftmalige Erscheinen der 36 war so etwas wie ein schadenfrohes Gelächter. Es sollte deinem Freund die Unsinnigkeit seiner Denkungsweise vor Augen führen.«

»Damit wäre auch die Sinnhaftigkeit dieses Geschehens beschrieben«, entgegnete ich. »Trotzdem ...«, ich schwieg, fühlte mich ein wenig hilflos.

Satya hob die Schultern. »Diese Interpretation braucht dich nicht zu genieren. Bedenke, Wissenschaftler von hohem Rang wie C. G. Jung, Pauli, Peat und andere, waren schon vor langer Zeit der Meinung, daß die Psyche immer wieder den Versuch unternimmt, ein Harmoniegleichgewicht nicht nur in der inneren Welt, sondern auch in der Außenwelt zu erzielen. Behutsam und sachte rücke sie die Dinge zurecht, ohne daß wir uns über die Ursache im klaren sind. Wenn allerdings die Disharmonie mehr und mehr die Überhand gewinnt, sie schließlich so groß geworden ist, daß sie sich nicht mehr zurechtrücken läßt ...« Er schwieg, auf seiner Stirn erschien eine dicke Falte.

»Eine sinnvolle, ebenfalls akausale Verknüpfung zwischen Urgrund und Subjekt bildet auch *unser* Bemühen zur Stärkung der Wunschkraft«, meldete ich mich wieder zu Wort. »Denn auch hier kann ›von einem sinnvollen Zusammentreffen von Ereignissen, das im Widerspruch zu den normalen in unserem Universum wirkenden Kausalgesetzen zu stehen scheint‹[109], gesprochen werden.«

»Dem kann ich nur zustimmen, denn Geist und Materie dürfen nicht als etwas voneinander Getrenntes angesehen und behandelt werden. Beide sind vom schöpferischen Urgrund geboren worden und beiden ist eines gemeinsam – Bewußtsein! Und es ist dieses durchgängige, hierarchisch gegliedertes Bewußtsein, das uns akausal vorkommende Geschehnisse ermöglicht. Von einer höheren Realitätsebene aus gesehen verbirgt sich hinter dem Wort Akausalität nur unser Nichtwissen über Dinge und Kräfte, die unser armer, beschränkter Verstand nicht zu erfassen vermag. Einen Ausweg bietet nur die Intuition als eine Art hinweisender Leuchtfinger der Seele.« Er hielt abrupt inne, dann fügte er bedeutungsvoll hinzu: »Merke es dir: Harmonie ist zu vergleichen mit dem Licht und der Wärme der Sonne. Disharmonie dagegen versinnbildlicht die Kälte und die namenlose Einsamkeit des Weltraums! Sie ist unsere große Feindin, die es mit Mut zu bekämpfen gilt. Immer wieder streckt sie ihre Krakenarme nach uns aus, und immer wieder müssen wir uns ihrer erwehren.«

»Du scheinst dich mit diesen Dingen ja sehr befaßt zu haben?« fragte ich meinen Freund erstaunt.

Satya nickte. »Ja, das habe ich. Doch mit der Synchronizität erst, als ich einen Beitrag von Peat in dem Buch »Unus Mundus, Kosmos und Sympathie« fand. Ich habe ihn mehrmals gelesen und war jedesmal von ihm gefesselt, besonders die einführende Passage hat es mir angetan. Sie hat auch für dich große Bedeutung. Ich kann sie aus dem Gedächtnis zitieren:

»Auf der einen Seite haben wir die Innenwelt unserer unmittelbaren Erfahrungen, unserer Träume und Sehnsüchte, Erinnerungen und Visionen ... das Geistig-Seelische. ... Auf der anderen Seite liegt die Welt der Materie und Energie, die Domäne der Physik und Chemie, die Welt der schwarzen Löcher und Galaxien, der Elementarteilchen und Quantenfelder. Die Rede von der Synchronizität wirft die Frage auf, ob eine Brücke zwischen diesen beiden Welten möglich ist, eine Brücke zwischen Seele und Körper, zwischen Materie und Geist.«[110]

Er nickte mir freundlich zu. »Ich bin überzeugt davon: Diese ›Brücke‹ existiert tatsächlich. Und sie kann durch eigenes Bemühen bis zu ihrem Ende beschritten werden. Mittels der ›Werkzeuge‹, die du mir genannt und beschrieben hast: eines festen Glaubens, eines durch innere Stille gewonnenen Konzentrationsvermögens und einer starken Imaginationskraft. Echte Schamanen haben uns das schon längst bewiesen.« Er hielt nachdenklich inne. Ich ließ ihn gewähren, unterbrach ihn nicht durch eine Entgegnung. Wie ich Satya kannte, war sein Schweigen nur eine kurze Pause zwischen zwei Gedankengängen. Auch diesmal war es so.

»Das Zitat wird meiner Überzeugung nach viele deiner Leser sehr nachdenklich machen«, fuhr Satya fort. »Immerhin stammt es von einem hochangesehenen Naturwissenschaftler. Ich meine sogar, daß es die Überlegungen von Jung, Pauli und anderen namhaften Naturwissenschaftlern fortsetzt. Es richtet sich an Menschen, die ihre Erkenntnissuche nicht nur aus der Froschperspektive betreiben, sondern die mutig den hohen Berg ihres Nichtwissens besteigen, um einen erweiterten Horizont für ihre Suche zu gewinnen.«

Das war mir aus dem Herzen gesprochen. »Ich bin ganz deiner Meinung. Die Behandlung der Synchronizität wird den gewünschten Einstimmungsprozeß sicher weiter vorantreiben«, entgegnete ich.

Satya nickte. »Die Synchronizität ist bisher trotz gewichtiger Fürsprecher von der Naturwissenschaft hochmütig ignoriert worden. Wir müssen endlich diese ›Brücke‹ betreten, damit wir nach unserem langen, immer wieder in die Irre geführten Suchen die andere Seite, das ANDERSWO finden. Eine andere Möglichkeit gibt es nicht.«

Mir kam eine Stelle aus Arthur Koestlers Buch »Die Wurzeln des Zufalls« in den Sinn. Koestler hatte dort Jungs Meinung erläutert und ihn teilweise zitiert. »Die Synchronizität ist ein Phänomen, welches hauptsächlich mit psychischen Bedingungen, nämlich mit Vorgängen im Unbewußten, zusammenzuhängen scheint.«[111]

Die »ausschlaggebenden Faktoren« seien Jungs Archetypen. Ihre, dem kollektiven Unbewußten entstammenden urtümlichen, angeborenen Verhaltensweisen, bestimmten die »Verhaltensmuster der Individuen in archetypischen Situationen – d. h. bei Konfrontationen mit dem Tod, mit Gefahr, Liebe, Konflikten etc. In derartigen Situationen treten unbewußte archetypische Inhalte mit starker emotionaler Ladung in das Bewußtsein ein und ermöglichen – vielleicht, weil die Archetypen außerhalb der physikalischen Raum-Zeit-Kategorien wirken – das Auftreten ›synchronistischer‹ Ereignisse.«

Offen gestanden, ich war verwirrt. Von einer »starken, emotionalen Ladung« hatte ich im Spielkasino nichts gespürt. Ich fragte Satya danach.

Mein Freund hob beide Schultern. »Ich bin zwar überzeugt von Jungs These, aber den Beweis dafür kann ich nicht antreten. Meiner Überzeugung nach gibt es aber kaum eine stärkere ›emotionale Aufladung‹ der Menschen als in einer Spielbank. Man darf hier nicht nur die ›Aufladung‹ des Einzelnen meinen, sondern muß die der Gesamtheit berücksichtigen. Ich kann mir jedenfalls keine andere Erklärung vorstellen.« Er brach ab, fragte: »Welches Thema wirst du als nächstes behandeln?«

»Die Intuition als Wegweiser.«

»Sehr gut. Wenn du zu diesem Thema Fragen hast ... Ich würde mich ein wenig darauf vorbereiten. Ab und zu ein Stündchen könnte ich dafür erübrigen. Ach ja, morgen verreise ich. Aber ich kann trotzdem ein wenig darüber nachdenken.«

»Wann wirst du zurückkommen?«

»In zwei Wochen.« Ein eindringlicher Blick folgte. »Du wirst es sicher schon gemerkt haben, deine Arbeit interessiert mich sehr. Ich habe von unseren bisherigen Diskussionen viel profitiert.«

Ich nickte ihm dankbar zu. »Ich nehme dein Angebot sehr gerne an.«

Er gab keine Antwort, aber in seinen Augen glänzte das Licht der Freude.

In der darauffolgenden Nacht fand ich nur sehr wenig Schlaf, denn das Gespräch mit Satya über das Wesen der Synchronizität gab mir keine Ruhe. Der GEIST sollte tatsächlich imstande sein, auf die Materie einzuwirken? Die geheimnisvollen Manifestationen der Synchronizität konnten schließlich nur durch dieses Einwirken erklärt werden. Mein Verstand begann mich zu verhöhnen: *Du wirst bald noch daran glauben, daß es einen Mann im Mond gibt, ja, das wirst du. Höre doch endlich auf, dich mit diesen Hirngespinsten zu befassen.*

Aber Jung, Pauli und andere waren doch ernstzunehmende Wissenschaftler. Sie waren überzeugt von diesem Einwirken.

Mein Verstand schwieg. Ich schien ihm den Mund gestopft zu haben, denn er fand offensichtlich kein Gegenargument mehr.

Die Intuition als Wegweiser

Alles verläuft so schnell, so blitzartig – die erschreckende Helligkeit des Bewußtseins, in das die Klarheit einkehrt. Ein Punkt, ein Laut, ein Tropfen Licht, und eine voller Glanz hervorbrechende, üppige Welt ist darin enthalten – im Aufblitzen einer Sekunde Tausende von Vögeln, unfaßbar schnell. Die Intuition wiederholt, an unsere eigene Größenordnung angepaßt, das Urmysterium eines mächtigen Schauens – ein einziges Aufschlagen der Lider, überwältigend, das alles geschaut, alles erkannt hat ...[112]

Satprem

Die Intuition bietet in einem einzigen nachdrücklichen Geistesblitz das dar, was der Intellekt erst als das Resultat von vielen langfortgesetzten Überlegungen und vielen verschiedenen physischen Erfahrungen erreichen kann. Wo die Vernunft nicht die richtige Lösung einer schwierigen Frage ausdenken kann, dort kann die Intuition mit einer sofortigen Präsentation der Lösung hervortreten.[113]

Paul Brunton

Widmen wir uns jetzt dem Geheimnis der Intuition. Im Brockhaus wird sie als das unmittelbare »Gewahrwerden eines Sachverhaltes in seinem Wesen, ohne daß bewußte Reflexion darauf geführt hat,« definiert.

Das heißt: Eine Intuition kommt überfallartig, von einer Sekunde zur anderen ist sie da, unverhofft, spontan. John Locke kennzeichnete sie als »Gedanken, die oft ungesucht kommen und sozusagen in den Geist fallen.« Und er führt weiter aus, daß diese Gedanken »gewöhnlich die wertvollsten sind von allen, die wir haben.«[114] Und von Henri Poincaré, dem berühmten Physiker und Mathematiker, wird berichtet, daß ihm die Lösung manches schwierigen Problems nicht nach langem, quälenden Grübeln zufiel, sondern in einem Moment, in dem seine Gedanken ganz woanders waren. Von einem Augenblick zum anderen, so, als ob jähe

Helligkeit in das Dunkel seines bisherigen Nichtwissens einfallen würde, wurde er sich der Lösung bewußt, stand sie wie hingeschrieben vor seinem geistigen Auge.

»Ein oft zitiertes Beispiel ist die berühmte Entdeckung der Form des Benzolmoleküls durch Kekulé im Jahre 1865. Nachdem er sich mit diesem Problem schon so lange herumgeschlagen hatte, daß er keinen Ausweg mehr sah, träumte Kekulé eines Nachts von einer Schlange, die ihren eigenen Schwanz auffraß, und als er aufwachte, stellte er fest, daß das Problem außerhalb seiner gewöhnlichen Gedankenebene gelöst war. Die Entdeckung, daß organische chemische Verbindungen die Form von Ringen annehmen, war die Grundlage für einen ganzen Zweig der organischen Chemie.«[115]

So weit, so gut, mag man einwenden. Das hört sich ja alles recht schön an, aber über das Wesen der Intuition sagen diese Worte nur sehr wenig aus. Woher kommt sie und warum bricht sie sich plötzlich Bahn? Kann man sie als *innere Führung* definieren und wenn ja, wer übt sie aus? Sind die Ursachen für ihr Auftreten materieller oder geistiger Natur? Denn das ist doch ihr eigentliches Geheimnis. Von besonderer Wichtigkeit ist aber: Welche Rolle spielt die Intuition für unser Hauptanliegen – der Stärkung der Wunschkraft?

»Alles hübsch der Reihe nach«, sagte mir Satya, nachdem ich ihm diese Fragen genannt hatte. »Beginnen wir mit ihrem Wesen: Für mich ist sie so etwas wie ein vom Verstand unabhängiges Erahnen der Folgen einer geplanten Handlung. Fest steht auch, daß eine Intuition für ihr Aufblitzen nicht auf eine logische Verbindung mit irgendwelchen früheren Gedanken angewiesen ist. Um Beispiele zu nennen: Jemand steht kurz vor einer weiten Reise oder einer geschäftlichen Transaktion. Wohlgemerkt, beide Vorhaben bergen kein erkennbares Risiko in sich, die Reise soll in ein Land führen, in dem geordnete Verhältnisse herrschen, und das Geschäft mit einem seriösen Partner verspricht einen hohen Gewinn. Trotz dieser günstigen Umstände hört der Betreffende fortwährend und sich immer mehr verstärkend eine warnende Stimme in seinem Inneren. Zuerst nur leise wispernd, aber von Tag zu Tag lauter und dabei drängender werdend. Wie ist seine wahrscheinliche Reaktion?« Satya hielt inne und sah mich fragend an.

»Wahrscheinlich wird dieser Jemand seiner inneren Stimme keine Bedeutung beimessen, sie für ein Produkt negativer Phantasie halten.« Ich machte eine kurze Pause, fragte dann: »Aber was ist, wenn sich diese Stimme nicht vertreiben läßt, sie sich immer wieder mahnend zu Wort meldet?«

Mein Freund nickte. »Ich jedenfalls würde sie nicht beiseite schieben, sondern ihrer Führung vertrauen.«

»Und warum tätest du das?«

»Weil ich es im Verlauf meines Leben aufgrund bitterer Erfahrungen gelernt habe, besser gesagt: lernen mußte«, erwiderte Satya. »Als junger Mann hatte ich meiner inneren Stimme oft getrotzt, ihr Widerstand geleistet, denn ich wollte allein den auf analytischen Überlegungen fußenden Weisungen meines Verstandes folgen, nicht aber dem ›Geschwätz‹ einer sogenannten ›inneren Stimme‹.« Er schwieg kurz, fügte dann hinzu: »Ein Erlebnis besonderer Art änderte meine Einstellung radikal.«

»Was für ein Erlebnis war das?« fragte ich ihn.

Satya beugte sich ein wenig vor. Er tat das auf eine Weise, als ob er seinen folgenden Worten ein größeres Gewicht mit auf den Weg geben wollte. »Es ist schon an die zwanzig Jahre her. Ein befreundeter Geschäftspartner besuchte mich und schlug mir vor, sein gerade bezogenes neues Haus dicht am Michigan-See zu besichtigen. Ich willigte ein, packte rasch meinen Koffer und trug ihn hinunter in die Diele. Die

Haustür stand weit auf. Ich sah Percy Canning den Kofferraum seines Wagens öffnen. Als er mich erblickte, winkte er mir fröhlich zu. Sobald mein Gepäck verstaut war, würden wir fahren. Und dann passierte es: Je mehr ich mich dem Cadillac näherte, um so unwohler wurde mir. Alles um mich herum schien sich auf rätselhafte Art zu verdunkeln. Mit Licht und Schatten hatte das nichts zu tun, es war mehr ein psychischer Prozeß. So etwas wie eine Verdunkelung der Seele. Hinzu trat eine in mir hochschießende Angst. Keine gewöhnliche Angst, sondern eine, die ich bisher noch nicht kennengelernt hatte. Es war die Angst vor etwas Unnennbarem, die nach mir griff und mich bedrohte. Kälte, gepaart mit einer unnatürlichen Schwäche, überfiel mich. Ich biß die Zähne zusammen, denn ich wollte mir nicht das Aussehen eines Schwächlings geben. Canning nahm mir den Koffer ab und legte ihn zu dem anderen Gepäck.

»Es wird dir bei mir gefallen«, versicherte er mir lachend. »Meine Frau wird sich über deinen Besuch sehr freuen.« Dann stieg er ein und machte eine auffordernde Handbewegung.« Satya schwieg erneut. Sein damaliges Erlebnis machte ihm selbst nach einer so langen Zeitspanne immer noch zu schaffen. Meine Spannung stieg, wurde aber mehr und mehr von einer düsteren Ahnung überschattet.

»Ich hob schon meinen Fuß, um ebenfalls einzusteigen«, fuhr Satya fort. »Genau in diesem Augenblick ertönte die ›Stimme‹ erneut in mir. Diesmal nicht nur leise wispernd, sondern tief und volltönend. Wenigstens kam mir das so vor. ›Fahre nicht mit!‹ rief sie. Und noch einmal: ›Bleibe hier, fahre nicht mit!‹ Mein Freund hob seine Augen und sah mich ungeduldig an. ›Komm, steig endlich ein, Janet wartet nicht gerne!‹ Ich konnte nicht anders, ich mußte der Stimme gehorchen – ob ich wollte oder nicht. Für mich war das eine sehr peinliche Angelegenheit, denn Canning gab mir tiefbeleidigt mein Gepäck zurück und fuhr mit eisigem Gesicht davon.«

»Und dann?« fragte ich, es vor Spannung kaum mehr aushaltend. »Was passierte dann?«

»Nur sieben Kilometer von meinem Haus entfernt verlor der Fahrer eines schweren Trucks vor Übermüdung die Kontrolle über seinen Wagen und raste in den Cadillac hinein. Canning war auf der Stelle tot.«

»Wenn du deiner inneren Stimme nicht gefolgt wärest …?« Ich brach ab und schüttelte mich.

»Dann säße ich jetzt nicht hier. Glaube es mir – seit diesem Erlebnis habe ich gelernt, auf diese Stimme zu hören«, erwiderte Satya.

»Und auf welche Weise hast du das gelernt?«

»Durch Meditation, durch ein ständiges, keine Anstrengung scheuendes Vertiefen in mein Inneres. Lasse es dir gesagt sein: Je tiefer du dabei kommst, um so deutlicher wird die Stimme. Ihr anfängliches Flüstern wird allmählich so laut, daß du sie nicht mehr überhören kannst. Ab diesem Zeitpunkt wird ein wahrer Schauer von Intuitionen über dich hereinbrechen und in dir die Führung übernehmen. Es ist eine weise Führung. Mit ihr kannst du niemals fehlgehen.« Satya hielt inne, dachte einen Augenblick nach. Dann fügte er nachdenklich hinzu: »Es kann nicht anders sein, Intuitionen sind nicht an die Gesetze unseres vierdimensionalen Raum-Zeit-Kontinuums gebunden, denn wenn sie es wären, dann wäre ihnen ein Vorauswissen unmöglich. Das liefert meiner Meinung nach den Beweis dafür, daß die Quelle der Intuitionen im ANDERSWO, also in einer *Dimension*, die sich über allen anderen Dimensionen erhebt, liegen muß.

»Uns was ist mit jenen Intuitionen, die Wissenschaftlern und Künstlern neue, bisher noch unbekannte Wege aufzeigen?« fragte ich.

Satya nickte kräftig. »Es wird zu allen Zeiten Menschen geben, die mit ihrer geistigen Kraft in der Lage sind, selbst die in den tiefsten Tiefen des Urgrunds ruhenden Geheimnisse aufzuspüren und zu entschlüsseln. Du mußt dir das als eine Art Echo-Effekt vorstellen. Ich meine damit nicht das Echo *deiner* Worte, sondern einfach die dir Antwort gebende innere Stimme. Die Kraft der geistigen Suche ruft laut genug in den Urgrund hinein. Die Antwort, das *Echo*, ist die – Intuition! Sie wird nicht durch das Walten des Verstandes herbeigerufen. Das Gegenteil ist der Fall. Je schweigsamer dieser von sich so überzeugte und vorlaute Geselle ist, um so besser.«

»Und was ist der Urgrund?« fragte ich weiter. Ob sich seine Meinung darüber mit der meinen deckte?

»Er ist der Mutterschoß für alles, was es gibt. Er ist der Schoß, der nicht nur die Materie geboren hat, sondern er ist auch der Ursprung des GEISTES. In ihm sind alle Vorgänge der Vergangenheit sowie der Zukunft eingefaltet. Denn für den Urgrund gibt es keine Zeit. Und er öffnet sich nicht dem beschränkten, den Gesetzen der materiellen Welt gehorchenden Verstand, sondern allein der psychischen Anstrengung. Voraussetzung dafür ist, daß diese genügend Kraft entwickelt, um den Urgrund zu erreichen. Ich sehe das übrigens genauso wie du. Und ich bin auch davon überzeugt, daß allein eine Zange, deren eine Backe aus Einstimmung, Empfänglichkeit und Resonanzvermögen besteht, und deren zweite die Kräftigung der Psyche durch entsprechende Übungen betreibt, das Geheimnis der Entwicklung der Wunschkraft packen, enträtseln und nutzen kann.« Satya beugte sich erneut vor, sagte dann langsam und sehr akzentuiert: »Um es zu präzisieren: Intuitionen sind erhellende Blitze aus dem Urgrund, dem Schoß der Schöpfung, in der alles eingefaltet ist, was es gibt, alle Gedanken, die jemals gedacht worden sind und noch gedacht werden. Von großem Interesse hierzu ist das von dem Physiker David Bohm aufgestellte Konzept der impliziten oder eingefalteten Ordnung. In jedem Teilstück des Universums sei das Ganze eingefaltet. ›Jede Zelle unseres Körpers birgt den gesamten Kosmos in sich. Dasselbe gilt für jedes Blatt, jeden Regentropfen und jedes Staubkörnchen, wodurch William Blakes Gedicht einen neuen Sinn erhält:

Erkenn' eine Welt im Körnchen Sand,
einen Himmel im Blumenmunde,
Faß Unendlichkeit in der Schale der Hand
und Ewigkeit in einer Stunde.‹«[116]

Satya schwieg nachdenklich. Dann sah er mich an und sagte: »Warum sich die Intuition ihre Bahn bricht? Der Grund dafür ist, wie ich glaube, unschwer einzusehen. Sie überfällt jene, die ihre ›Blitze‹ wirklich benötigen, aber sie folgt nicht dem Verlangen. Doch *benötigen* allein reicht noch nicht aus, es muß auch jener Impuls der Kraft dahinter stehen, wie ihn dein Vergleich mit dem Pfeil und dem Bogenschützen gezeigt hat. Ohne diese Kraft wird der Pfeil das Ziel nicht erreichen.«

»Kann man die Intuition als eine Art innere Führung bezeichnen?« fragte ich, als er geendet hatte.

»Ja, davon bin ich überzeugt, genauso überzeugt wie von der Sinnhaftigkeit allen Geschehens, mag uns dieses auch völlig unbegreiflich, ja sogar sinnlos vorkommen. Und wo dieser Sinn verfehlt zu werden droht, dann wird er wieder zurechtgerückt, vielleicht sogar mit dem ›Werkzeug‹ Synchronizität.«

»Damit sprichst du die Willensfreiheit des Menschen an, denn wenn das Geschehen einem Sinn gehorcht, einem, der uns Menschen noch verborgen ist, dann bleibt von der Willensfreiheit nicht mehr viel übrig.«

Um Satyas Mund spielte sekundenschnell ein ironisches Lächeln. »Von Willensfreiheit sprichst du? Nun gut, wir Menschen haben sie, wenigstens bilden wir uns ein, sie zu haben. Aber ich werde dir an einem Beispiel zeigen, welche Qualität unsere sogenannte »Willensfreiheit« besitzt: Also, du sitzt in einem Schnellzug. Dein Zielbahnhof ist eine andere Stadt. Kannst du dir das vorstellen?«

»Sicher kann ich das, aber ich weiß nicht, was das soll.«

»Du wirst gleich verstehen, warum ich dieses Beispiel gewählt habe. Ja, dir und auch deinen Mitreisenden ist die Willensfreiheit gegeben, entweder die Zeitung oder ein Buch zu lesen, du kannst auch aufstehen und im Gang zwischen den Abteilen auf und ab gehen. Selbstverständlich kannst du auch das Zugrestaurant aufsuchen, um dort eine Kleinigkeit zu dir zu nehmen, und dir dabei die vorüberziehende malerische Landschaft anschauen. Alles das kannst du tun, aber eines liegt nicht in deiner Hand – dem Zug ein anderes Ziel zu geben. Glaube mir, mit dem menschlichen Leben verhält es sich nicht anders. Es beginnt an einem Punkt A und endet an einem bestimmten Punkt B.«

»Und was ist das Ziel dieser ›Reise‹?« fragte ich ihn rasch, bevor er weitersprechen konnte.

»Das Ziel ist die Entwicklung des jeweiligen Bewußtseins. Die vielen Stationen zwischen Abfahrt und Ankunft sind unsere durchlebten Inkarnationen. Jede dieser Teilstrecken bringt uns dem Ziel näher.« Satya stockte kurz. Seinem Gesicht sah ich es an, daß ihm ein Einfall gekommen sein mußte. »Ich habe gerade an einen Ausspruch von Sri Aurobindo gedacht«, sagte er. »Er paßt haargenau zu deiner Frage und wird dich sicherlich interessieren. Der indische Weise schrieb zu diesem Thema:

›… Es ist nun klar genug, daß unser Ego, unsere äußere Persönlichkeit, nur eine untergeordnete, eine zeitweilige, eine instrumentale Form unseres Seins sein kann. Der Wille des Ego, der äußere, der mental persönliche Wille, der in der Bewegung handelt, kann nicht frei sein … denn er ist durch seine partielle und begrenzte Natur gebunden, und er ist durch den Mechanismus seiner Unwissenheit gestaltet, und dadurch, daß er eine individualisierte Form und Aktion der universalen Energie ist und jeden Augenblick durch die ihn umgebenden Willen und Mächte und Kräfte getroffen, verändert und weithin gestaltet wird‹.«[117]

Ich wollte ihn unterbrechen, aber er winkte mit den Worten ab: »Später, ich bin noch nicht fertig. Das Wichtigste kommt jetzt erst. Aber du mußt gut zuhören, denn der folgende lange Satz ist sehr schwer zu verstehen. Wir haben ihn im Ashram so oft durchdiskutiert, daß ich ihn dabei unwillkürlich auswendig gelernt habe:

›… Und er (der Wille) kann auch darum nicht auf jene Weise frei sein, weil die größere Seele in uns und hinter dem Geist da ist, die Werk und Folge gemäß dem Willen in ihrem Sein und ihrer Natur, gemäß der Macht ihres Seins bestimmt, daß nicht jetzt in diesem Augenblick, sondern in der langen Folge der Zeiten, nicht nur durch die unmittelbare Anpassung an die Umgebung, sondern durch ihre eigene frühere Absicht die Umgebung geformt und schon zu einem großen Teil Akt und Folge der Gegenwart vorbestimmt hat.‹«[118]

Satya schenkte mir einen tröstenden Blick. »Ein schwer zu verstehender Bandwurmsatz, nicht wahr? Aber wenn du dich in ihn vertiefst, dann wird er dir bald keine Schwierigkeiten mehr machen.« Er wischte abschließend mit der Hand durch die Luft. »Ich glaube, das genügt. Eine vertiefende Diskussion über dieses Thema würde viel zu weit führen.«

Daß er dieses Thema so rasch beendete, kam mir sehr zupaß, denn eine weitere Frage war meiner Meinung nach noch nicht genügend geklärt worden: Die Bedeutung der Intuition für die Stärkung der Wunschkraft. Ich fragte meinen Freund danach.

Satya nickte. »Du weißt es wie ich – Intuitionen sind wie Blitze am Horizont des Denkens. Und das gilt ebenso für eine Vielzahl menschlicher Wünsche. Plötzlich, wie ein Blitz aus heiterem Himmel, sind sie da, wollen sich nicht mehr vertreiben lassen.« Er dachte kurz nach, fuhr dann fort: »Was Intuitionen im Hinblick auf Wünsche gleich welcher Art bewirken können?« Seine Stimme hob sich: »Sie geben, wenn auch zumeist in verschlüsselter Form, Antwort. Entweder eine, die davon abrät, einen Wunsch weiter zu verfolgen oder eine andere, die zustimmt.«

»Auch schlechten Wünschen, solchen, die Schaden bringen sollen?«

»Ja, auch die, denn das Böse produziert ebenfalls Intuitionen.« Er legte eine kurze, nachdenkliche Pause ein. Ich nutzte sie, denn seine Worte befriedigten mich noch nicht, gaben sie mir doch auf meine Frage nach der Einwirkung der Intuition auf die Wunschkraft keine ausreichende Antwort. Ich fragte ihn schnell danach, ehe er weitersprechen konnte.

»Die Einwirkung ist mehr indirekter Natur«, antwortete mein Freund. »Und das ist leicht einsehbar. Eine sich klar abzeichnende Intuition übt sicherlich mehr Einfluß auf den Wünschenden aus als eine, die nur ein unscharfes Bild zeigt.«

»Erzeugt sie unmittelbar Kraft?« hakte ich nach.

»Nein, dazu ist sie nicht in der Lage. Andererseits, sie kann doch viel mehr als nur das. Sie kann in die Zukunft schauen und auch in die Vergangenheit sehen. Es gibt buchstäblich nichts, was ihrem Blick verschlossen bleibt.

Doch die Bilder, die sie zeigt, oder, besser gesagt, zeigen darf, gleichen oft Rätseln, die nur schwer zu lösen sind.«

»Und sie kommen nicht, wenn man sie ruft, sondern ganz unvermittelt, anscheinend eigenen Gesetzen gehorchend?«

»Das ist richtig. Aber auch das wird sich einmal ändern, wenn aus den schnellen Blitzen der Intuitionen längere Helligkeiten geworden sind, die den suchenden Augen eine klare Sicht ermöglichen.«

»Dann zeigt sich die Intuition nicht mehr im Gewand eines schwer zu lösenden Rätsels?«

»Nein, denn dann umhüllt sie das Gewand der Wahrheit! Und sie wird einfach zu verstehen sein, denn es gibt nichts einfacheres als sie!«

Später sprachen wir noch über dies und das, dann verabschiedete sich mein Freund. Er schien sehr müde zu sein, denn seine Augen zeigten nicht die gewohnte Lebendigkeit. Bei mir traf eher das Gegenteil zu. Satyas Ausführungen hatten auf mich wie starker Kaffee gewirkt. Und das war auch begreiflich, denn in den wesentlichsten Teilen waren unsere Auffassungen identisch, und ich fühlte mich deshalb bestätigt. Nichts führte daran vorbei – seine Gedanken hatten mich erneut sehr bereichert. Und da er gezwungen war, wegen seiner Geschäfte noch einige Zeit hier zu verbringen, durfte ich glücklicherweise noch für einen längeren Zeitraum weiterhin auf seinen Rat zählen.

Am späten Abend las ich einige Seiten in dem Buch *Unbegreifliches Geheimnis* von Erwin Chargaff. Zwei Stellen darin fesselten mich besonders, charakterisierten sie doch treffend die Art unserer »Suche« nach Erkenntnis mit der damit einhergehenden immer weiter fortschreitenden Arbeitsteilung. Chargaff schreibt dazu:

»Waren es früher ganze Kontinente, die als weiße Flecke verzeichnet waren, so handelt es sich jetzt um die Zusammensetzung eines einzelnen Zauns oder, um beim Jargon zu bleiben, um seine ›Struktur und Funktion‹. Was man suchen soll, das wird einem vorgeschrieben, und daher auch, was man finden soll. Wer schreibt vor? Natürlich der Zeitgeist, der allerdings mit einem vollen Tropfen ökonomischen Öls gesalbt ist.«[119]

Chargaffs Folgerungen sind bitter, er bezeichnet die heute übliche Art des Forschens als eine »Strafexpedition gegen die Natur« und fährt mit den pessimistischen Sätzen fort: »Dabei ist der wahre Sinn des Forschens verlorengegangen. An die Stelle der Gelehrtenrepublik ist ein Ameisenstaat getreten, und die Weisheit, die zutage gefördert wird, ist Ameisenweisheit. Wir werden elender, wie wir wissender werden, denn was wir Wissen nennen, ist nicht das rechte. Der lydische Tantalus dürstete nach Wasser. Wonach aber dürsten wir?«

Wünsche – Zeiger der Evolution

... Aber ich habe keineswegs vor, mich dem Chor all jener anzuschließen, die sich darüber entsetzen, daß wir diese Entdeckungen (z. B. der Molekularbiologie und der Atomphysik) »unmoralisch« anwenden könnten. Nein, das wirkliche Entsetzen liegt darin, daß wir diese Entdeckungen auch weiterhin fälschlicherweise als einen Hinweis auf unseren Platz im kosmischen Schema deuten und daß wir mit unserem aufgeblasenen Ego weiterhin fieberhaft diese Art Wissenschaft betreiben und so zu willigen und eifrigen Komplizen des Prozesses werden, der die physische und psychische »Minimalisierung« des Menschen auf der Erde zur Folge hat.[120]

Jakob Needleman

Denn in jedem Ding in der Natur ist etwas, davon kein Grund je angegeben werden kann, keine Erklärung möglich, keine Ursache weiter zu suchen ist: es ist die specifische Art seines Wirkens, d. h. eben die Art seines Daseyns, sein Wesen.[121]

Arthur Schopenhauer

Wenn wir der Ansicht zuneigen, daß es nicht nur eine Evolution der Arten, sondern auch eine Evolution des Bewußtseins gibt, dann kann mit Recht, so meine ich, angenommen werden, daß die letztere den Ablauf der Entwicklung bestimmt, deren Ursache darstellt. Der Mensch hat sich auf den Weg gemacht. Sein Enttierungsprozeß ist bereits weit gediehen, auch wenn die Greueltaten, die täglich über Funk und Fernsehen zu uns gelangen, eine ganz andere, tief pessimistische Sprache sprechen. Ken Wilber drückt das so aus: »Der Mensch ist eine im tiefsten Wesen tragische Erscheinung mit einer vielversprechenden Zukunft – wenn er es schafft, den Übergang zu erleben.«[122]

Mit anderen Worten: wenn er es schafft, sein maßlos aufgeblähtes Ego – und damit auch seine Wünsche – auf das Normalmaß zurückzuschrauben. Aber was ist das »Normalmaß«? wird man fragen. Und weiter: Du lieber Himmel, solange es Menschen auf dieser buckligen Welt geben wird, solange wird es auch das Ego mit seinem verderblichen Hang zur Maßlosigkeit und zu harmoniestörenden Wünschen geben. Wo liegt die Grenze für das Sichausleben des Ego? Die Antwort darauf ist sehr einfach: Die Grenze muß schon da gezogen werden, wo bereits der Ansatz der Gefahr besteht, daß die Liebe auf dem Altar der Gier geopfert werden könnte.

Ich sprach eben vom Enttierungsprozeß. Tiere gehorchen allein ihren Instinkten. Daß der Mensch so ist, wie er ist, das verdankt er seinem Verstand, dessen Logik nicht zuletzt darin besteht, um des eigenen Vorteils willen die Liebe auf den Kerichthaufen seines Denkens zu werfen. Es läßt sich leider nicht bestreiten: Auf der jetzigen menschlichen Entwicklungsstufe werden die Überlegungen des Verstandes fast immer von Kosten-NutzenErwägungen geprägt – auch wenn das dem lieben Nächsten die Luft zum Atmen nimmt! Von diesem Denken ist auch die Art der Wünsche betroffen. Jene, die nur auf die Steigerung der eigenen Wohlfahrt abzielen, wirken in ihrer oft maßlos überzogenen Egozentrik disharmonisch.

Insofern ist die Art unserer Wünsche ein Anzeichen dafür, ob wir bereits auf dem Weg sind, nicht nur aus dem Tier als einem dem Instinkt gehorchenden Wesen, sondern auch aus dem *verstandesbewußten* »Tier«, dem jetzigen Menschen, herauszuwachsen. Ganz gewiß ist das Vermögen, Liebe zu geben, dafür der geeignete Gradmesser. Welche Folgerungen haben wir hinsichtlich unseres Bestrebens, die Wunschkraft zu stärken, daraus zu ziehen?

Nun, unsere Wünsche dürfen nicht dazu beitragen, ein Ungleichgewicht der Harmonie zu erzeugen. Denn es ist die Harmonie in all ihren Zuständen, die sich schützend wie ein Panzer über uns legt und die vergifteten Pfeile disharmonischer Denkungsweisen abprallen läßt. Je dünner dieser Panzer wird, um so schlimmer für uns. Der jeweilige Harmoniezustand wirkt selbstverständlich auch auf den Körper ein, denn was sind psychosomatische Erscheinungen anderes als Störungen der körperlichen Ebene aufgrund gestörter seelischer Harmonie. Wird diese wieder hergestellt, dann verschwinden auch zumeist die durch sie hervorgerufenen körperlichen Krankheitsbilder.

Das soll nicht heißen, daß wir zum Beispiel aus lauter »Liebe« zum Konkurrenten auf lockende Aufträge verzichten sollen. Nein, das ist weiß Gott nicht damit gemeint. Unsere Wünsche dürfen ruhig darauf abzielen, Vorteile einzuheimsen, solange dieses Bestreben nicht mit gemeinen Mitteln betrieben wird. Angesprochen sind hier die Vernichtungsschlachten um wirtschaftlicher Vorteile willen, die heute nur allzuoft mit den übelsten Methoden ausgefochten werden und die, wenn es denn nicht anders geht, auch vor Mord nicht zurückschrecken.

Positive Wünsche verlangen nicht nur nach Harmonie, sie erzeugen sie auch. Ohne sie kann es keine Resonanz geben, und ohne Resonanz keinen Kontakt mit den Kräften des ANDERSWO.

Und was ist mit jenen Wünschen, die Böses gebären sollen? Welche Art von »Harmonie« muß herrschen, damit auch hier die Wunschkraft verstärkt und das Ziel getroffen werden kann?

Nun, Harmonie und Disharmonie bilden Pol und Gegenpol! Denn was das Erfordernis der Harmonie für die positiven Wünsche bedeutet, um wirksam zu werden, das verlangt nach Disharmonie für jene Wünsche, die das Böse herbeirufen möchten.

Jetzt wird man verstehen, warum Wünsche auch Zeiger der Evolution sind. Gemeint sind hier natürlich nicht die Wünsche einzelner Menschen, sondern der Wunschkatalog aller. Je mehr sich an der Art der Wünsche das Bestreben nach seelischer Vervollkommnung erkennen läßt, um so mehr schreitet auch die Evolution des Bewußtseins voran.

Wenn man sich mit Inbrunst darum bemüht, den Kontakt mit dem Unvergänglichen, dem Urgrund, herzustellen, dann ist es nötig, besonders im Hinblick auf die Frage nach der Realität, sich immer vor Augen zu halten, was indische Weise und Seher schon vor über zweitausend Jahren als wahr erkannt hatten:

Das Unvergängliche allein ist wahre Wirklichkeit.
Wie aus entfachtem Feuerbrand,
als seinesgleichen zahllos Funken stieben,
Quillt alles Wesen aus dem Grund des Unvergänglichen,
Und sinkt erneut zum Grund des Unvergänglichen zurück.[123]

Nur in der Übung weitet sich die intuitive Erfahrung über die Vernunft hinaus zu dauerndem Wissen; und nur so kann auch die subjektive innere Erfahrung eine Quelle für wissenschaftliche Erkenntnisse werden …
Die Kunst und Meisterschaft des Lebens erringt, wer praktisch übt. Übung ist die Weise, durch welche totes Wissen in lebendige Kunst, in Leben umgewandelt wird.[124]

Bernhard Müller-Elmau

Oftmals sind … Erfahrungen angesichts von etwas, das klar außerhalb der Kontrollen des gewöhnlichen Alltagsbewußtseins liegt, von einem Gefühl der Ehrfurcht begleitet. Manchmal entstehen Erzählungen der Kraft im Rahmen einer spirituellen Disziplin, bei deren Ausübungen es wahrscheinlich ist, mit Erfahrungen einer »höheren Dimension« in Kontakt zu kommen.[125]

Jürgen W. Kremer

V

Sieben Schlüssel öffnen das Tor

Eine bloße Idee, ein nur intellektuelles Suchen nach etwas Höherem, wie intensiv das Interesse des Geistes es auch ergreifen mag, richtet nichts aus. Das Herz muß sich darauf werfen als auf das eine, das getan werden muß. ... Denn Wahrheit des Geistes ist nicht nur zu denken, sondern zu leben, und zu leben verlangt eine einige, einzig gerichtete Zielstrebigkeit des Menschen.[126]

Sri Aurobindo

Die vier Kapitel der »Einstimmung« wurden von mir als das »notwendige Fundament« bezeichnet. Das »Haus« darauf würde von dem Übungsteil gebaut werden. Dies aber erst nach sorgfältiger Durcharbeitung der vorgeschalteten Kapitel. Um die Dringlichkeit dieses Gebots aufzuzeigen, erscheint es mir nützlich, *vor* dem Beginn des fünften Kapitels noch einmal auf die Aufgabe des »Fundaments« zurückzukommen. Hier sei auf das schon erwähnte Beispiel der stromdurchflossenen Spule verwiesen, die den Eisenkern in ihrem Inneren magnetisiert. Die »Magnetisierung« ist durchaus mit diesem Prozeß zu vergleichen. Der »Strom« wird von der Einstimmung geliefert, und die »Eisenkerne« sind – die Menschen! Auch sie werden durch besondere Schwingungen in ähnlicher Weise »magnetisiert«, oder, anders ausgedrückt, empfänglich gemacht werden. Empfänglich für jene feinen Schwingungen, die übergeordneter Natur sind und mit elektromagnetischen Vorgängen nichts zu tun haben. Ohne sie gleicht unser Weg einer Straße, die sich nur durch enge, dunkle Täler schlängelt. Hier gibt es kaum Licht, hier wird den Augen jeder Ausblick versperrt, hier finden sich weit und breit keine Wege, die nach oben führen. Hilfe bringen uns allein die magnetisierenden Schwingungen. Nur sie machen uns empfänglich, weisen uns den Weg zu schmalen Pfaden, die zu lockenden spirituellen Gipfeln führen. Nur von hier oben gewinnt man einen Blick auf ferne Horizonte, die in den engen Tälern dort unten nie geschaut werden können.

Ein hervorragendes Beispiel für die Erfassung des Kommenden bietet die Art, wie das Studium der heiligen Schriften Indiens, der Veden, betrieben werden soll. In erster Linie wird dabei die Seele angesprochen, denn allein ihr »Verstand« kenne den Weg der Wahrheit. Das Studium der alten indischen Weisheitslehren soll dem Sucher dazu dienen, die Seele zu bereichern und zu läutern.

»Erhebend ist das Sinnen über die Lehren der Veden!
Wer sich mit ihnen befaßt, meistert die inneren Mächte.
Länger nicht ist er der Sklave der eigenen Begierden.
Gottergeben, selbstbeherrscht und machtvoll im Geiste wird
Ruhm er ernten und den Menschen zum Segen gereichen.«[127]

Mit anderen Worten: »Das wahre Trachten, so sagen die Upanischaden, geht nicht nach der Erforschung der Upanischaden, sondern nach der Erforschung dessen, ›wodurch wir das Unwandelbare erkennen‹.«[128]

Gewiß gehört unser Streben einer niedrigeren Ebene an, kann mit dem Leben und Wirken der heiligen Rishis nicht verglichen werden. Immerhin, auch wir wollen einige Sprossen der spirituellen Leiter hinter uns bringen. Warum? Das ist mit wenigen Sätzen gesagt, sie lauten:

Gedanken bergen Energien in sich!
Wünsche entspringen Gedanken!
Wir können unsere Wunschgedanken stärken!
Der Weg dahin ist uns bekannt!
Wir werden ihn bis zum Ende gehen!

Haben Sie nach der »Verarbeitung« der ersten vier Kapitel eine Veränderung in sich gespürt? Fühlen Sie sich jetzt freier und sind wenigstens einige »Krusten« von Ihrem Denken abgefallen, die Sie bislang daran hinderten, an Möglichkeiten zu glauben, die Ihr Verstand immer wieder als pure Phantasiegemälde abqualifizierte und deshalb stur ablehnte? Schließlich – in einer eingefahrenen Fahrrinne fährt es sich doch weit bequemer als über Stock und Stein nach einer neuen Ausschau zu halten. Und haben Sie jetzt begriffen, daß das Wort »unmöglich« nichts anderes als nur ein Unwort Ihres Verstandes ist? Ein Wort, das für die Schöpfung noch nie existiert hat, denn sonst hätte es sie nie gegeben.

Können Sie jetzt nachvollziehen, was eine gestörte Harmonie bewirken kann, und haben Sie die Bedeutung der Synchronizität erkannt? Verzeihen Sie, wenn ich mich an dieser Stelle noch einmal wiederhole:

Es gibt eine Art von höherdimensionaler »Kausalität«, die alles umfaßt, die Ganzheit von allem, was es gibt, nicht nur das Materielle, sondern auch das Geistige. Kausalität und Akausalität können als Geschwister bezeichnet werden, denn sie gehorchen einem übergeordneten Gesetz. Erstere folgt dem gewohnten Ursache-Wirkungs-Prinzip in der materiellen Welt, letztere hingegen verlangt nach Sinnhaftigkeit, denn hier ist der GEIST im Spiel. Wir haben dieses Phänomen während der Behandlung der »Synchronizität« kennengelernt.

Und jetzt noch einmal schlagwortartig:

Psychische Prozesse sind imstande, die Realität zu verändern!

Die Natur strebt nach Ausgleich und Harmonie! Synchronizitäten weisen auf Disharmonien hin!

Die Psyche ist bestrebt, ein Harmoniegleichgewicht nicht nur in der inneren Welt, sondern auch in der Außenwelt zu erzeugen. Sie rückt die Dinge zurecht, ohne daß wir uns über die Ursache im klaren werden.
Kausalität und Akausalität sind Geschwister, gehorchen einem übergeordneten Gesetz!
Die akausale Verknüpfung zwischen Urgrund und Subjekt wird durch *unser* Bemühen zur Stärkung der Wunschkraft bewirkt!
Die physikalische und die seelische Welt sind Facetten ein und derselben Wirklichkeit!

In seinem Buch *Der integrale Yoga* spricht Sri Aurobindo eine Wahrheit aus, die uns auf dem Weg der Übungen begleiten soll: »Wenn aber dieses größere Bewußtsein von Licht, Friede und Freude zu gewinnen ist, dann kann das nicht mit einem ewigen Fragen und einem Skeptizismus geschehen, der immer nur auf das, was vorhanden ist, zurückfallen und sagen kann: Unmöglich, was in der Vergangenheit nicht war, kann in der Zukunft nicht sein. ... Ein Glaube, ein Wille oder wenigstens ein beharrliches Verlangen und suchendes Streben sind erforderlich, die gefühlte Überzeugung, daß ich nur hiermit, und hiermit allein, zufrieden werden kann, und ein Stoß darauf hin, der nicht nachläßt, bis es erreicht ist.«[129]

Ich erinnere mich genau. Als sechsjähriger Bub verbrachte ich meine ersten Schulferien bei meiner Großmutter. Das Schicksal hatte sie tüchtig gebeutelt und hartleibig gemacht. Doch mir schenkte sie viel Liebe. Für mich waren es die schönsten Stunden, wenn sie sich hin und wieder abends an mein Bettchen setzte und mir aus einem alten, schon vergilbten Märchenbuch vorlas. Soweit ich mich erinnern kann, handelte eines dieser Märchen von sieben goldenen Schlüsseln, die einer schönen Fee mittels übler Zauberei entwendet wurden, als sie sich unter Menschen begab, um ihnen gegen die teuflischen Geschöpfe der Tiefe beizustehen. Sie gewann diesen Kampf, konnte danach aber, weil ihr die goldenen Schlüssel fehlten, nicht mehr in ihr Feenreich zurückkehren. Eine lange Suche lag vor ihr. Doch schließlich fand sie nach vielen Irrungen und Wirrungen und mit Hilfe mächtiger Verbündeter alle sieben goldenen Schlüssel und konnte mit ihnen das silberne Tor zum Feenreich aufschließen.

Wir Menschen sind in der gleichen Situation. Auch wir waren einmal, vielleicht vor zehntausend, vielleicht aber schon vor hunderttausend Jahren, im Besitz goldener Schlüssel gewesen. Die zunehmende Vereinzelung der Menschen, bewirkt durch das sich immer schneller drehende Rad der »Zivilisation« und der mit ihr einhergehenden, mehr und mehr zunehmenden Aufblähung des Egos, entriß uns einen Schlüssel nach dem anderen. Aber auch wir könnten sie wiederfinden! Wir müssen es nur wollen. Aber nur mit dem Herzen, nicht aber mit dem trübseligen, meistens negativ denkenden und sich ständig im Jammern und Wehklagen suhlenden Verstand.

Nach dieser »Vorbemerkung« können wir endlich mit dem »Hausbau«, den Übungen, beginnen. Sie sind ausgesprochen einfach und können ohne Schwierigkeit bewältigt werden. Entscheidend ist die Konstanz der Bemühungen, der Wille, durchzuhalten und dem Miesmachenwollen einer negativen inneren Stimme nicht nachzugeben. Ich sagte es schon: Diese Stimme ist der größte Feind, denn sie gebraucht jede List, um einem das Vorgehen zu verleiden. Hören Sie nicht auf sie, werfen Sie sie energisch aus Ihrem

Denken hinaus. Die Übungen werden zeigen, wie man das anzustellen hat.

Doch nun zu den Schlüsseln: Jeder gliedert sich in zwei Teile: Teil 1, die Vorbemerkung, beschreibt das Warum und den Sinn, Teil 2 erläutert den Übungsteil. Er informiert über die jeweils erforderliche Körperhaltung und Bewegung, das dazu notwendige psychische Verhalten sowie über die Häufigkeit mit der die betreffende Übung durchgeführt werden soll. Es sind wenige, einfache Hinweise, die aber völlig genügen.

Die Übungen unter den Schlüsseln 2, 3 und 4 verlangen nach einer täglichen Anwendung. Natürlich nicht alle auf einmal, sondern von Tag zu Tag nacheinander. Zum Beispiel Übung 2 Montag morgens und abends je zehn Minuten, Übung 3 Dienstag morgens und abends je zehn Minuten und so fort. Ausnahmen bilden lediglich die Übungen unter den Schlüsseln 1 und 6. Es genügt, wenn sie jeweils einmal in der Woche und je nach Zeitplan entweder morgens oder abends durchgeführt werden. Man muß nur darauf achten, daß die Zwischenräume die Zeitspanne von einer Woche nicht überschreiten. Wie lange diese beiden Übungen jeweils dauern sollen, das muß man selbst entscheiden, denn das hängt von der jeweiligen Gefühlslage ab. Man ist nicht immer gleich empfänglich für die Strömungen in der Natur. Manchmal fühlt man sich von ihnen wie in einem warmen Mantel eingehüllt und möchte diesen nicht mehr ablegen. Aber es gibt auch Tage, an denen nur ein schwacher Kontakt gelingt. Die Übung unter Schlüssel 5 schließlich ist an *jedem* Tag der Woche durchzuführen. Der Zeitaufwand für sie beträgt morgens und abends höchstens je zwei Minuten.

Die Übung zum Generalschlüssel darf erst *nach* der erfolgreichen Absolvierung aller vorangegangenen in Angriff genommen werden. Warum das so sein muß? Weil der Generalschlüssel als eine Vereinigung aller Schlüssel angesehen werden muß, gleichsam jeder einzelne von ihnen einen »Zacken« abgibt für seinen Bart. Nur mit allen zusammen ist er imstande, das Tor zu öffnen.

Harmonie ist alles

Die Natur hat das Bestreben nach Harmonie, weil sie nach dem besten Energiezustand sucht. … Harmonie ist also der perfekte Zustand allen Seins. Wir sind mit jedem Atom in diese göttliche Harmonie eingebunden. Je mehr wir uns von dieser Harmonie mittragen lassen, je weniger Widerstand wir ihr entgegensetzen, desto glücklicher sind wir.[130]

Erhard F. Freitag
Carna Zacharias

Fehlende Harmonie ist gleichzusetzen mit innerlicher Zerrissenheit. Ohne sie würde unsere Hand, die den Bogen hält, so stark zittern, daß die Pfeile unserer Wünsche das Ziel verfehlen. Der vor uns liegende Übungsteil widmet sich der Aufgabe, harmonieerzeugend zu wirken und will dabei versuchen, disharmonische Schwingungen umzuwandeln, ins Gegenteil zu verkehren.

Bevor ich aber dazu komme, will ich zuerst ein kleines Erlebnis von mir erzählen. Es ist, wie ich meine, hervorragend dazu geeignet, das aufhellende, alle Dunkelheit vertreibende Licht der Harmonie in einem vorherigen disharmonischen Umfeld auf eine geradezu plastische Weise darzustellen.

Es war Monatsende. Ich hatte außerhalb einiges erledigen müssen und wollte wieder nach Hause fahren. Aber dummerweise fuhr mir die S-Bahn buchstäblich vor der Nase weg. Bis zur nächsten hatte ich noch eine halbe Stunde Zeit. Ich beschloß, sie in einem Minirestaurant am oberen Kopfbahnsteig zu verbringen. Eine Tasse Kaffee würde mir guttun.

Als ich das winzige Lokal betrat, schlug mir eine feindliche Atmosphäre entgegen. Bierdunst lag in der Luft. Ich schaute in zorngerötete Gesichter. Nur wenige Augen blickten gelassen, in den meisten funkelte die Hitze der Wut, in einigen glühte sogar der Haß. Wie ich bald darauf erfuhr, hatten unterschiedliche politische Einstellungen die Gefühlslage einiger Gäste zum Kochen gebracht.

Neben mir stand ein Mann, der gerade bezahlt hatte und jetzt noch einmal sein Wechselgeld nachzählte. Er war bescheiden angezogen und sah nicht nach einem gutgefüllten Geldbeutel aus. Ich sah ihn plötzlich zusammenzucken. Anschließend zählte er noch einmal nach. Doch das Ergebnis schien dasselbe zu sein, denn in seinem Gesicht zeigte sich Erstaunen. Noch etwas las ich darin: einen Widerstreit der Gefühle. Er schien mit sich zu ringen. Dann hörte ich ihn leise sagen: »Nein, das kann ich nicht machen.« Kaum hatte er sein Selbstgespräch beendet, als er schnurstracks zur Theke zurückkehrte und mit der Frau sprach, die ihm das Bier eingeschenkt hatte. In dem dicklichen Gesicht vor ihm zeigte sich ein Ausdruck höchster Verblüffung. Ihm folgten Worte tiefster Dankbarkeit. Aus Freude sprach sie so laut, daß selbst die Gäste in den Ecken ihren Redefluß gut verstehen konnten: »Oh, in meiner Dusseligkeit habe ich meinen Hunderter als Zehner angesehen und Ihnen deshalb zuviel rausgegeben. Nein, so etwas ist mir bisher noch nicht untergekommen. Vielen Dank, wenn Sie nicht so ein ehrlicher

Mensch wären, dann hätte mich der Chef heute abend bei der Kassenabrechung für den Schaden verantwortlich gemacht und ich hätte den Fehlbetrag berappen müssen.« Ihre Augen strahlten den Mann vor ihr dankbar an. »Ich darf Ihnen doch zum Dank ein Bier auf meine Rechnung einschenken, nicht wahr?«

Ihr Gegenüber trat vor Verlegenheit von einem Fuß auf den anderen und murmelte etwas von »keine Zeit« und »muß schnell zum Zug«, dann wandte er sich hastig ab und ging hinaus. Die Bedienung blickte ihm traurig nach und sagte: »Schade, ich hätte ihm so gerne mit einem Bierchen gedankt.«

Doch noch etwas anderes war eingetreten, etwas, das mir den eigentlichen Grund dafür liefert, diese Geschichte zu erzählen. Die wütenden Stimmen um mich herum waren nach dem Vorfall wie durch Zauberei verstummt, hatten tiefem Schweigen Platz gemacht. Auch die Röte war aus den Gesichtern der Streitenden verschwunden. Ebenso die Wut und der Haß in ihren Augen. Mir kam es fast so vor, als seien die eben noch so aufgebrachten Menschen von einer warmen Welle der Sanftheit und Liebe erfaßt worden, die alles Trennende, alle Disharmonie fortgespült hatte. »Alle Achtung, der hätte die Moneten sicher selber gut gebrauchen können«, hörte ich einen jungen Mann in die eingetretene Stille anerkennend zu zwei anderen Männern sagen. Er schien die gezeigte Ehrlichkeit kaum fassen zu können. Kurz darauf verließ ein Gast nach dem anderen schweigend das kleine Lokal. Bei allen machte ich ohne Ausnahme dieselbe Beobachtung: Ihre Augen blickten friedlich und, mir kam es wenigstens so vor, ein klein wenig stolz. So, als hätte jeder von ihnen selbst die gute Tat des ehrlichen Mannes vollbracht.

Was sagt dieses Erlebnis aus? Das harmonische Verhalten des Mannes, denn nichts kann harmonischer sein als die

Wahrheit, vertrieb den Ungeist der Wut und Aggression wie ein kräftiger Windstoß, der in dichten Nebel hineinfährt und ihn vertreibt. Was das für uns bedeutet? Wünsche sollen aus dem Zustand der Harmonie gefaßt werden und nicht dann, wenn uns der Zorn zu übermannen droht. Dieser überfällt uns aufgrund unserer Bemühungen zwar immer seltener, aber hin und wieder gelingt es ihm doch noch, in uns einzudringen. Ich sagte es schon einmal weiter oben: Wir sind Menschen wie DU und ICH und keine Heilige. Und weil das so ist, wollen wir uns bescheiden mit den Erfolgen, die uns unser *Weg* schenkt. Es ist auch ein Weg, der uns das Wesen der Liebe zeigt. Denn die Liebe ist der Gipfel aller Harmonie. Bernhard Müller-Elmau hat dafür in seinem Buch *Kräfte aus der Stille* bewegende Worte gefunden:

»Wir Menschen haben nicht nur einen angeborenen Sinn für Ordnung, Rhythmik und Schönheit, sondern auch das Verlangen und die Fähigkeit, selbst Harmonie zu sein. Wenn sie uns etwa im Ebenmaß der Töne begegnet, haben wir zeitweise den Eindruck von etwas Vollkommenen. Wir geraten dann in Staunen, Ergriffenheit, Demut, Dankbarkeit und Hingabebereitschaft. ... Liebe auf dieser Stufe ist Glückseligkeit. ... Sie durchdringt die Oberfläche aller Erscheinungen bis zu deren Wesensgrund und stößt dabei auf den gemeinsamen Nenner für alles. Sie hat kein Ziel außer das All-Eine, und das ist sie selbst.«[131] Und in der Bhagavad-Gita (II.66) heißt es, »daß der Geist ohne den Einklang mit der kosmischen Intelligenz, ohne die Harmonie und Ordnung des inneren Friedens kein Glück erfahren kann. Der Weg ins Glück verläuft über den Frieden der Ruhe.«[132]

Die nachfolgende Übung soll dazu verhelfen, das Bewußtsein von der erstickenden Decke störender Äußerlichkeiten zu befreien und an ihre Stelle Sammlung und Verinnerlichung treten zu lassen. Sie will Harmonie erzeugen und

Disharmonien vertreiben, denn sie hat die Absicht, vor Augen zu führen, daß wir alle in die dem Kosmos innewohnende Harmonie eingebettet sind. Ein Prozeß, der sich über eine längere Zeit hinziehen wird, denn von heute auf morgen ist das wegen der dicken Kruste über dem Bewußtsein nicht zu schaffen.

Wie schon weiter oben angeführt, sollte diese erste Übung wenigstens an einem Tag in der Woche durchgeführt werden. Natürlich meine ich *jede* Woche! Die Sammlung in der Stille wird bald zur unverzichtbaren Gewohnheit werden.

Beschreibung der Übung

Mache einen Abendspaziergang und blicke bei sternenklarem Himmel hinaus in die Unendlichkeit des Alls. Entspanne Dich, wirf alle Sorgen ab und gestatte depressiven Gedanken keinen Zugang. Bleib irgendwo stehen. Atme zwölfmal tief ein und stoße danach die Luft kräftig aus. Fühle die Kraft, die mit jedem Atemzug erfrischend in Dich einzieht. Halte diese Kraft für etwa zehn bis fünfzehn Sekunden fest und wünsche dabei, mehr und mehr von ihr zu erhalten. Stelle Dir beim Entleeren Deiner Lungen vor, daß jetzt auch die Unreinheiten – physische wie auch psychische – Deinen Körper verlassen.

Lasse Dich vom Gefühl der Ehrfurcht angesichts des Universums ergreifen. Denke daran, daß alles um Dich herum lebt, webt und nach Harmonie strebt. Und das auf eine Weise, die Dir dein Verstand niemals erklären kann.

Wenn Du aus Gründen des Wetters nicht ins Freie gehen kannst, dann höre Dir Musik an. Nimm jene, die einen beruhigenden Einfluß auf Dich ausübt und deren Klänge Du als wohltuend empfindest. Vor allen Dingen aber – hege und pflege während Deiner stillen Wanderung gute Gedanken. Halte es Dir immer vor Augen: Du bist in hohem Maße das, was Du denkt. Gute Gedanken formen das eigene Selbst, aber schlechte tun es ebenfalls.

Ich weiß, diese Übung ist schon aus dem Grund nicht einfach, weil sich der Verstand erbittert dagegen wehrt. *Ist doch alles nur idiotischer Kitsch, armseliges Harmoniegedudel,* wird er empört schimpfen. *Du lieber Himmel, du bist auf dem besten Weg, lächerliche, kindische Dinge zu tun. Mit der dadurch verlorenen Zeit könntest du weiß Gott etwas Besseres anfangen.*

Höre nicht auf das stumpfsinnige und dümmliche Gerede dieses ewigen Besserwissers und gehe weiter Deinen Weg.

Die Beherrschung der Gedanken

Alle geistig entwickelten Menschen aber … kommen auf die eine oder andere Weise oder zumindest zu bestimmten Zeiten oder Zwekken dazu, eine zweiteilende Trennung im Geist durchzuführen, nämlich den aktiven Teil, der die Fabrik der Gedanken ist, von seinem stillen Teil zu sondern, der der Meister ist, der zugleich ein Zuschauer und ein Wille ist, der die Gedanken beobachtet, beurteilt, verwirft, ausscheidet, annimmt, Verbesserung und Wandel verfügt, der auf diese Weise der Herr im Hause ist, der Herrschaft im eigenen Bereich fähig.[133]

Sri Aurobindo

Ich habe schon an anderer Stelle erklärt, wie wichtig es ist, die Gedanken im Zaum zu halten, denn sie gleichen anfänglich wilden Rossen, die partout nicht dahin wollen, wohin sie der Wagenlenker dirigieren will. Sie brechen aus, rasen mit Schaum vor den Mäulern über Stock und Stein und müssen durch den Druck der Zügel und notfalls durch den Schlag der Peitsche bezwungen werden. Erst nachdem es dem Lenker gelungen ist, sie folgsam zu machen, kann der Wagen in ruhiger Fahrt seinem Ziel entgegenfahren. Im Hinblick auf unseren Weg bist Du der Wagenlenker, und die ungebärdigen Rosse sind die widerspenstigen Gedanken in Dir, die es zu zügeln gilt. Denn das ist die notwendige Vorbedingung für das Erreichen der erforderlichen Konzentrationstiefe.

Beschreibung der Übung

Nicht jedem gelingt die Lotosstellung. Aber es geht auch anders. Nimm Platz in einem bequemen Sessel. Setze Dich so in ihn hinein, daß Du Dich behaglich und entspannt fühlst. Der Raum, in dem Du weilst, sollte keinen störenden Einflüssen wie zum Beispiel Radio, Fernsehen oder anderen Belästigungen ausgesetzt sein. Schließe die Augen. Atme zwölfmal tief ein und aus und denke, daß Du mit dem Ausatmen den Rest der noch in Dir vorhandenen Spannung aus Deinem Körper vertreibst. Fühle, daß Du mit dem Einatmen frische Kraft tankst. Stelle das Tiefatmen ein und atme normal weiter. Gebe Dir dann nach etwa zwei Minuten den Befehl, an nichts, aber auch an gar nichts, zu denken. Wiederhole diesen Befehl zwölfmal. Dann muß Du auch ihn vertreiben, denn er ist ebenfalls ein Gedanke. Ziel ist die Herstellung einer wenn schon nicht vollkommenen, so doch wenigstens annähernden Ruhe im Geist. Denn diese ist für die erfolgreiche Inangriffnahme der folgenden Übungen unbedingt notwendig. Besser gesagt, sie ist der »Mörtel« für die »Steine« des Hauses!

Du wirst es spätestens jetzt merken, wie schwer es ist, den »Gedankenrossen« den eigenen Willen aufzuzwingen. Immer wieder wollen sie losrennen, völlig richtungslos, mal hierhin, mal dorthin, immer wieder widersetzen sie sich dem Willen des Rosselenkers. Man könnte mutlos werden. Aber das brauchst Du nicht, denn wo Willenskraft und Geduld walten, da werden sich allmählich auch Erfolge einstellen. Mache es Dir immer wieder klar: Du schlägst eine Schlacht! Jede gewonnene Sekunde des geistigen Schweigens ist ein Sieg für Dich. Und diese Siege reihen sich aneinander wie die vielen Millimeter, die sich schließlich trotz ihrer Winzigkeit doch zu einem Kilometer häufen. Und so wird todsicher auch für Dich der Augenblick kommen, wo im Verlauf Deiner weiteren ernsten Bemühungen aus zuerst wenigen Sekunden schließlich eine ganze Minute des geistigen Schweigens wird. Und auch diese Zeitspanne wird sich noch vergrößern. Verlasse Dich darauf, Du wirst zunehmend Herr im eigenen Hause werden und mehr und mehr in der Lage sein, störende Gedanken hinauszuwerfen. Aber das ist nicht leicht und muß deshalb immer wieder geübt werden. Sri Aurobindo bemerkt dazu: »… eine fortschreitende Meisterung und Freiheit des eigenen Geistes liegt durchaus in der Möglichkeit eines jeden, der den Glauben und den Willen dazu hat.«[134]

Vertraue darauf – je weiter Du mit dieser Übung fortschreitest, desto mehr wirst Du Dir der Erquickung bewußt werden, die wie ein reinigendes Bad von ihr ausgeht Du bist dann auf dem besten Weg, Deinen »Speicher« von allem Gedankengerümpel zu befreien. Von größter Bedeutung ist, daß Du durch diese Übung Herrscher über Deine Gedanken wirst. Mehr und mehr wirst Du in der Lage sein, Gedanken auswählen zu können, störende, die in Dich eindringen wollen, nicht einzulassen. Eine Tatsache, die für die nächsten Übungsteile von zwingender Voraussetzung ist.

Widme Dich dieser Übung an dem für sie bestimmten Tag morgens und abends je zehn Minuten.

Konzentration und Visualisation

Sri Aurobindo schrieb einmal: … »daß die Möglichkeiten unseres mentalen Wesens nicht begrenzt sind und daß der Geist freier Zuschauer und Herr in seinem eigenen Hause sein kann … eine fortschreitende Meisterung und Freiheit des eigenen Geistes liegt durchaus innerhalb der Möglichkeit eines jeden, der den Glauben und den Willen dazu hat.«[135] Diesen Worten des großen Inders brauche ich wohl nichts mehr hinzuzufügen.

Konzentration bedeutet die Zusammenziehung gedanklicher Kraft auf einen Punkt, sie führt zu einem Höchstmaß angespannter Aufmerksamkeit. Ziel ist die Kontaktschaffung des Bewußtseins mit dem Urgrund. Nur der Gedanke, das Ziel zu treffen, darf uns beherrschen, alle anderen Gedanken haben zu schweigen, denn nur in diesem Zustand wird die erforderliche Konzentrationstiefe erreicht. Mit anderen Worten: Unsere Hand darf nicht zittern, wenn sie den Bogen hält und den Pfeil unseres Wunsches auf die Reise schickt.

Die Tür zur Visualisations- oder Vorstellungskraft muß wieder geöffnet werden. Visualisierungen helfen, die Phantasie zu trainieren. In ihrem Buch *Zur Quelle der Kraft* schreiben Jose und Lena Stevens: »Wir erzeugen lebhafte sinnliche Bilder, die uns dabei helfen, zu sehen oder zu fühlen, wonach wir suchen. Nach diesen Bildern handeln wir dann.«[136] Für uns heißt das: Je schärfer sich die Konturen des gewünschten Gegenstands oder Zustands in unserer Phantasie herausbilden, desto größer wird die Energie, mit dem wir den Pfeil unseres Wunsches auf die Reise schicken können. So gesehen ist die Imagination »mehr als eine Funktion des Gehirns. Sie ist … vielmehr ein wirkliches, konkretes Mittel, um in unbekannte Reiche zu gelangen. Gedanken und Gefühle sind nicht nur einfache ›psychische Vorgänge‹, wie man viele von uns zu glauben gelehrt hat, sondern Formen von Energie, die zu bestimmten Punkten im Kraftgewebe strömt.«[137]

Beschreibung der Übung

Nimm erneut die Stellung wie in Übung 2 ein und entspanne Dich. Atme auf dieselbe Weise wie in den vorherigen Übungen beschrieben. Fixiere jetzt zum Beispiel ein an der Wand hängendes Farbgemälde und vertiefe Dich in den Anblick der phantasievollen Linienführung. Je länger Du das Bild betrachtest, um so mehr scheint es sich zu verlebendigen. Der Bach, der in den kleinen See mündet, beginnt plötzlich zu schäumen, und die beiden Rehe am Seeufer neigen ihre Köpfe, um zu äsen. Da, auf dem Türmchen des kleinen Barockschlößchens auf der in den See hineinstechenden Landzunge weht eine Flagge im Wind! Wohl zum Zeichen dafür, daß der Schloßherr gerade anwesend ist. Überkommt Dich nicht das Verlangen, zu erkunden, was sich hinter dem Eingangsportal verbirgt? Geniere Dich nicht und gehe durch das Gartentor darauf zu. Höre, wie der Kies unter Deinen Füßen knirscht! Jetzt hast Du das Portal erreicht. Deine Hand streckt sich aus und legt sich auf den schmiedeeisernen Türgriff, drückt ihn hinunter. Ein leises Quietschen ertönt. Das Portal schwingt knarrend nach hinten zurück. Du trittst ein …

Je weiter Du mit dieser Übung fortschreitest, desto leichter wird es Dir fallen, mit Deiner Phantasie die Geheimnisse des Schlößchens zu erkunden. Spätestens jetzt wirst Du bemerken, wie Dir das gewonnene Vermögen, den Geist zum Schweigen zu zwingen, nun nützt, denn es gelingt Dir immer besser, gedankliche Störenfriede gar nicht erst aufkommen zu lassen und Dich deshalb desto mehr Deiner bildhaften Vorstellung zu widmen.

Selbstverständlich muß es kein Bild sein. Eine hübsch bemalte farbige Vase tut leicht denselben Dienst. Es kommt nur darauf an, daß der betreffende Gegenstand Deiner Phantasie genügend Spielraum läßt. Das gilt selbstverständlich auch für Pflanzen. Versuche, sie bis zu den Wurzeln zu erkunden. Noch etwas wirst Du merken, das Dir wie ein kleines Wunder vorkommen wird. Du baust mit diesem Tun auf geheimnisvolle, mit dem Verstand nicht faßbare Art eine Beziehung auf. Je öfter Du zum Beispiel das Schlößchen besuchst, desto mehr wirst Du Dich darin zu Hause fühlen. Du richtest die Räume mit wertvollen Möbeln und Teppichen ein. Auch der Wintergarten hinter dem Gebäude gibt Dir viel zu tun. Und wenn Du alles fertig hast und Dir der Sinn nunmehr nach neuen Taten steht, bitteschön, Deiner Phantasie sind keine Grenzen gesetzt. Suche Dir dann eben ein neues Objekt aus.

Diese Übung zeigt: Das Schweigen im Geist ist die Voraussetzung für die Schulung der Konzentration. Letztere wiederum bildet die Voraussetzung für das Bestreben, unsere Visualisationskraft zu stärken. Erwarte aber nicht sofort großartige Erfolge! Es wird sehr viel Kraft kosten, Bilder in

Dir zu erzeugen. Zum Beispiel das Bild des Barockschlößchens, in das Du eingetreten bist. Es kommt hier nicht nur auf das Erzeugen an, Du mußt das Bild auch festhalten können, es am Zerfließen hindern, denn letzteres wird anfänglich sehr oft der Fall sein. Kaum hast Du es erzeugt, dann zerrinnt es auch schon wieder wie Dein Spiegelbild in einem Teich, wenn ein Steinwurf dessen Oberfläche kräuselt. Jetzt erst zeigt es sich, aus welchem Holz Du geschnitzt bist, denn Du darfst Dich durch die vielen ergebnislosen Versuche nicht entmutigen lassen und mußt mit Deiner ganzen Kraft darangehen, diese steile Klippe zu überwinden. Im Vorwort sprach ich davon, daß der vorgeschlagene *Weg* nicht für Schwächlinge gedacht sei, denn er erfordere Willenskraft, Ausdauer und – Hingabe! Sei versichert, diese Klippe ist eine der großen Schwierigkeiten, die auf den Sucher warten. Aber glaube mir, sie alle, ja, sie alle sind zu überwinden!

Widme Dich dieser Übung an dem für sie bestimmten Tag morgens und abends je zehn Minuten.

Intuitions-Entwicklung

Intuition ist die Eingebung, die innere Stimme, die Belehrung, die aus dem eigenen Inneren kommt. Oft tritt dieses Wissen schlagartig, wie ein Blitz, an die Oberfläche des Bewußtseins. Jeder Mensch verfügt über Intuition ... Die Stimme der Intuition ist leise. Sie ist nur vernehmbar, wenn sich der Geist in einem Zustand der Entspannung, Friedfertigkeit und Stille befindet.[138]

Erhard F. Freitag
Carna Zacharias

Werner Keller schreibt treffend in seinem Buch *Was gestern noch als Wunder galt*: »Ungehoben, ungenutzt schlummern ungeheure Schätze tief in uns, ruhen unvorstellbare Chancen und Energien jenseits der bewußten Welt. … Auf vielerlei Weise spendet die geheimnisvolle Schatzkammer – sporadisch, unberechenbar, launenhaft fast, so möchte man sagen –, läßt sie dem Menschen ihre kostbaren Gaben zukommen, überhäuft sie ihn wie aus heiterem Himmel mit den herrlichsten Geschenken. Voraussetzung dafür scheint allerdings eines zu sein: daß das Bewußte, das logische Denken, ausgeschaltet ist, so auch die Sinne, zumindest aber beides sich nicht in voller Aktion befindet.«[139]

Beispiele dafür gibt es zuhauf. Um nur zwei zu nennen, die das Weltbild der Naturwissenschaft entscheidend veränderten: Der große Physiker Albert Einstein wurde einmal gefragt, wie er auf die Idee zu seiner Relativitätstheorie gekommen sei. Seine Antwort war bezeichnend. Die Intuition sei ihm der wertvollste Helfer gewesen. Oder nehmen wir noch einmal den deutschen Chemiker August Kekulé, dem unverhofft, wie ein Blitz aus heiterem Himmel, die Eingebung des Benzolrings kam. Eine Intuition, die revolutionierend wirkte, denn sie schuf die Organische Chemie der Neuzeit.

Für unser Anliegen erhebt sich jetzt die Forderung, dieses sporadische Hereinbrechen der Intuitionsblitze kontinuierlicher und länger anhaltend zu gestalten, damit ihr »Licht« besser nutzbar gemacht werden kann. In ihrem Buch, *Die Heilungsgeheimnisse des Jahrhunderts*, schreibt Catherine Ponder: »Wenn du einmal gelernt hast, dein intuitives Verstehen zu gebrauchen, so wirst du niemals mehr zu der alten Methode des logischen Kombinierens und der angestrengten Willenskraft zurückkehren, genauso wenig wie einer, der die Elektrizität zu handhaben und zu gebrauchen gelernt hat, zu Kohle, Öl und den alten Lebensweisen zurückkehrt.«[140]

Weiter vorn wurde von der *Stimme* der Intuition gesprochen. Stelle Dir jetzt vor, daß diese Stimme zu Deinem *eigentlichen* Selbst gehört. Dein äußeres Selbst hingegen, jenes also, das als gewohnte Alltagspersönlichkeit handelt, wäre nur dessen Oberfläche, gewissermaßen der Verputz eines Hauses, in dem euer inneres Selbst schaltet und waltet. Tätigkeiten, die dem »Verputz« aber meistens verborgen bleiben. Nur manchmal, sporadisch, dringt etwas durch. Wir reden dann von einer Intuition. Warum ist das so?

Diese Frage ist einfach zu beantworten. Weil das äußere Selbst mit der überlauten Stimme seines gewöhnlichen Bewußtseins die von innen kommende leise Stimme der Intuition meistens niederbrüllt. Was not tut, ist, endlich damit zu beginnen, eine zuverlässige Verbindung von außen nach innen zu schaffen. Und genau das wollen wir jetzt tun.

Beschreibung der Übung

Der zweite Schlüssel befaßte sich mit dem Schweigen im Geist, der dritte mit der Stärkung der Konzentrations- und Imaginationskraft. Für die vorliegende Übung sind beide Schlüssel notwendig, damit auch der vierte Schlüssel gefertigt werden kann.

Entspanne Dich auf die gewohnte Weise und gewähre nur jenen Gedanken Zutritt, die der folgenden Übung dienlich sind. Konzentriere Dich auf die Kraft Deines Imaginationsvermögens und stelle Dir das Haus vor in dem Dein innerstes Selbst und mit ihm Deine Intuition wohnt. Gehe auf die Haustür zu und ziehe Deinen Schlüsselbund. Konzentriere Dich nun auf den Schlüssel. Stecke ihn in das Schlüsselloch hinein und drehe ihn um. Drücke jetzt gegen die Eingangstür. Da, sie schwingt langsam nach hinten zurück. Du trittst ein. Eine Diele nimmt Dich auf. Wärme umfängt Dich. Du spürst es deutlich – das ist nicht die Wärme, die mittels eines Verbrennungsprozesses freigesetzt wird, sondern jene, die seelischen Ursprungs ist. Ein Gefühl der Geborgenheit und des Friedens erfaßt Dich. Du gehst weiter, durch die Schiebetür in das Wohnzimmer hinein. Die Polstergarnitur in der rechten hinteren Ecke lädt zum behaglichen Sitzen ein. Du nimmst Platz und entspannst Dich. Dann konzentrierst Du Dich auf den »Bewohner« dieses Hauses, denn Du wünschst nichts so sehr, als den Kontakt mit ihm herzustellen. Bitte ihn zu kommen. Stelle Dir dann vor, er käme jetzt ebenfalls durch die Schiebetür in den Raum. Kaum hast Du diesen Wunsch gedacht, da wird er auch schon erfüllt. Eine schmale, zarte Gestalt zeigt sich plötzlich und kommt schwebend auf Dich zu. Wärme geht von ihr aus, und Du fühlst, daß die Wärme in dem Haus allein sie zur Quelle hat. Große Augen sehen Dich prüfend an und Du weißt plötzlich, daß diese Augen tief, ganz tief in Dich hineinschauen und jede Unwahrheit erkennen können. Jetzt warte nicht länger und rede! Äußere Deinen Wunsch, aber tue es in bittender Form. Versprich, daß Du Dich in Zukunft öfter nach innen wenden wirst und bitte um Beistand. Dann danke und verlasse das Haus.

Was Dir diese Übung bringt? Zuerst wirst Du kaum eine Wirkung spüren. Aber wenn Du Dich weiterhin ernsthaft bemühst, sehr viel! Denn Du hast jetzt endlich den Kontakt mit Deinem Selbst geschaffen und damit zu den Kräften der Seele. Schon nach wenigen Wochen wirst Du feststellen, daß eine neue, ungewohnte Klarheit in Dir einzieht. Ähnlich dem trüben Wasser, in dem sich die störenden Schmutzteilchen allmählich absetzen, das Wasser wieder klar wird, und sich dem Auge wieder der Grund zeigt.

Widme Dich dieser Übung an dem für sie bestimmten Tag morgens und abends je zehn Minuten.

»Strom«-Erzeugung

Man weiß es noch aus dem Physikunterricht: Wenn sich ein Magnetfeld in einem anderen Magnetfeld dreht, dann schneiden sich deren Kraftlinien. Ergebnis ist die – Stromerzeugung. Auf diese Art wird zum Beispiel in Wasserkraftwerken Strom gewonnen. Die Wasserturbine dreht das Magnetfeld des Rotors in einem Generator. Durch die Drehung wird das Magnetfeld des Stators geschnitten und der Effekt ist auch hier – Stromerzeugung!

Nun, es gibt nicht nur *diese* Energiegewinnung, sondern es gibt auch eine andere auf höherer Ebene. Eine, die zwar keine elektrische Energie, dafür aber Vitalenergie erzeugt. Auf welch geheimnisvolle Weise geschieht das? Leben bedeutet Energie. Es scheint so zu sein, daß alles Lebendige Kraftlinien noch unbekannter Art ausstrahlt. Man stelle sich den Körper ebenfalls in der Rolle eines »Rotors« vor. Da die Umgebung – bis hin zu den entferntesten Spiralnebeln im Kosmos – ebenfalls mit Leben erfüllt ist, sendet auch sie Kraftlinien aus. Ist es unlogisch, wenn ich behaupte: Wenn sich der menschliche Körper in einem solchen Kraftfeld dreht, dann tritt auch hier ein ähnlicher Effekt ein wie bei der Stromerzeugung mittels eines Generators, der an eine Wasserturbine angeschlossen ist? Also ein »Schneiden« von Kraftlinien höherer Ordnung und damit die Erzeugung eines »Stroms«, der der Physis neue Kraft zuführt? Meiner Meinung nach offenbart sich hier das Geheimnis der berühmten »tanzenden Derwische«, die sich bis zum Exzeß in rasendem Tempo drehen können, ohne dabei zu ermüden? Und warum ist das so? Weil dem Körper immer wieder neue Kraft zugeführt wird, Vitalkraft, die auch wir für unseren Weg dringend benötigen.

Wegen der Wichtigkeit dieses Schlüssels lasse ich an dieser Stelle noch einmal meinen Freund Satya zu Wort kommen:

»Wir besitzen in unserem Körper sieben als Chakras bezeichnete besondere Energiezentren. Diese sind Sammelpunkte einer ›höheren‹ Energie und stehen in Verbindung mit den endokrinen Drüsen sowie mit den Nervenzentren. Nach der Yoga-Literatur handelt es sich um schnell rotierende Energiewirbel.«

»Deren Rotationsgeschwindigkeit soll wohl ein Maßstab für die körperliche und geistige Gesundheit sein, nicht wahr?« fragte ich ihn.

Satya nickte. »Das ist richtig. Wenn sich die Geschwindigkeit eines oder mehrerer Chakras verlangsamt, dann kann das ein Zeichen beginnenden Verfalls sein.« Er unterbrach sich und schaute mich lächelnd an. »Um bei deinem Vergleich mit dem stromerzeugenden Generator zu bleiben: Stell dir vor, die Wasserturbine würde sich aus irgendeinem Grund langsamer drehen. Was wäre die Folge? Nun, auch der Generator würde davon betroffen sein, denn auch seine Umdrehungsgeschwindigkeit würde nachlassen. Die Folge: Es würde weniger Strom erzeugt. In unserem Fall hieße das: Die Vitalenergie nähme mehr und mehr ab, der Körper würde deshalb in einem immer rascheren Tempo verfallen.«

»Und du bist tatsächlich der Ansicht, daß man diesen Prozeß durch die Zufuhr von Vitalenergie aufhalten, zumindest aber verlangsamen kann?«

»Ja, das bin ich. Die Bedingung für die Erhaltung oder sogar Verbesserung der Vitalenergie ist, durch geeignete Übungen dafür zu sorgen, daß die Drehgeschwindigkeit der Chakras erhalten bleibt, und, wenn das erforderlich ist, sogar gesteigert wird. Ein Prozeß, der auch auf die Psyche Einfluß nimmt, sie stärkt.«

Ich nickte zögernd, denn mir war auf einmal nicht besonders wohl in meiner Haut. Diese Übung war mir zu einfach, würde auf manche geradezu kindisch wirken. Andererseits, wenn ich an das Beispiel mit der Wasserturbine und dem angeschlossenen Generator dachte, dann erschien mir diese seltsame Art der Vitalenergieerzeugung wieder in einem positiven Licht.

Satya las mir meine Bedenken vom Gesicht ab. »Verlasse dich darauf, das ist die Wahrheit«, sagte er ernst. »Glaube mir, diese Übung ist tatsächlich in der Lage, aus dem uns umgebenden Energiefeld Vitalenergie zu schöpfen.« Nach einer kurzen Pause hob er den Kopf und sah mich an. Dann sagte er, Wort für Wort betonend: »Unser aller Streben muß es sein, Sprosse um Sprosse auf der spirituellen Leiter nach oben zu nehmen, ›denn jeder Bezirk des menschlichen Lebens muß vom Spirituellen ergriffen werden, nicht nur das Intellektuelle, das Ästhetische und Ethische, sondern das Dynamische, das Vitale und das Physische ebenso.‹«[141]

Und dann erklärte er mir, wie diese Übung am effektivsten durchzuführen sei.

Beschreibung der Übung

»Im Gegensatz zu den anderen Übungen ist diese *täglich* zu machen. Von dieser Praxis sollte auch nach der Abschlußübung im Generalschlüssel nicht abgewichen werden«, sagte Satya. »Sie ist sehr einfach und kostet wenig Zeit, morgens und abends je zwei Minuten. Man lege jedes beengende Kleidungsstück ab und stelle sich aufrecht mit nach rechts und links ausgebreiteten Armen in die Mitte eines Raumes und atme zuerst zwölfmal tief ein und aus. Wichtig ist dabei die Vorstellung, mit jedem Atemzug Kraft in sich einzusaugen und beim Ausatmen Unreinheiten auszustoßen. Dann drehe man sich so rasch man es vermag zwölfmal mit angehaltenem Atem im Uhrzeigersinn um die eigene Achse. Wenn das beim erstenmal nicht auf Anhieb gelingt, dann beginne man mit fünf Umdrehungen und steigere diese im Laufe der Zeit bis die Anzahl von zwölf erreicht ist. Mit der Zeit sollte sie bis auf das Doppelte und die Geschwindigkeit des körperlichen ›Rotors‹ auf das gerade noch erträgliche Maß gesteigert werden. Diese sehr wichtige Übung zur Kräftigung der Vitalenergie verlangt nach Ernsthaftigkeit und darf trotz ihres kindlichen Aussehens nicht unterschätzt werden. Ihre wohltuende Wirkung auf Körper und Geist wird sehr bald zu spüren sein.«

Die Kraft in der Natur

Das Kraftgewebe verbindet alle Teile der Natur. Wenn wir wissen, wie dieses Kraftnetz funktioniert, können wir auch damit beginnen, seine Ressourcen auf die vielfältigste Weise anzuzapfen. Entdecken Sie, wie Sie sich der Kraft der Felsen, Pflanzen, Tiere und anderen Lebewesen auf diesem Planeten bedienen können, einfach nur, indem Sie es lernen, mit ihnen in Verbindung zu treten.[142]

Jose und Lena Stevens

Nach der Bewältigung der hinter uns liegenden Übungsteile soll dieser uns zeigen, wie wir uns der Natur als Kraftspenderin für unsere Psyche bedienen können. Schon immer hat es Menschen gegeben, die das vermochten.

Es klingt unglaublich und doch ist es wahr: Bismarck, im Volksmund nicht zu Unrecht »eiserner Kanzler« genannt, kannte wie jeder andere Mensch Augenblicke in seinem Leben, in denen er von starker innerer Not ergriffen wurde, der er trotz allem Bemühen nicht Herr werden konnte. War es eine Eingebung, die ihn zu folgendem Handeln trieb? Er ging jedenfalls in den nahen Sachsenwald und suchte sich einen besonders starken Baum aus. Einer inneren Stimme folgend ging er auf ihn zu, preßte seinen Körper gegen den Stamm und umarmte ihn, bat ihn, ihm ein wenig von seiner Kraft zu schenken, sie in seinen Körper einfließen zu lassen. Seine Bitte fand auf wundersame Weise Gehör. Als er den Heimweg antrat, fand er sich gestärkt und wieder frohen Mutes. Seine zuvor trübe und negative Stimmung war wie weggeblasen.

Man wird nach einer Erklärung fragen. Einem Baum soll es tatsächlich möglich sein, so etwas zu bewirken? Nun, warum nicht? Folgender Hinweis wird helfen, das zu verstehen: Ein Baum ist nur *ein* Element unter Myriaden anderen. Dazu gehören Steine, Pflanzen, Tiere und natürlich auch wir Menschen. Aber alle diese »Elemente« sind Bestandteile eines in seiner Größe nicht faßbaren Kraftgewebes das sich über den gesamten Kosmos erstreckt. Was Bismarck mit seinem Umarmen des Baumes getan hat, war nichts anderes, als sich, bewirkt durch seine inbrünstige Bitte um Hilfe aus seelischer Not, an dieses Gewebe anzuschließen. Hier ist die Zitierung einer Aussage angebracht, die ich in einem Werk von Sri Aurobindo gelesen habe: »... Für die hier entwickelte Schau des Yogi ist das gesamte Sein vom Anorganischen und Organischen bis hin zur geistigen Existenzweise des Menschen fundamental ein einziger, unendlich vielschichtiger Geist- oder Bewußtseinszusammenhang. Die Seinsebenen sind wesenhaft niedere, höhere und höchste Bewußtseinsstufen, die in vielfältiger dynamischer Wechselwirkung in ständiger Relation stehen.«[143]

Das Sichvertiefen in ein inbrünstiges Gebet gehört sicherlich ebenfalls in diese Kategorie hinein. Denn Beten ist beides; Bismarck rief die Kraft der Natur zu Hilfe, ein anderer findet Tröstung und Stärkung, wenn er Gott anruft, IHM seine Not schildert und um Hilfe bittet. Schließlich, wen ich auch anrufe: ob Baum, ob Felsen, ob Tier, ob Mensch, ob Gott – Gott ist alles, was es gibt. **ALLES** ist **ER** und **ALLES** ist **EINS.**

In der Swetasvatara Upanischade kommt diese Aussage in einer ergreifenden dichterischen Form zum Ausdruck. In ihr spürt man deutlich jene »magnetisierenden« Schwingungen, von denen ich an anderer Stelle bereits sprach.

Du bist das Feuer,
Du bist die Sonne,
Du bist die Luft,
Du bist der Mond,
Du bist das ausgestirnte Firmament,
Brahman bist du, der Erhabene,
Alles Wasser bist du,
Schöpfer des Alls![144]

Jetzt tut sich die Frage auf, wie *wir* es anstellen sollen, um mit der uns umgebenden Natur in Kontakt zu kommen, mit ihr zu kommunizieren und sich an ihr Kraftgewebe anzuschließen? Ja, was können wir tun? Denn ohne innigen Kontakt geht es nicht, ist jedes Bitten nur leeres Geplapper.

Ich will euch dazu eine Erfahrung von mir schildern. Es ist eine, die ich sicher nie vergessen werde. Unser Gummibaum ist schon über vierzig Jahre alt und so groß, daß wir ihn nicht aus dem Wohnzimmer hinausbekommen könnten. Vor ungefähr zehn Jahren waren wir über Ostern zwei Wochen abwesend. Unsere Nachbarin, die das Haus solange »bewachte«, vergaß, das gute Stück zu gießen. Kaum im Zimmer, erblickte ich auf dem Boden unter dem Baum mehrere gelbgewordene Blätter. Ich ging auf den Gummibaum zu und griff in den Trog. Die Erde darin war pulvertrocken. Und dann passierte es! Tief in mir glaubte ich plötzlich ein feines Stimmchen zu hören. Es klang sehr vorwurfsvoll. *Ich bin am Verdursten! Warum gebt ihr mir kein Wasser? Ihr könnt doch nicht wollen, daß ich sterbe.*

Im ersten Augenblick war ich so verdutzt, daß ich zu keiner Regung fähig war. Doch dann meldete sich mein Verstand zu Wort. *Du träumst mit offenen Augen,* erklärte er mir mit beißendem Hohn. *Oder nimmst du vielleicht an, daß Pflanzen reden können? So ein Schwachsinn! Was du zu hören geglaubt hast, war in Wirklichkeit nur die Stimme deiner Einbildung. Sie ertönte in dir, als du feststelltest, daß der Baum dringend Wasser brauchte. Und jetzt benimm dich wie ein vernünftiger Mensch und mache Schluß mit deinem kindischen Geisterglauben.*

Doch wie um meinen Verstand Lügen zu strafen meldete sich das Stimmchen erneut. Ich hörte Angst darin schwingen. *Wasser, bitte Wasser!*

Ich stürzte davon, füllte die kleine Gießkanne randvoll mit Wasser und leerte sie in den Trog hinein. Kaum war ich damit fertig, als es erneut in mir wisperte: *Danke!* Schon nach wenigen Tagen und oftmaligem, weiterem Gießen kam mir der Gummibaum vor wie neugeboren. Bald zeigten sich sogar neue Triebe. Eigenartig, mit dem Verstand kaum zu begreifen und mit Worten nur schlecht auszudrücken: Immer, wenn ich den Baum gieße oder mich sonstwie an ihm zu schaffen mache, scheint es mir, als hätte ich ein besonderes Verhältnis zu ihm gewonnen. Eines ist mir jedenfalls klargeworden, auch wenn mein Verstand ständig vehement dagegen revoltiert: Es gibt einen Kontakt zwischen dem Baum und mir! Natürlich – wirklich gesprochen hatte der Baum nicht. Was mein Inneres vernommen hatte, waren Schwingungen der Panik gewesen, die von dem Baum ausgesendet worden waren. Sie hatten mein Unterbewußtsein erreicht und waren von ihm »übersetzt« worden. Für mich gibt es jedenfalls nicht den geringsten Zweifel – ich hatte mit dem Baum kommuniziert.

In seinem Buch *Was gestern noch als Wunder galt*, berichtet Werner Keller von einem Experiment des New Yorker Wissenschaftlers Cleve Backster. Forschungsgegenstand war die Frage nach der Kommunikationsfähigkeit der Pflanzenwelt.[145] Gab es sie oder gab es sie nicht? Dieses Experiment scheint aufgrund seines Ausgangs ein Tor aufgestoßen zu haben, das auf die Existenz »paranormaler Wahrnehmungen bei Pflanzen« hindeuten könnte. Es fand im Jahre 1968 statt und erregte großes Aufsehen in der wissenschaftlichen Welt.

»An den Blättern eines Philodendron wurden die Elektroden eines Polygraphen befestigt, der in mehreren Kurven die normalen rhythmischen Lebensäußerungen der Pflanzen aufzeichnet.« Danach kam es zu einem wahrhaft unglaublichen Vorfall, der dem eben erwähnten Zitat von Sri Aurobindo Beweischarakter verleihen könnte:

»In dem Augenblick, in dem Backster den Gedanken faßte, ein Feuerzeug anzuzünden und es brennend an ein Blatt zu halten, registrierte der Polygraph einen auffallenden Ausschlag! Da Backster sich selbst nicht bewegt und auch die Pflanze nicht berührt hatte, lag die Vermutung nahe, daß bereits die Absicht, der Pflanze einen Schaden zuzufügen, die Reaktion ausgelöst habe. Backster schloß daraus, daß im ›planzlichen Leben eine noch undefinierbare primäre Wahrnehmung existiert‹.«

Sicher könnt ihr es jetzt verstehen – danach erschien mir mein Erlebnis mit dem Gummibaum in einem noch viel glaubhafteren Licht, zumal auch andere Forscher aufgrund ihrer Experimente nachweisen konnten, »daß bereits der Gedanke, Einfluß auf das Gewebe der Pflanze zu nehmen, Ausschläge am Polygraphen hervorzurufen vermag.«[146]

Mit anderen Worten: Pflanzen sind empfindungsfähig, reagieren in einer subtilen Art und Weise, die uns noch unbegreifbar erscheint.

Beschreibung der Übung

Wir kommen nun zur Kernfrage: Was sollen wir tun, um Kontakt mit der Natur zu schaffen, damit sie *uns* Kraft schenkt? Die Antwort darauf klingt sehr einfach, für manche Ohren mag sie sich sogar lächerlich anhören, aber sie ist für unser Vorhaben, die Kraft unserer Wünsche zu steigern, von großer Bedeutung:

Waldspaziergänge! Bäume leben, wenn auch auf eine andere Art als wir. Sie sind unsere Brüder und Schwestern. Gehe dahin, wo sich nicht »zwecks Erholung«, wahre Menschenströme in die Stille hinein ergießen und sie mit Menschengetrampel und -gegröle sowie leider auch mit Motorengedröhn erfüllen. Berühre hin und wieder mit den Händen Bäume und Sträucher und denke mit Ehrfurcht an das Leben in ihnen. Und wünsche Dir mit aller Kraft Deines nunmehr gestärkten Wunschdenkens, daß der Kontakt zustande kommen möge. Doch lasse es nicht allein dabei bewenden.

Beginne zu verstehen, daß alles, was Dich umgibt, sei es Felsgestein, sei es ein Grashalm oder eine winzige Raupe, Elemente einer hierarchisch gegliederten Stufenfolge des Bewußtseins sind. Und denke immer daran: Leben ist die Verlebendigung der Liebe, und Liebe ist – Freude! Wie sagte Albert Schweitzer einmal: »Habt Ehrfurcht vor dem Leben!«

Es wird einige Zeit brauchen bis in Dir das beglückende Gefühl des Angenommenseins erwacht. Doch dann wirst Du es von Tag zu Tag mehr in Dir spüren: Wo Du Dich auch in der freien Natur bewegst, ob auf einsamen Wanderwegen, ob in der Abgeschiedenheit einer stillen Waldlichtung oder ob Du auf einem Berggipfel stehst – das Eintauchen in sie wird von dem Gefühl eines sich ständig verfestigenden Kontaktes begleitet und zunehmend Freude in Dir erzeugen. Es ist eine Freude, die tief in Deinem Inneren ihr strahlendes Haupt erhebt und die sich fundamental von der gewöhnlich empfundenen Freude unterscheidet. Ich erwähnte es schon an früherer Stelle: Sri Aurobindo bezeichnete diese Freude einmal als »Das Kindeslachen der Unendlichkeit«. An anderer Stelle verglich er sie mit dem Überrieseltwerden von einem Staubregen feinen Goldes. Es ist eine Freude, die es vermag, alles Bedrückende in Dir hinauszuwerfen und die zugleich neue Kraft schenkt. Sie gleicht auch einem Panzer. Du wirst es sehr bald selber merken: An ihm prallt alles Böse, alles Feindliche ab. Wie könnte es auch anders sein? Wenn der Orgasmus des Körpers als die Beseligung des Fleisches angesehen werden kann, dann ist die oben bezeichnete Freude die Beseligung der Seele! Nichts kann dieser Freude widerstehen. Sie ist – die Energie der Liebe! Und was ist stärker als die Liebe? Nichts!

Aber ich kann mir nicht jeden Tag zeitraubende Kontaktsuche mit der Natur erlauben, höre ich Dich einwenden. Schließlich muß ich meiner täglichen Arbeit nachgehen.

Unmöglich, soviel Zeit kann ich nicht aufbringen. Abgesehen davon – die anderen Übungen wollen doch ebenfalls bewältigt werden.

Du hast recht. Aber so will ich auch nicht verstanden werden. Es genügt, wenn Du Dich einmal in der Woche vor oder nach Arbeitsschluß auf den Weg machst und in der Stille den Kontakt suchst. Abgesehen davon – Natur ist doch überall! Hast Du die Bäume, die Dich auf Deinen täglichen Wegen begleiten, bisher übersehen? Nicht den Rest der einstmals so stolzen und sich kilometerweit hinziehenden Lindenallee, nicht die blühenden Wiesen dahinter, nicht das winzige Birkenwäldchen neben dem Schrebergartenparadies und nicht den Tanz der Libellen über dem nahen Waldsee? Ich könnte Dir noch Dutzende andere Lebensformen nennen, denen Du täglich begegnest. Und das selbstverständlich auch im Winter. Ich gebe Dir einen Rat: Mache Deine Augen auf und nimm diese Lebensformen um Dich herum endlich *bewußt* zur Kenntnis! Schicke ihnen liebevolle Gedanken. Für sie ist das die allein geltende »Münze«.

Der Generalschlüssel

Über den Sinnen steht der Verstand, über dem Verstand die Vernunft, über der Vernunft das Ich. Über dem Ich steht der unoffenbarte Ursprung, der Urgrund allen Seins.[147]

Katha Upanischade

Die Übungen können nur in ihrer Gesamtheit wirken. Für uns heißt das: Erst die Verschmelzung *aller* Schlüssel liefert uns den Generalschlüssel. Und es ist allein dieser letzte

Schlüssel, der uns das Tor öffnet, denn in ihm vereinigen sich gewissermaßen alle Ergebnisse unserer Übungsbemühungen. Wir ähneln dann einem Sender. Ist unsere »Watt«-Leistung stark genug, dann werden unsere Wünsche vom Urgrund empfangen werden. Wenn nicht, dann rührt sich in dieser Dimension nicht ein Jota für uns und wir liefern uns erneut dem puren Zufall aus.

Aber wann ist es denn soweit? höre ich ungeduldig fragen. Wann wird die »Verschmelzung« eintreten und auf welche Weise erfahren wir das?

Keine Sorge. Dieser Prozeß wird dann beginnen, wenn die fortwährenden ernsten Bemühungen die notwendige »Temperatur« für den »Schmelzvorgang« geschaffen haben. Wie lange das dauern kann? Jeder Mensch ist anders. Deshalb kann eine genaue Aussage hierzu nicht gemacht werden. Immerhin – folgende Symptome werden das Nahen dieses Zeitpunkts anzeigen:

Die Freude wird zunehmen, denn eine Entkrampfung der Psyche hat stattgefunden. Man wird sich fühlen wie ein Bergsteiger, der nach langem und geduldigem Mühen endlich den Gipfel bezwungen hat und nun in eine Weite blicken kann, die ihm bisher verschlossen war. Man hat an Weite gewonnen, an der Erweiterung des Bewußtseins. Und da Bewußtsein auch Energie, auch Kraft ist, bedeutet seine Erweiterung auch eine Zunahme an Kraft. Sie verleiht dem Wunschdenken Energie und genau das ist doch das Ziel unserer Bemühungen.

Hand in Hand damit geht das Bestreben, nicht nur selber in Harmonie mit der Umwelt leben zu wollen, sondern selber Harmonie zu erzeugen, wo man auch ist. Auch das negative Denken reduziert sich auf staunenswerte Weise. An seine Stelle tritt mehr und mehr das beglückende Gefühl zunehmender Freude. Manche der Wünsche gehen schon zu diesem Zeitpunkt mit einer wundersamen Leichtigkeit, gleichsam ohne sonderliche Anstrengung, in Erfüllung. Man braucht nur an eine Tür zu tippen und schon geht sie auf.

Beschreibung der Übung

Noch einmal: Diese – letzte – Übung darf erst *nach* der erfolgreichen Absolvierung aller vorangegangenen in Angriff genommen werden. Sie bildet den Abschluß aller Bemühungen. Danach kann man es endlich wagen, denn jetzt hat man die psychische Kraft derart gesteigert, daß man nunmehr *bewußt* den Pfeil des Wunsches auf die Reise schicken kann.

Nimm wieder die gewohnte entspannte Haltung ein und mache Deine gewohnten Atemübungen. Dann gebiete Schweigen im Geist. Sobald Dir das gelungen ist, verharre einige Augenblicke in diesem Zustand der Leere. Dann gestatte *einem* Gedanken das Eindringen in Dein Bewußtsein – den Gedanken Deines Wunsches! Tue anschließend alles das, was Dich die vorangegangenen Übungen gelehrt haben. Konzentriere Dich, visualisiere den Wunsch, stelle ihn Dir als einen Pfeil vor und den gespannten Bogen als die Kraft, die Deinen Wunsch auf die Reise zum Urgrund schickt. Begleite den Pfeil mittels Deiner Imagination. Sieh ihn als einen hellen, zuckenden Blitz unsere Dimension verlassen und in eine andere, weit höhere eintreten. Von einer gewöhnlichen »Dimension« wird man hier sicher wohl kaum sprechen können, denn es wird die Dimension über allen anderen Dimensionen sein. In diese siehst Du Deinen »Pfeil« eintauchen und den ersehnten Kontakt herstellen. Eine Art Echowirkung ist die Folge. Sie äußert sich bei Dir in einem überschäumenden Gefühl der Freude. Sie ist der Beweis dafür, daß Deinem Wunsch Unterstützung gewiß ist.

Diese Abschlußübung sollte täglich – morgens und abends jeweils zehn Minuten – durchgeführt werden. Wie lange? Bis sich ein Ergebnis zeigt. Ob es die erhoffte Erfüllung Deines Wunsches bringt? Sicher nicht immer, denn eine höhere Weisheit als die unsrige wird einen erfüllten Wunsch, der Dir Schaden bringen könnte, zu verhindern wissen. Es hat auch keinen Sinn, sich jeden Tag einen anderen Wunsch auszudenken und dessen Erfüllung zu erwarten. Bescheidenheit ist auch hier eine Zier. Nimm Dir einen positiven Wunsch vor, der Dir besonders am Herzen liegt und konzentriere Dich immer wieder nur auf ihn. Es versteht sich von selbst, daß Du dabei keinen Utopien nachjagen darfst.

Damit meine Ausführungen richtig verstanden werden: Wenn ich von einer »Abschlußübung« sprach, so heißt das nicht, daß Du in Zukunft alle anderen Übungen ad acta legen kannst. Du mußt sie im Gegenteil immer wieder auffrischen. Du braucht jetzt nicht unsicher zu werden. Dein Selbst wird sich nachdrücklich melden, wann erneuter Bedarf vorliegt. Ausnahmen sind allerdings Schlüssel 1, 5 und 6. Warum? Weil Du zum einen ständig um den Erhalt Deiner inneren Harmonie kämpfen mußt, und zum anderen immer wieder die dazu benötigte Kraft brauchst. Eine Kraft, die aber für den, der sie anzuzapfen versteht, in reichster Fülle vorhanden ist.

Nur in der Übung weitet sich die intuitive Erfahrung über die Vernunft hinaus zu dauerndem Wissen; und nur so kann auch die subjektive innere Erfahrung eine Quelle für wissenschaftliche Erkenntnisse werden. Wir wissen, daß der Osten seit Jahrtausenden solches Üben pflegt.[148]

Balthasar Staehelin

VI

Das Tor hat sich geöffnet

Dieses Buch hat den Sinn, auf eine neue »Fahrrinne« hinzuweisen. Wenn die Anstrengungsbereitschaft zur Erringung einer höheren Bewußtseinsstufe groß genug ist, dann wird man den Wechsel von der alten zur neuen Fahrrinne schaffen. Doch es kann sein, daß man zu schnell zuviel erwartet. Und wenn es dann nicht so läuft, wenn sich weniger Wünsche erfüllen als man erwartet, dann können sich erneute Zweifel einschleichen. Für den »logisch« arbeitenden Verstand ist das ein Grund, dafür zu sorgen, daß diese Zweifel sich noch verstärken und immer lauter klingen. Folgende Worte von Sri Aurobindo werden euch helfen, diese »Logik« zu überwinden: »Wie kann man, was jenseits des gewöhnlichen Bewußtseins liegt, beurteilen, wenn man selbst im gewöhnlichen Bewußtsein steckt? Ist es nicht so, daß du nur, indem du über dich hinausgehst, das fühlen, erfahren und beurteilen kannst, was über dich hinausgeht? Was ist der Wert eines Urteils, das nichts gefühlt und nichts erfahren hat?«[149]

Und noch etwas sagte dieser große indische Weise. Worte, die einen hohen prophetischen Klang haben: »Die menschliche Existenz ist noch nicht zu Ende. Das derzeitige Stadium der Menschheit ist noch nicht deren Endphase. Der Mensch ist als Entwurf dessen angelegt, wozu er einmal werden kann.«[150]

Ich beglückwünsche jene, die bis zum Ende der Übungen vorgedrungen sind, die die ersten vier Kapitel der Grundlegung meisterten und sich dann mit Vertrauen den Übungen widmeten und sicher auch weiter widmen werden. Sie werden jetzt nicht mehr daran zweifeln, daß wir am Beginn einer ungeheuren Erweiterung der psychischen Kräfte der Menschheit stehen. Wie recht hatte C.G. Jung, als er einmal voller Leidenschaft ausrief: »Wir haben lange gewußt, daß wir es mit einem bestimmten Organ, dem Gehirn, zu tun haben … aber erst jenseits des Gehirns, jenseits dessen anatomischer Substanz, kommen wir zu dem, was wichtig für uns ist, der Psyche.«[151]

Aber was ist mit den anderen, mit denen, die den langen Weg nicht bis zum Ende schafften? Ich rufe ihnen zu: Seid guten Mutes, ihr habt zur Erholung nur eine Pause eingelegt und werdet danach weitermachen. Solange, bis auch ihr das Zielband zerissen habt.

Und was ist mit den übrigen, mit jenen, die schon vor den Übungen die berühmte Flinte ins Korn warfen? Immerhin, sie haben über Möglichkeiten der Psyche gelesen, die sie vorher sicherlich für ausgeschlossen hielten. Ein Anstoß erfolgte, der gewiß auch bei ihnen seine Spuren hinterlassen hat. Er wird sich wiederholen und mit der Zeit immer drängender werden. Auch das ist ein Erfolg. Du lieber Himmel, woraus bestehen denn die Sandburgen von Kindern? – doch nur aus winzigen Sandkörnchen! Es muß sich Körnchen zu Körnchen gesellen, damit eine Burg entsteht. In Zukunft wird es immer mehr Menschen geben, die sich danach sehnen, eine »Burg« zu bauen! Menschen, in denen das heiße Verlangen brennt, die Freiheit des Geistes und den Willen zur schöpferischen Wandlung an die Spitze ihres Denkens und Handelns zu stellen.[152]

Literaturhinweise

Aurobindo, Sri: *Der integrale Yoga,* Hamburg 1957.

BHAGAVAD-GITA, München 1996.

Chargaff, Erwin: *Das Feuer des Heraklit,* Stuttgart 1979.

Chargaff, Erwin: *Unbegreifliches Geheimnis,* Stuttgart 1988.

Die schönsten Upanischaden, Freiburg 1994.

Doore, Gary (Hrsg): *Opfer und Ekstase,* Freiburg 1989.

E. F. Freitag, C. Zacharias: *Die Macht Ihrer Gedanken,* München 1992.

Eccles, John: *Das Wunder des Menschseins – Gehirn und Geist,* München 1985.

Herrigel, Eugen: *ZEN in der Kunst des Bogenschießens,* München 1956.

Jung, C. G. : *Die Archetypen des kollektiven Unbewußten,* Freiburg 1976.

Jung, C. G.: *Die Dynamik des Unbewußten,* in: *Gesammelte Werke,* Bd. 8, Zürich 1967.

Keller, Werner: *Was gestern noch als Wunder galt,* Zürich 1973.

Koestler, Arthur: *Die Wurzeln des Zufalls,* München 1992.

Marciniak, Barbara: *Boten des neuen Morgens,* Freiburg 1995.

Marciniak, Barbara: *Plejadische Schlüssel zum Wissen der Erde,* Freiburg 1996.

Monod, Jacques: *Zufall und Notwendigkeit,* München 1982.

Müller-Elmau, B.: *Kräfte aus der Stille,* Düsseldorf 1977.

Müller, Rüdiger: *Unus Mundus, Kosmos und Sympathie,* Frankfurt a. M. 1992.

Needleman, Jacob: *Vom Sinn des Kosmos,* Frankfurt a. M. 1993.

Pauli, Wolfgang: *Naturerklärung und Psyche,* Zürich 1952.

Peat, F. David: *Synchronizität,* Bern, München, Wien 1989.

Satprem: *Sri Aurobindo oder Das Abenteuer des Bewußtseins,* Freiburg 1970.

Sheldrake, Rupert: *Das schöpferische Universum,* Frankfurt a. M. 1993.
Sheldrake, Rupert: *Die Wiedergeburt der Natur*, Hamburg 1994.
Stevens, Jose und Lena: *Zur Quelle der Kraft*, Freiburg 1995.
Talbot, Michael: *Das holographische Universum,* München 1992.
Wilber, Ken: *Halbzeit der Evolution,* München 1987.
Yogananda, *Paramahansa: Autobiographie,* München 1996.

Quellenverzeichnis

1 Marciniak, Barbara: *Boten des neuen Morgens*, Freiburg 1995, S. 169.

2 Zitiert nach Talbot, Michael: *Das holographische Universum*, München 1992, S. 236.

3 Keller, Werner: *Was gestern noch als Wunder galt*, Droemer Knaur Verlag, Schoeller & Co, Zürich 1973, S. 383.

4 Satprem: *Sri Aurobindo oder Das Abenteuer des Bewußtseins*, Freiburg 1970, S. 280.

5 Entnommen: Werner Keller: *Was gestern noch als Wunder galt*, Droemer Knaur Verlag Schoeller & Co., Zürich 1973, S. 401.

6 Müller, Rüdiger, in: *Unus Mundus, Kosmos und Sympathie*, Frankfurt a. M., 1992, S. 324.

7 Peat, F. David: *Synchronizität*, Bern-München 1989, S. 45 ff.

8 Ebenda, S. 215 f.

9 Keller, Werner: a.a.O., S. 401.

10 Satprem: a.a.O., S. 7.

11 Müller, Rüdiger: a.a.O., S. 330.

12 Dombrowski, Theodor: *Bewußtseinsevolution*, München 1995, S. 330.

13 Ebenda, S. 83.

14 *Die schönsten Upanischaden*, Freiburg 1994, S. 112.

15 Ebenda, S. 172.

16 Talbot, Michael: *Das holographische Universum*, München 1992, S. 150.

17 Ebenda, S. 236.

18 Talbot, Michael: *Das holographische Universum*, München 1992, S. 238.

19 Ebenda, S. 150.

20 In: *Die schönsten Upanischaden*, a.a.O., S. 99.

21 Peat, F. David: a.a.O., S. 144.

22 Peat, F. David: a.a.O., S. 59 f.

23 Peat, F. David: a.a.O., S. 12.

24 Jeans, James: *Der Weltraum und seine Rätsel,* München 1955, S. 134.
25 Talbot, Michael: a.a.O., S. 178.
26 A.a.Ort, S. 143.
27 Ebenda, S. 143.
28 Chargaff, Erwin: *Das Feuer des Heraklit,* Stuttgart 1984, S. 223.
29 Talbot, Michael: a.a.O., S. 156 f.
30 Marciniak: a.a.O., S. 171 f.
31 Entnommen aus: *Synchronizität von F. D. Peat,* München 1989, S. 7.
32 Talbot, Michael: a.a.O., S. 87.
33 Talbot, Michael: a.a.O., S. 88.
34 Koestler, Arthur: a.a.O., S. 99.
35 Müller, Rüdiger: a.a.O., S. 323.
36 Peat, F. David: a.a.O., S. 9.
37 Entnommen: Keller, Werner: a.a.O., S. 401.
38 Ebenda, S. 401.
39 Aurobindo, Sri: a.a.O., S. 9.
40 Ebenda, S. 8.
41 Aurobindo, Sri: *Der integrale Yoga,* Rowohlt, Hamburg 1957, S. 10.
42 Satprem: a.a.O., S. 29.
43 Satprem: a.a.O., S. 42 f.
44 Satprem: a.a.O., S. 33.
45 King, Serge, in: *Opfer und Ekstase,* Freiburg 1989, S. 70.
46 Talbot, Michael: *Das holographische Universum,* München 1994, S. 92.
47 Dombrowski, Theodor: *Bewußtseinsevolution,* München 1995, S. 273 ff.
48 Chargaff, Erwin: *Das Feuer des Heraklit,* Stuttgart 1984, S. 30.
49 King, Serge: a.a.O., S. 70
50 Dombrowski, Theodor: a.a.O., S. 280 f.
51 Entnommen aus: *Satprem*: a.a.O., S. 243.
52 Eysenck, Hans Jürgen: zitiert nach Koestler, Arthur, in: *Die Wurzeln des Zufalls,* München 1972, S. 11.
53 Koestler, Arthur: a.a.O., S. 16.
54 Talbot, Michael: a.a.O., S. 220.
55 Sheldrake, Rupert: *Das schöpferische Universum,* Berlin 1993, S. 27.
56 Ebenda, S. 27.
57 Meckelburg, *Ernst: Besucher aus der Zukunft,* Berlin 1987, S. 98.
58 Herrigel, Eugen: a.a.O., S. 7.

59 Ebenda, S. 9.
60 Aurobindo, Sri: a.a.O., S. 8.
61 Dombrowski, Theodor: a.a.O., S. 13.
62 Entnommen aus: *Satprem*: a.a.O., S. 56.
63 Ebenda, S. 282.
64 Satprem: a.a.O., S. 24.
65 Ebenda, S. 25.
66 Wilber, Ken: Halbzeit der Evulution, München 1987, S. 65 f.
67 Ebenda, S. 66.
68 Doore, Gary, (Hrsg): *Opfer und Ekstase,* Freiburg 1989, S. 307.
69 Ebenda, S. 109.
70 Wilber, Ken: a.a.O., S. 92.
71 King, Serge: a.a.O., S. 69 f.
72 Doore, Gary: a.a.O., Umschlagseite.
73 Wilber, Ken: a.a.O., S. 91.
74 Kremer, Jürgen W., in: *Opfer und Ekstase,* a.a.O., S. 270.
75 *Die schönsten Upanischaden,* Freiburg, 1994, S. 57.
76 Entnommen aus: Talbot, Michael: a.a.O., S. 209.
77 Stevens, Jose und Lena: *Zur Quelle der Kraft,* Freiburg 1994, S. 108, 109.
78 Ebenda, S. 110.
79 Ebenda, S. 109.
80 Ebenda, S. 20.
81 Talbot, Michael: a.a.O., S. 318.
82 Peat, F. David: a.a.O., S. 213.
83 Eccles, John C.: *Das Wunder des Menschseins,* München 1985, S. 231.
84 Peat, F. David: a.a.O., S. 16.
85 Satprem: a.a.O., S. 30.
86 Ebenda, S. 31.
87 Wilber, Ken: a.a.O., S. 22.
88 Wilber, Ken: a.a.O., S. 20.
89 Satprem: a.a.O., S. 193.
90 *Ausspruch der Mutter,* in: Satprem: a.a.O., S. 65.
91 Satprem: a.a.O., S. 63.
92 Peat, F. David: *Synchronizität,* a.a.O., S. 275.
93 Müller-Elmau, Bernhard: a.a.O., S. 11.
94 Peat, F. David: a. a. O., S. 107.
95 Chargaff, Erwin: a.a.O., S. 223 ff. Siehe auch: Dombrowski, Theodor, a.a.O., S. 264 f.
96 Schumacher, Joseph: *Philosophie,* München 1963, S. 120

97 Peat, F. David: a.a.O., S. 11 f.
98 Monod, Jacques: *Zufall und Notwendigkeit,* München 1982, S. 1 und S. 151.
99 Needleman, Jacob: *Vom Sinn des Kosmos,* Frankfurt a. M., S. 245.
100 A.a.O., S. 157
101 Peat, F. David: a.a.O., S. 276.
102 Peat, F. David:, a.a.O., S. 34.
103 A.a.O., S. 204 und 205.
104 Peat, F. David: a.a.O., S.144.
105 Koestler, Arthur: *Die Wurzeln des Zufalls,* München 1972, S. 98 f.
106 Arzt, Thomas, in: *Unus mundus, Kosmos und Sympathie,* Frankfurt a. M., 1992, S. 19. und S. 225.
107 Peat, F. David: a.a.O., S. 40.
108 Peat, F. David: a.a.O., S. 16.
109 Peat, F. David: a.a.O., S. 275.
110 Erschienen 1992 im Peter Lang Verlag, Frankfurt a. M., S. 203.
111 Koestler, Arthur: a.a.O., S. 105.
112 Satprem: a.a.O., S. 165.
113 Brunton, Paul: *Die Weisheit des Überselbst,* Freiburg 1977, S. 148.
114 Brunton, Paul: a.a.O., S.148.
115 Needleman, Jakob: a.a.O., S. 159.
116 Talbot, Michael: a.a.O., S. 61 f.
117 Aurobindo, Sri: a.a.O., S. 54.
118 Ebenda, S. 54.
119 A.a.O., S. 225.
120 Needleman, Jakob: a.a.O., S. 110.
121 Entnommen aus: Chargaff, Erwin: *Warnungstafeln,* Stuttgart 1982, S. 31.
122 Wilber, Ken: a.a.O., S. 7 f.
123 In: *Die schönsten Upanischaden,* a.a.O., S. 58.
124 Müller-Elmau, Bernhard: *Kräfte aus der Stille,* Düsseldorf und Wien 1977, S. 12 und 168.
125 Kremer, Jürgen W: in: Opfer und Ekstase, a.a.O., S. 274.
126 Aurobindo, Sri: a.a.O., S. 7.
127 *Die schönsten Upanischaden,* a.a.O., S. XXI.
128 Ebenda, S. XXII.
129 Aurobindo, Sri: a.a.O., S. 131
130 Freitag, E. F. und Zacharias, C.: *Die Macht Ihrer Gedanken,* München 1992, S. 83.
131 Müller-Elmau, Bernhard: Düsseldorf und Wien 1992, S. 40 und 41.

132 Müller-Elmau, Bernhard: Düsseldorf und Wien 1992, S. 40 und 41.
133 Aurobindo, Sri: a.a.O., S. 8 f.
134 Ebenda, S. 10.
135 Ebenda, S. 10.
136 Stevens, Jose und Lena: a.a.O., S. 35.
137 Ebenda, S. 20.
138 Freitag, E. F. und Zacharias, C.: *Die Macht Ihrer Gedanken*, a.a.O., S. 59
139 A. a. O., S. 396
140 Freitag, E,. F. und C. Zacharias: *Die Macht Ihrer Gedanken*, a.a.O., S. 59.
141 Aurobindo, Sri: a.a.O., S. 134.
142 Stevens, Jose und Lena: *Zur Quelle der Kraft*, Freiburg 1995, S. 94.
143 A.a.O., S. 9.
144 In: *Die schönsten Upanischaden*: a.a.O., S. 181.
145 Werner Keller: a.a.O., S. 356.
146 Ebenda, S. 357.
147 In: Die schönsten Upanischaden, a.a.O., S. 34.
148 Zitiert nach Müller-Elmau, Bernhard: *Kräfte aus der Stille,* Düsseldorf und Wien 1992, S. 12.
149 Aurobindo, Sri: a.a.O., S. 134.
150 Entnommen von: Keller, Werner, a.a.O., S. 402.
151 Entnommen von: Keller, Werner, a.a.O., S. 401.
152 Aurobindo, Sri: a.a.O., S. 149.

Bear Heart gilt heute vielen als der große alte Weise unter den indianischen Sehern und Heilern der Gegenwart. In diesem Buch erzählt er sein Leben und läßt den Leser teilhaben an den uralten Erkenntnissen seiner indianischen Vorfahren. Er schildert, wie er in Jahren der Prüfung zum Schamanen wurde und wie sich die an ihn weitergegebenen Weisheiten in der modernen Welt bewährten. Gleichermaßen von christlicher und indianischer Tradition geprägt, entstand ein Buch voll Gelassenheit und tiefem innerem Frieden, ein Buch der Werte, gereift in der Einsicht in die Urnatur und die Schöpfung.

ISBN 3-404-70155-0

BASTEI LÜBBE

Dieses Buch soll helfen, das Herz zu entdecken, zu öffnen und zu aktivieren. Es soll den Leser inspirieren, seine himmlische Natur in seinem eigenen Herzen (wieder) zu entdecken und zu verwirklichen.
Safi Nadiaye erzählt, warum das Herz das Geheimnis aller Geheimnisse birgt, den Kern von Religion und Spritualität. Sie zeigt, wie man sich auf die Herzen großer Meister oder Heiliger einstimmt, wie man durch das Herz Kontakt mit Engelwesen bekommt, wie man lernen kann, mit dem Herzen zu sehen und zu hören sowie aus dem Herzen heraus zu sprechen und zu handeln. Ein Mosaik von Inspirationen, die das Herz berühren.

ISBN 3-404-70153-4

Jeder Mensch besitzt ein »Krafttier«, ein Geschöpf, der Natur, das ihn beschützt und ihm den richtigen Weg weist. Aber wie findet man sein Krafttier? In Sagen, Märchen und Mythen stellt das Gespräch zwischen den Geschöpfen – Mensch *und* Tier – kein Problem dar. Doch wie verhält es sich in der Realität?
Ted Andrews zeigt in seinem Buch, welche Tiere uns welche Kraft schenken und wie es gelingt, ihr Wissen und ihre Weisheit in den richtigen Lebenskontext zu stellen. Was immer auch geschieht – Ihr Krafttier hilft Ihnen, jede Schwierigkeit zu meistern. Lassen Sie sich von ihm führen, vertrauen Sie ihm und entdecken Sie das Geheimnis der Natur neu.

ISBN 3-404-70149-6

BASTEI LÜBBE

Damit wir uns wirklich wohlfühlen und zu uns selbst heimkehren können, sollten unsere alltäglichen Lebens-Räume eine Entsprechung zu den ureigenen Räumen unserer Seele und unseres Körpers sein. Mit dem vorliegenden Buch lädt Horst Fritze dazu ein, diese Brücke zu schlagen.

Seine Reise beginnt bei der Sehnsucht zu bauen und führt behutsam in die Vielfalt der inneren Erfahrungsräume des Traums und der Vision. Der Autor macht Mut, die eigenen inneren Realitäten zu entdecken, um sie lebendig werden zu lassen und in äußere Realitäten umzuformen. Gedanken zu Raumgewichtungen und Archetypen der Architektur unterstützen dabei mit konkreter, praktischer Hilfestellung.

ISBN 3-404-70145-3

Durch das Zeugnis der in diesem Buch versammelten Persönlichkeiten erfahren wir, daß Einweihung ein Prozeß ist, der sich nicht im geheimnisvollen Rahmen von Zeremonie und Ritus vollziehen muß. Wer sich für die Offenheit des Geistes entscheidet, erlebt das Wunder der stufenweisen Einweihung. Und dennoch lehren uns gerade die wahrhaft magischen Personen, daß Einweihung im Grunde jedem Menschen zuteil werden kann, denn die wirkliche spirituelle Erfahrung spielt sich in der Tiefe der menschliche Seele ab. Die großen Eingeweihten der letzten drei Jahrtausende können uns dabei Vorbild und Partner sein. Somit stellt diese Werk eine spirituelle Reise dar, die wir gemeinsam mit den großen Gestalten der Einweihung unternehmen können, um dem Geheimnis des Lebens näherzukommen.

ISBN 3-404-70146-1

BASTEI
LÜBBE